ALEXANDER JEANMAIRE

DER KREATIVE FUNKE

der Trieb
sichtbar
zu werden
RUF

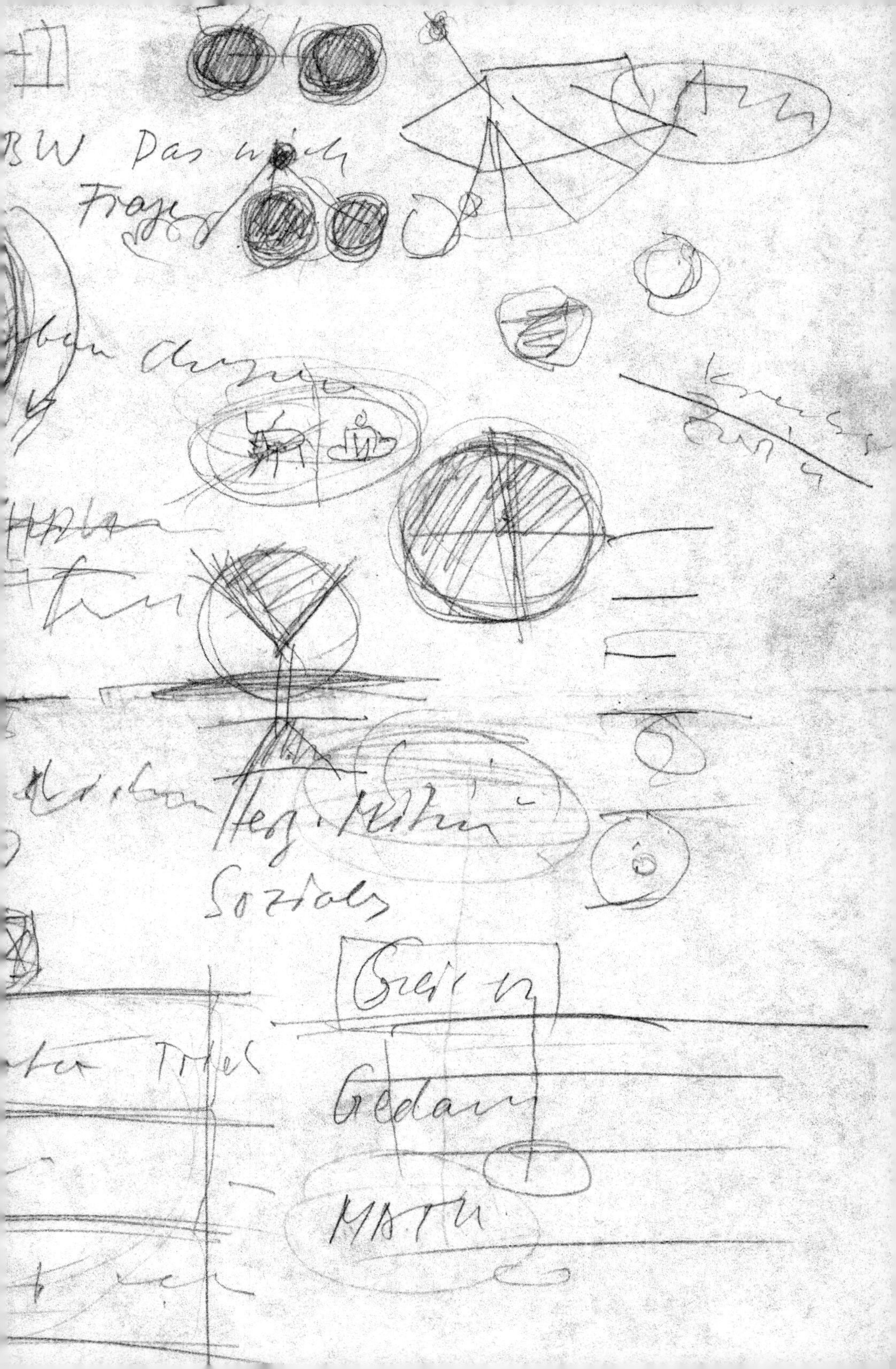
Das
Frage
MATH

Alexander Jeanmaire, geboren 1948 in Zürich, wirkte zuerst als Schauspieler und Jazzmusiker. Er studierte an der Kunstakademie in Genf und nahm zusätzliche Ausbildungen in den Bereichen Atemtherapie, Energiearbeit, Yoga und Meditation wahr. Jeanmaire ist als bildender Künstler und Lehrer für Kreativität und spirituelles Bewusstsein tätig. In Zürich gründete er die »Lebenskunst-Akademie«. Seine Bilder sind in bekannten Galerien und an internationalen Kunstmessen in Europa und den USA vertreten.

Alexander Jeanmaire

Der kreative Funke

Handbuch für Kreativität und Lebenskunst

ars momentum

„Was immer du tun kannst
oder dir vorstellen kannst, es zu tun, beginn es.
Kühnheit trägt Genie, Kraft und Magie in sich.“

Johann Wolfgang von Goethe

Diese Worte Goethes stehen zum einen mit dem vorliegenden „Handbuch für Kreativität und Lebenskunst", zum anderen mit der Ausrichtung des ars momentum Verlages in engster Verbindung.

Das Wort momentum (lat.) bedeutet soviel wie bewegende Kraft, wesentlicher Faktor, Beweggrund, Augenblick. Bücher haben dann momentum, wenn durch sie etwas ausgelöst wird; oft ganz plötzlich und unmittelbar: eine gute Idee, eine wichtige Erkenntnis, eine notwendige Entscheidung oder gar eine persönliche Vision. Wie dies geschieht, bleibt das Geheimnis solcher Bücher ...

Der international bekannte Schweizer Künstler Alexander Jeanmaire vermittelt in sehr persönlicher Weise, wie der „kreative Funke" nicht ins Wasser fällt, sondern überspringt – und zündet: „Wenn wir kreativ leben, gibt es keine Langeweile und jeder Moment trägt das Versprechen auf neue Entdeckungen. Ob wir sie dann leben oder nicht – sie verbinden uns mit dem Prozess der Evolution. Und es ist einfacher, als Sie denken – Sie brauchen nicht erst ein besserer Mensch zu werden."
(Alexander Jeanmaire)

Wolfgang Boesner / Yvonne Schwarzer

Witten, im Mai 2006

Fotos und Illustrationen von Alexander Jeanmaire mit Ausnahme von:
Seite 17, 59, 90, 91, 150 (rechts): Eric Bachmann
Seite 34, 35: A. Jeanmaire, Marga Golden, Erich Bachmann u.a.
Seite 87, 113: H.C. Flemming
Seite 114: Peter Schüpbach
Seite 219: Marga Golden

Umschlagentwurf: Alexander Jeanmaire, Zürich-Gockhausen
DTP: Corina Hussel
Lektorat: Yvonne Schwarzer
Redaktion: Dagmar Winkler
Druck: GGP Media GmbH, Pößneck

3. überarbeitete Auflage 2006
Printed in Germany

ISBN 3-938193-00-X

Inhalt

Fast eine Liebeserklärung 15

Teil I

Was ist Kreativität? 20

20 Ein bisschen Dörrobst
21 Der Versuch, die Seife im Badewasser zu erwischen
22 Die Muse lächelt
23 Die Kreativitätsforschung
24 Zuviel Phantasie?
24 Genie, Leid und Wahnsinn
25 Das Märchen von der großen Freiheit

Wer ist kreativ und warum? 25

26 Kreativität hat Überlebenswert
27 Die alltägliche Kreativität
27 Kinder sind am kreativsten
28 Durchhalten
29 Die Leidenschaft – Das »feu sacré«
30 Lob der Neugier
31 Der Wunsch nach Schönheit und Vollkommenheit
32 Geistige Genetik
33 Woran erkennt man kreative Menschen?
36 Kreative Menschen glauben an ihre Fähigkeiten
37 Keiner ist eine Insel

Bereiche der Kreativität 40

40 Wasser
41 Feuer
41 Luft
41 Erde
42 Die dunkle Seite der Kreativität
43 Kreative Grausamkeit
43 Kreativität – ein menschliches Privileg?

Woher kommt Kreativität, und wo findet sie statt? 44
45 Keine der Gehirnhälften ist »besser«
47 Finden Sie heraus, wie Sie funktionieren
48 Der Ort der Intuition
49 Der Ort der Logik

Die spirituelle Seite der Kreativität 50
50 »Ich bin drin« – Das, worum es geht
52 Die Bewusstseinsebenen der menschlichen Schöpferkraft
54 Kreativität ist ein Geschenk der kosmischen Kräfte

Die Phasen im kreativen Prozess 59
60 Die Anatomie des Geistesblitzes
60 Meine Version: Fliegen und Landen
64 Tanz der Gegensätze
65 1. Vorbereiten-Träumen-Visualisieren
68 2. Saturation oder Sammelphase
69 3. Inkubation
73 4. Illumination
80 5. Formgebung und Verifikation
86 6. Vollendung
87 7. Feiern

Kreativität und Kunst – das Kernstück meiner Geschichte 89
89 Das Übliche
91 Ausflug in die Musik
92 Fehlbesetzung als Ehemann
93 Das Malen und die Hingabe
94 Endlich Erfolge
94 Spirituelle Meister
96 Die Erleuchtung und ihre Schatten
97 Was Kunst für mich ist
98 Anschluss an die Steckdose des Universums
99 Immer noch mittendrin

Kreativitätskiller 100
100 Die Funktion des Fehlschlags

102 Erschöpfung
103 Konzentrationsprobleme
103 Bequemlichkeit
103 Opferrolle
104 Weitere Kreativitätskiller
109 Killerphrasen
111 Aus dem Nähkästchen geplaudert: meine eigenen Kreativitätsblockaden

Teil II

Das persönliche Sieben-Schritte-Programm 114
114 Spielen lernen

1. Vorbereitung – Träumen – Visualisieren 116
117 Freude
117 Begabung
118 Mut, Fehler zu machen
118 Sex
119 Liebe
119 Wahrnehmung
120 Neugier
121 Humor
122 Den eigenen Freiraum kennenlernen, nutzen und erweitern
123 Kontakt zu den eigenen Gefühlen
125 Geeignete Umgebung
126 Mit anderen Augen schauen
127 Die Standort-Collage
132 Kreativitätskiller in der Vorbereitungsphase

2. Sammelphase 135
135 Die W-Liste
136 Vorbereitung für ein Bild
139 Kreativitätskiller in der Sammelphase

3. Inkubationsphase 142
144 Farbe bekennen
146 Modellieren
147 Kreativitätskiller in der Inkubationsphase

4. Illumination – der kreative Funke 151
152 Kreativitätskiller in der Illuminationsphase

5. Formgebung 157
159 Affirmationen
161 Kritik suchen
161 Kreativitätskiller in der Formgebungsphase

6. Vollendung 164
165 Kreativitätskiller in der Vollendungsphase

7. Feiern 167
168 Kreativitätskiller beim Feiern

Die Kreativitätsblockade 169
171 Die Angst vor dem weißen Papier
204 Schattenbilder

Die Kreativität lebendig erhalten 177
177 Schutzschild für die Kreativität
179 Wann bin ich kreativ?

Die Lebenskunst-Akademie 181
183 Was will die Lebenskunst-Akademie?
183 Lernziele der Lebenskunst-Akademie
185 Was bietet die Lebenskunst-Akademie?

Weitere Hilfsmittel für die Lebenskunst-Werkstatt 188
188 »Tune-in«
191 Brainstorming
192 Phantasiereise
195 Verhaltensmuster ändern
196 Selbstbefragung

198 Rendezvous mit sich selbst
198 Abfallkunst
199 Tipps und Anregungen
203 Meditationen
208 Sprüchesammlung

Oskar 213

Buchtipps 217

Mit tatkräftiger Unterstützung von
Prof. Dr. Hans-Curt Flemming

Fast eine Liebeserklärung

Sie ist umworben. Mit ihr will man sich sehen lassen; sie öffnet Türen, die ohne sie nicht einmal erkennbar waren. Ihre Gegenwart verleiht Charisma, sie ist so begehrt, dass sie auch immer wieder gestohlen, gefälscht und vorgetäuscht wird. Das ist allerdings so nutzlos wie der Versuch, sie festzunageln. Sie ist unberechenbar und launenhaft – man kann sich lange um sie bemühen, ohne erhört zu werden, und dann wieder beschenkt sie einen, der sie nicht einmal eingeladen hat. Einige Begnadete genießen ihre Gunst, seit sie geboren wurden, anderen bleibt sie ein Fremdwort.

Sie wird idealisiert und verherrlicht, vor allem von jenen, die sie noch nicht persönlich kennen. Wo von ihr gesprochen wird, ist sie oft am weitesten entfernt. Manche aber, die von ihr heimgesucht worden sind, berichten, dass sie durchaus ein Teufel sein kann, der das Leben zur Hölle macht und einen nie in Frieden lässt. Sie hat mehr als zwei Gesichter, und einige davon sind sehr beunruhigend.

Über eines sind sich jedoch die meisten einig: Wir brauchen sie, nicht nur für die schönen Seiten des Lebens; sie ist unentbehrlich, egal, wie wir sie nennen. Wir brauchen sie, ganz besonders in Krisenzeiten – in eigentlich unlösbaren Situationen ist sie die einzige Hoffnung. Aber wehe, wenn wir uns einfach auf sie verlassen und sie für selbstverständlich nehmen. Dann kann sie uns eiskalt übersehen, so als existierten wir gar nicht für sie. Wer auf sie baut, muss schwindelfrei sein und darf Abgründe nicht fürchten.

Oft spielt sie herum oder hält sich versteckt, und wenn wir es am wenigsten erwarten, platzt sie herein – allerdings nur dort, wo die Tür offen ist. Das Verrückte ist, dass wir nicht einmal genau wissen, welche ihre Türen sind. Andererseits kann sie richtig aufdringlich werden, lässt einen nicht mehr in Ruhe mit ihren Launen, Ideen, Einfällen und Erkenntnissen. Ja, es gibt Menschen, denen läuft sie geradezu hinterher, sogar bis in den Schlaf. Manchen erscheint sie in den Träumen.

Eifersüchtig ist sie nicht. Sie hat so viele Liebhaber, wie es Menschen,

Blumen und Sterne gibt. Sie ist frei und erfinderisch, und es gelingt ihr immer wieder, sich selbst zu übertreffen. Auch ich habe ein Verhältnis mit ihr. Genauer gesagt: Manchmal besucht sie mich, dann schlagen wir uns die Nacht um die Ohren, ohne eine Sekunde Schlaf. Manchmal wünsche ich mir, dass ich nie etwas mit ihr zu tun bekommen hätte; aber jetzt ist es zu spät. Ich habe mich mit Haut und Haaren auf sie eingelassen und bin völlig davon abhängig, dass sie kommt. Das Verhältnis ist sehr einseitig: Wenn ich sie suche, kann ich sie nicht finden, sondern ich kann mich nur selbst auffindbar machen für sie. Diesen Teil unserer Beziehung schätzt mein Ego überhaupt nicht.

Vielleicht lässt sich mancher deshalb auch nicht auf sie ein: Sie kann einen verschlingen. Sie fordert alles: die Hingabe von Geist, Körper und Seele. Sie fordert Vertrauen und Demut. Das kann kräftig knirschen in der Maschinerie des Alltags, mit der wir das Unberechenbare im Leben kontrollieren und gestalten wollen. Paradoxerweise hilft sie aber auch dabei gelegentlich. Meistens aber fordert sie, dass wir springen, ohne zu wissen, ob und wo wir landen können. Von Buchhaltung hält sie nicht viel, über Forderungen höre ich sie leise kichern, und mit den Theorien, die sie fassen sollen, spielt sie wie mit Bauklötzen. Manchmal lässt sie sich sogar auf schmutzige Affären ein, Moral ist ihr fremd. Deshalb kann man sich ihre Gunst auch nicht verdienen; Wohlverhalten, guten Willen und die besten Absichten kann sie herzlos ignorieren. Dafür hat sie einen ausgeprägten, manchmal auch skurrilen Sinn für Humor.

Ich möchte Ihnen noch mehr über das Geheimnis erzählen, wie ich mich auffindbar für sie machen kann, nachdem ich ihr nun schon verfallen bin. (Allerdings habe ich keine Garantie, dass sie dann auch wirklich kommt.) Im Grunde ist es so einfach: Wenn sie in der Nähe ist, muss ich bereit für sie sein und darf nicht gerade mit meinen Krisen, fixen Ideen und Gewohnheiten so beschäftigt sein, dass ich sie übersehe. Die Hindernisse für ein Rendezvous kommen immer von mir, nie von ihr. Sie braucht mich nicht, aber ich sie. Ob ich leide oder nicht, ist ihr völlig egal, dadurch lässt sie sich nicht erweichen. Das ist meine Sache, mit der ich dann so schnell wie möglich fertig werden muss, um wieder für sie frei zu sein. Für den tragischen Ernst unseres Lebens hat sie nicht viel übrig, davon hält sie sich fern. Was sie lockt, ist der offene Geist, das Spielerische. So also kann ich mich auffindbar machen. Alles, was mir hilft, die Grenzen meiner Vorstellungen zu übersteigen, mich neugierig macht und mir das Staunen wieder beibringt, breitet den roten Teppich für sie aus.

Und wenn sie dann endlich kommt, beginnt der schwierigste Teil. Sie sieht mich ganz und will mich ganz. Also kann ich meine Macken, Besessenheiten, Vorurteile und meine engen Grenzen nicht vor ihr verstecken. Den Kopf darf ich verlieren, aber nicht den Verstand – sonst verstehe ich sie nicht. Denn sie will nicht nur in Gefühlen versinken, sondern fordert ein Gegenüber, das standhält. Mir macht das Angst, und dies ist das sichere Gefühl, dass sie sich in der Nähe herumtreibt. Wenn ich diese Angst überwinde, den Sprung wage, dann schenkt sie mir in unseren kurzen Vereinigungen ein solch unerhörtes Glück, eine unbegrenzte Verbundenheit, das Gefühl, eins zu sein mit allem Lebendigen, dass die ganze Angst zu Asche wird. Allmählich kenne ich das nun, aber es ist immer wieder ein neues Wunder, das gefeiert werden will.
Das einzige, was ich nicht an ihr mag, ist ihr schwerfälliger Name: Kreativität.

Schön wäre es, wenn Sie das Buch anregen würde, wie eine Katze um die Kreativität herumzuschleichen, mit offenen, wachen Augen und einem freien Geist. Dass Sie selbst das Geheimnis Ihrer eigenen Kreativität herausfinden, indem Sie sie so lange herausfordern, bis sie in Bewegung gerät oder gar zu tanzen beginnt.

Teil I

Gebannt blicken wir in die Manege ...

... ob der Seiltänzer es schaffen wird, das Gleichgewicht zu bewahren? Alle halten den Atem an. Der Alltag ist vergessen – nur der Moment zählt und sonst nichts. Etwas bleibt von dem Duft aus dem Zirkuszelt an uns hängen, wenn wir wieder zu Hause sind.

Wo wagen wir uns auf das Seil? Wo gehen wir Risiken ein, um uns ein Leben zu erschaffen, das uns begeistert? Warum sind wir nur allzu oft Zaungast an der Manege des Lebens und lassen andere für uns lebendig und kreativ sein: die Spezialisten - die Künstler und Stars des Kinos, der Leinwand, der Politik und der Wissenschaft?
Was ist uns verloren gegangen?

Sind Sie eine Künstlerin? Sind Sie ein Künstler?
Jeder hat irgendwo seine „Manege“,
seinen Zirkus, Ideen, Farben und Shows,
Träume und Lieder,
die darauf warten,
gelebt und gesungen zu werden.

Was hält uns zurück? Kreativität fordert den Mut, uns diese Freiheit im Denken, Fühlen und Sein wieder zurückzuerobern.
Diese Schaffensfreude ist nicht im Zuschauerraum zu finden, wo wir eben nur konsumieren und imitieren, sondern im eigenen Innern, wo jeder ein Original – ein Künstler ist.

Wo sind Sie kreativ?

Mit diesem persönlichen Werkbuch für Kreativität und Lebenskunst können Sie für sich selbst herausfinden, was Kreativität ist, was sie fördert und was sie hemmt.

Wir können das Drehbuch für unser Leben selber schreiben, oder es von anderen schreiben lassen. Der Entscheid liegt bei uns. In uns allen ist der Wunsch nach Ausdruck und Selbstverwirklichung. Das hat etwas Faszinierendes, Magisches und Unfassbares an sich, weil seine Inhalte den tiefsten Schichten unserer Seele entspringen und starke Triebkräfte in uns berühren. Die Weltbühne steht jederzeit bereit! Haben Sie den Mut und springen Sie in die Manege – in ein Abenteuer zu sich selbst.

Was ist Kreativität?

Es ist höchst interessant, wie der Begriff »Kreativität« sich entwickelt hat und was heute daraus geworden ist. Gegeben hat es die Kreativität natürlich schon lange, bevor ein Begriff dafür erfunden wurde.

Ein klassisches Beispiel für einen kreativen Prozess liefert Archimedes, der in der Badewanne saß und darüber grübelte, wie er die Mengenanteile von Gold und Silber in der königlichen Krone ermitteln konnte, ohne die Krone dafür zerlegen zu müssen. Er hat mit seinem Ausruf »Heureka!« (»Ich hab's gefunden!«) das Synonym für ein Aha-Erlebnis der Kreativität geschaffen. Aber auch Archimedes konzentrierte sich auf das Ergebnis des Prozesses, nicht auf den Prozess selbst. Inzwischen hat man sich darüber aber intensiv Gedanken gemacht, wie die Flut von Büchern über das Thema Kreativität zeigt. Um so erstaunlicher ist es, dass immer noch keine allgemein akzeptierte Definition der Kreativität ausgearbeitet werden konnte – also keine allgemeine Verständigung darüber, was Kreativität ist, wie man sie erlernen oder lehren soll und ob sie überhaupt erlernt oder gelehrt werden kann.
Ich habe es selbst nicht glauben können, aber die Lexika sagen nichts zu diesem Wort. In der christlichen Tradition war das Wort nur Gottes Schöpferkraft vorbehalten: der Eigenschaft, erschaffen (creare) zu können. Der Begriff wurde dann schrittweise auf »geniale Menschen« übertragen, die als Genie an der göttlichen Kreativität Anteil haben sollen. Erst nach dem Zweiten Weltkrieg, in den fünfziger und sechziger Jahren, wurde die Kreativität auch in größerem Umfang scheinbar trivialen Handlungen des Alltags zugebilligt.

Ein bisschen Dörrobst

Eine Handlung wird normalerweise als »kreativ« bezeichnet, wenn durch sie etwas Neues geschaffen wird – das ist die klassische Definition. Nicht zufällig bezeichnete man noch im 19. Jahrhundert das, was man heute »Kreativität« nennt, mit dem Wort »Produktivität«.

Kreativität gehört zu den Bereichen des Lebens, die nicht gerade lebendiger werden, wenn man versucht, sie zu erforschen. Sobald sich Wissenschaftler über dieses zarte Pflänzlein hermachen und den sterilen Glaskasten ihrer Erklärungsweise darüberstülpen, macht sich die Kreativität selbst schnell aus dem Staub. Deshalb sind diese Versuche auch so trocken ausgefallen, so unkreativ. Dass Kreativität aber nützlich ist, hat sich durchaus in akademischen Kreisen herumgesprochen. Die Gesellschaftspublizistin Prof. Gertrud Höhler drückt es so aus: »Wenn Kreativität Entwicklungen vorantreibt und Probleme löst, wenn sie der geistig-emotionale Rohstoff ist, der mit objektiven Lösungen zugleich subjektive Zugewinne an Lebensqualität bringt, dann müsste sie die begehrteste Ressource unseres Übergangszeitalters werden. Das unscheinbare Alltagsleben vieler Menschen in der fortgeschrittenen Zivilisation soll durch Kreativität origineller, genussreicher, vielfältiger und wärmer werden. Wenn dies stimmt, ist Kreativität die Gegenmacht zur Medienentfremdung, die Gewährsgröße für Eigenständigkeit des einzelnen, jedermanns Zugriff auf mehr Selbstgefühl. Kreativ zu leben müsste dann heißen: Neugierde und Aktivität, Ideenreichtum und Gestaltungsenergie unter viel mehr Menschen als bisher zu teilen – und dies mit dem Ergebnis der absoluten Vermehrung, nicht der Umverteilung jenes kostbaren Gutes, das unserem Zeitalter so vielversprechend erscheint wie kaum eine andere Gabe des Menschen.« (zitiert in: Victor Scheitlin, »Kreativität«, Seite 54)

Alles klar? Und was ist nun die Kreativität? Es ist schwierig, das zu sagen. Hier die Worte des Kreativitätsforschers Victor Scheitlin, die er selbst für verständlich hält: »Kreativität ist die Anwendung von schöpferischer Überlegung und Intuition, um nutzbringendes Neues zu schaffen, worunter man sich auch eine wesentliche Verbesserung von Bisherigem vorstellen kann. Zielgebiete der Kreativität können sein: technische, künstlerische, organisatorische, geistige, wissenschaftliche, soziologische, ethische und religiöse Zielbereiche. Im kreativen Prozess nützt der Mensch Wissen, Erfahrung, Formgefühl und ästhetischen Instinkt, aber auch Vorbewusstes und Unterbewusstes – je nach Ziel und Gestaltungsprozess. Fallweise ist der kreative Prozess beeinflusst durch Vererbung, zufällige Impulsauslösung, bewusst ausgeübte Kreativitätstechnik, Intuition oder unterbewusste Selbstprogrammierung.« (Ebenda, Seite 23)

Der Versuch, die Seife im Badewasser zu erwischen

Umso tiefer und differenzierter ich mich mit der Kreativität auseinandergesetzt habe, umso schwieriger wurde eine Definition. Es ist genauso, wie mit der Liebe: Alle Definitionen scheitern, aber jeder, der einmal geliebt hat, weiß, was Liebe ist – ganz unmittelbar. Bei der Kreativität ist es nicht anders. Und der spezielle, unverwechselbare Charakter der Kreativität kommt durch den Funken der Erleuchtung, der Eingebung, der Erkenntnis. Jeder, der einmal davon getroffen wurde, kennt das Gefühl. Es ist fundamental, kann einen zutiefst erschüttern und gehört neben der Liebe zu den stärksten Empfindungen von Glück. Für mich ist Kreativität in ihrer tiefsten Bedeutung spirituell; auf diesen zentralen Aspekt möchte ich in einem späteren Abschnitt näher eingehen. Tatsache ist jedenfalls, dass Kreativität auf sehr verschiedenen Ebenen stattfindet.

Interessant ist es aber, von der anderen Seite an den Begriff heranzugehen: Was zeichnet eine Handlung aus, die nicht kreativ ist? Das Moment der Neuheit fehlt, die Überraschung, die Eleganz in der Lösung eines Problems. Unkreatives ist voraussagbar, bekannt, gewohnheitsmäßig, automatisch. Das bedeutet nicht, dass unkreatives Verhalten schlecht wäre – es gibt Bereiche, in denen gerade die Voraussagbarkeit wichtig ist; ein kreativer Eisenbahner, der plötzlich in die andere Richtung fährt oder daheim bleibt, weil ihn der Fahrplan langweilt, wäre schädlich für den öffentlichen Personenverkehr. Kreativ muss er allerdings dann werden, wenn etwas den voraussagbaren Ablauf stören könnte – dann muss er sich nämlich schnellstens etwas einfallen lassen.

Schlechte Neuerungen kann jeder erfinden. Die Wertschätzung der Neuerung, die uns veranlasst, von »Kreativität« zu sprechen, hängt damit zusammen, dass sie auf positive, angenehme und wertvolle Weise unsere Erwartungen übertrifft oder überrascht. Es genügt dabei, wenn irgendein Aspekt am Produkt neu ist, auch seine Herstellungsweise kann es sein. Der amerikanische Psychologe und Kreativitätsforscher Mihaly Csikszentmihalyi drückt es so aus: »Kreativ ist jede Handlung, Idee oder ein Produkt, die oder das ein bestehendes Arbeitsgebiet verändert oder es in ein neues verwandelt. Ein kreativer Mensch ist jemand, dessen Gedanken oder Handlungen ein Gebiet verändern oder ein neues schaffen.« Das Problem ist, dass der Begriff »kreativ«, wie er normalerweise gebraucht wird, viel zu ungenau ist. Er umfasst zu viel – ein Arbeitsgebiet, die Experten darin und dann noch den kreativen Menschen. Manchmal wird so ein ganzes neues Gebiet erschaffen, aber das ist höchst selten. Sigmund Freud hat das getan, indem er die Psychoanalyse aus der Neuropathologie heraus entwickelte.

Die Muse lächelt

Zum Glück ist der kreative Prozess nicht davon abhängig, ob wir ihn verstehen oder nicht. Das ist wie mit dem Blutkreislauf oder dem Gehirn: Es funktioniert, auch ohne dass wir wissen, wie. Was wir tun, ist nur, uns ein Modell zu machen, mit dem wir beschreiben, wie wir uns den Prozess vorstellen. Es ist wichtig, sich diesen Umstand vor Augen zu halten, denn hier wird nicht ein ehernes, mathematisch begründbares Naturgesetz vorgestellt, sondern eher eine deskriptive Darstellung, die zeigt, wie es ist, aber nicht, wie es dazu kommt. Im Unterschied zum Naturgesetz lässt eine solche Darstellung keine präzise Voraussage zu.

Unser Alltag besteht aus Wiederholungen. Wir nehmen den Hörer ab und telefonieren, wir sitzen mit Menschen zusammen und sprechen mit ihnen, wir bereiten Mahlzeiten zu und erledigen den Abwasch. Vom Papierkrieg im Büro bis hin zum Füttern der Hauskatze sind die meisten Aktivitäten Dinge, an die wir gewöhnt sind und die wir kaum mehr auf Sinn oder Unsinn hin überprüfen – wir verrichten sie, weil sie zur Organisation unseres Lebens gehören. Vieles von dem, was wir täglich ausführen, geschieht nach einem festen Muster. Im Laufe der Zeit haben wir eine gewisse Routine darin entwickelt.

Auch wenn Sie der Auffassung sein mögen, kreativ zu sein sei allein begabten Menschen vorbehalten – jeder Mensch trägt den Schöpfertrieb gewissermaßen als Anlage in sich. Zum Erwachsenwerden gehört dann, dass wir uns immer mehr rationales Denken aneignen, das spielerische Suchen langsam einstellen und damit den Freiraum für das Schöpferische immer weiter verringern. Wir meinen, wir könnten es uns »nicht leisten« zu spielen. Dazu kommt, dass wir in den meisten Lebensräumen nicht kreativ sein müssen. Abgesehen von »Berufskreativen« wie Designern, Werbefachleuten, Wissenschaftlern, Künstlern oder Erfindern sind wir kaum dazu angehalten, eigene Ideen zu entwickeln. Vielmehr führen wir Vorgänge aus, die irgendwann einmal kreativ gewesen sind und sich mehr oder weniger bewährt haben. Kreativ Auto zu fahren kann sehr gefährlich sein, und kreativ von den Regeln der Kunst bei einer medizinischen Operation abzuweichen, lädt das Risiko von Versuch und Irrtum dem Patienten in unverantwortlicher Weise auf.

Die Kreativitätsforschung

Es gibt eine regelrechte Kreativitätsforschung. Sie wird an Universitäten betrieben – aber auch beim Militär und in manchen Firmen. Wissenschaftlichen Status hat sie noch nicht erringen können, aber sie ist dabei. Der bereits erwähnte Wissenschaftler Mihaly Csikszentmihalyi hat bereits einige Bücher darüber geschrieben, deren jüngstes (siehe Bücherliste) zu Titelgeschichten in großen Magazinen wie »Stern«, »Spiegel« und »Newsweek« geführt hat. Grundsätzlich wird die Kreativitätsforschung noch durch drei Faktoren behindert:

1. Es gibt zwar eine ganze Anzahl von Definitionen der Kreativität, aber keine davon ist allgemein akzeptiert.

2. Natur und Ablauf des kreativen Denkens sind noch unbekannt.
3. Persönliche Faktoren spielen eine derart große Rolle, dass eine allgemeine Theorie noch nicht erarbeitet werden kann.

Theorie und Forschung über Kreativität konzentrieren sich auf mehrere Aspekte: den kreativen Prozess, die kreativ erzeugten Produkte, den Einfluss von Umgebungsfaktoren, die Charakteristik der kreativen Person, die neurobiologischen Vorgänge, den Zusammenhang von Drogen und Kreativität, die kreativen Fähigkeiten und das Trainieren der Kreativität.

Zuviel Phantasie?

Kreativität wird im Volksmund oft »Phantasie« genannt. Hierin spiegelt sich auch schon die Zwiespältigkeit wider, die damit einhergeht: Zum einen bewundert die Umgebung das »Feuerwerk« ungewöhnlicher Gedanken, zum andern kommt leicht ein ironisierender Unterton mit, der andeutet, dass das Ganze nicht viel mit der Realität zu tun hat, »bloß« erfunden und wenig brauchbar ist; Daniel Düsentrieb ist der Prototyp eines solchen Erfinders. Hieraus spricht auch eine gewisse Erfahrung: Kreativität arbeitet mit Versuch und Irrtum, und viele dieser Irrtümer haben schon peinliche Folgen gehabt.

Genie, Leid und Wahnsinn

Seit der Romantik hat sich das Bild geprägt, dass wirkliche Künstler stets leiden, verkannt werden und Außenseiter bleiben. Unter KünstlerInnen und SchriftstellerInnen gibt es tatsächlich eine signifikant hohe Anzahl von Psychopathen und Süchtigen. Der Unterschied zwischen Schizophrenen und Schöpferischen könnte darin bestehen, dass Schöpferische mehr Ich-Stärke haben und aus dem Wahnsinn wieder herausfinden. Wer Angst hat, verrückt zu werden, wird den Weg ins Irrationale und zurück nicht freiwillig gehen und möglicherweise nicht mehr finden. Aber ist dieser Wahnsinn nötig, mit dem kreative Menschen häufig liebäugeln? Was ist Ursache, was Wirkung?

Schöner als Alexis Sorbas im gleichnamigen Roman von Nikos Kazantzakis, könnte man es kaum sagen: *„Das ist sehr schwer, Chef, sehr schwer. Dazu braucht es ein bisschen Verrücktheit, hörst du? Nämlich alles zu riskieren. Du aber hast einen handfesten Verstand, er ist dein Verderben."*

„Was mangelt dir schon! Du bist jung, du hast Geld, du bist gescheit, du bist gesund, du bist ein guter Kerl, dir mangelt nichts. Donnerwetter! Nichts ausser einem, das ist ein Stück Übergeschnapptheit! Und wenn dir das fehlt, Chef…"

Das Märchen von der grossen Freiheit

Es ist auch nicht die völlige Freiheit, aus der die großen kreativen Schöpfungen entstanden sind. Selbst die Gemälde des Mittelalters oder der Renaissance entstanden im Auftrag von Machthabern, die meistens sogar noch die Größe der Leinwand, die Anzahl der Figuren, die Menge an Lapislazuli und die Goldfolie des Rahmens festgelegt hatten. Geldmangel macht offensichtlich sehr kreativ. Bach schuf eine neue Kantate, um den Wunsch seines Mäzens nach religiöser Musik zu befriedigen. Kreativität ist also nicht so rein und unschuldig, wie sie sich gerne gibt. Kreative Künstler haben es geschafft, auf sich aufmerksam zu machen, ihre Werke »an den Mann« (oder an die Frau) zu bringen und wahrgenommen zu werden. Erfolg gilt in Kreisen mancher Künstler allerdings geradezu als Zeichen für Prostitution und Anpassung.

Wer ist kreativ und warum?

Beim Begriff »Kreativität« denken wir meist zunächst an Filmemacher, Musiker, Schriftsteller und Dichter, an Maler und Bildhauer, an Wissenschaftler und vielleicht sogar an Mystiker. All diese Menschen sind kreativ, aber meistens kennen wir sie nur aus Büchern, von Auftritten oder aus dem Fernsehen. Es lohnt sich, einmal nachzuschauen, wo die Kreativität im Alltag zu Hause ist, direkt bei uns selbst und vielleicht völlig unbemerkt. Kreativität ist nämlich überhaupt nichts Besonderes, und es sind viel mehr Menschen kreativ, bei denen wir es schon gar nicht mehr bemerken – und es auch nur selten würdigen. Es lohnt sich aber, genauer hinzuschauen. Kreativität gehört gewissermaßen in das Überlebens-Päckchen der Menschheit, und zwar in Form von Improvisationsvermögen.

Bereits in der Urzeit ließen sich die Menschen etwas einfallen, um ihre Lebensmittel zu finden, zu kultivieren und zu konservieren – das war nicht in ihren Genen vorgesehen. Was sie alles erdachten, um sich einzukleiden, warm zu halten und ein Dach über dem Kopf zu bekommen, ist Ergebnis reiner Kreativität. Das war alles einmal neu; es ist auch sicherlich mehrmals in Vergessenheit geraten und an verschiedenen Stellen wieder erfunden worden. Werkzeuge zu entwickeln war ebenfalls ein kreativer Akt, der heute noch weitergeht. Sehr erfinderisch waren die Menschen auch darin, Waffen zu schmieden und anzuwenden, um damit andere unter ihre Kontrolle zu bekommen; und auch die Einrichtung sozialer Organisationen war ohne kreative Akte nicht zu schaffen. Das Geheimnis war immer das gleiche: ausprobieren. Je mehr Versuche, desto größer ist die Chance, dass etwas Brauchbares darunter ist. Auf dieser Basis beruht eine der weitverbreitetsten Kreativitätstechniken, nämlich das »Brainstorming« (siehe Seite 191).

Und warum sollen Sie kreativ werden? Nun, selbst wenn Sie durch persönliche Kreativität nicht zu Ruhm und Reichtum kommen, kann sie in individueller Hinsicht ganz entscheidend wichtig sein, indem sie den Alltag lebendiger, genussvoller, lohnender macht. Wenn wir kreativ leben, gibt es keine Langeweile und jeder Moment trägt das Versprechen auf neue Entdeckungen. Ob wir sie dann leben oder nicht – sie verbinden uns mit dem Prozess der Evolution. Und es ist einfacher, als Sie denken – Sie brauchen nicht erst ein besserer Mensch zu werden.

Kreativität hat Überlebenswert

Kreativität war immer lebenswichtig, denn gerade unter erschwerten Bedingungen ist es erforderlich, »sich etwas einfallen zu lassen«. Nur der, dem in kritischen Situationen tatsächlich auch etwas einfällt, wird auf die Dauer überleben; Standardlösungen lassen sich dann meistens nicht mehr anwenden. Das gilt für Seeleute, die im Sturm alle Masten ihres Schiffes verloren und trotzdem heimkamen, das gilt für Pioniere, die unwirtliches Land zu besiedeln begannen, das gilt auch für die Ärmsten der Armen, denen es gelingt, ohne jegliche Hilfe zu überleben, und sei es auf Müllkippen. Damit ist nicht gerechtfertigt, dass im Schatten des ganzen Reichtums dieser Welt eine solche Art der Improvisation überhaupt notwendig ist – aber ohne Phantasie, die es ermöglicht, aus Abfällen neue, brauchbare Güter zu schaffen, wären diese Menschen einfach schon gestorben. Sie haben buchstäblich »aus der Not eine Tugend gemacht« – ein Sprichwort, das Kreativität widerspiegelt.

Die ersten Kreativitätstests wurden keineswegs an Universitäten zu Forschungszwecken entwickelt, sondern von der amerikanischen Luftwaffe im Zweiten Weltkrieg. Es stellte sich nämlich heraus, dass die üblichen Intelligenztests nichts darüber aussagten, ob ein Pilot in der Lage war, sich selbst zu helfen, wenn alle Instrumente ausfielen, der Motor brannte und er nicht wusste, wo er überhaupt war. In solchen Fällen sind Erfindergeist, rasche Reaktion und Improvisationsvermögen gefragt; mit dem Luftwaffen-Handbuch waren solche Situationen nicht mehr zu bewältigen. Dann musste er »auf die Idee kommen«, die verbliebenen Möglichkeiten so zu kombinieren, dass er mehr oder weniger heil auf den Boden und wieder zurück nach Hause kam. »Nichts schärft den Verstand so sehr wie eine bevorstehende Hinrichtung«, schrieb ein französischer Adliger angesichts der Guillotine – lebensbedrohende Umstände bringen das ganze System auf Touren. Hier ist es manchmal entscheidend über Leben und Tod, ob einem noch etwas einfällt oder nicht, und der Erfolg ist unmittelbar erfahrbar.

Die alltägliche Kreativität

»Ich bin auf eine Idee gekommen« – dieser alltägliche Satz kennzeichnet meist einen kreativen Akt, in dem etwas (mir) Neues geschaffen wurde. Bücher über »Omas Tipps« für den Haushalt sind voll mit solchen kreativen Ideen, auch wenn manche davon vielleicht etwas skurril sein mögen. Sie sind der Tendenz des Menschen, etwas auszuprobieren, zu verdanken. Wer experimentiert, muss kreativ sein, sonst kommt er eben auf keine neuen Ideen. Es ist ganz normal, an den Vorratsschrank zu gehen, zu schauen, was da ist, und daraus ein Menü zu komponieren oder aus ein paar Stoffresten Kleider zu nähen oder mit einem Schraubenzieher, einem Taschenmesser und ein paar Nägeln aus dem Brennholzvorrat ein Schiffsmodell zu basteln. Kreativität entspricht dem menschlichen Geist zutiefst; sie müsste eigentlich in den Genen zu finden sein. Denn nur weil die Menschen kreativ waren, weil sie sich unter den schwierigen Bedingungen der Urwelt etwas einfallen ließen, verhinderten sie ihr Aussterben.

Immer wieder geraten Menschen in Situationen, die alle Pläne zunichte machen und in denen nichts anderes mehr übrigbleibt, als »das Beste daraus zu machen«. Das ist nur mit Kreativität möglich. Die oben erwähnten Armen auf den Müllkippen tun das ebenso wie die Überlebenden aller Kriege, wenn sie beginnen, die Trümmer aufzulesen und darauf ein neues Leben aufzubauen. »Das Beste daraus machen« heißt immer, eine nicht-optimale

Situation dennoch optimal zu nutzen. Diese Art der Kreativität fällt meistens nicht auf, aber sie erleichtert das Leben vieler Menschen. Es sind also nicht nur die Künstler und Künstlerinnen, die Wissenschaftler, die Werbetexter, bei denen die Kreativität gefragt ist; Hausfrauen, Bastler, Lehrer, Feuerwehrleute, Rettungshelfer, Krisenstäbe müssen alle kreativ sein – nur dass für sie niemand diesen Begriff benutzt. »Kreativität« ist für sie nur ein neuer Name für eine uralte Anforderung.

Kinder sind am kreativsten

Carol Kinsey Gorman, eine amerikanische Kreativitätsforscherin, berichtet, dass in den späten vierziger Jahren einige Psychologen versuchten, herauszufinden, warum die meisten Erwachsenen so wenig Kreativität zeigten. Sie vertraten die Annahme, dass nur ein geringer Prozentsatz der erwachsenen Bevölkerung zu kreativem Denken fähig sei. Um diese Theorie zu beweisen, erstellten sie einen Kreativitätstest und testeten eine Gruppe 45jähriger. Nur fünf Prozent von ihnen erwiesen sich als kreativ. In der Folge wurden immer jüngere Testpersonen herangezogen: 40-, 35-, 30-, 25- und 20jährige. Stets erreichten nur fünf Prozent der Getesteten ein zufriedenstellendes Ergebnis. Erst bei den 17jährigen stieg die Rate jener Personen, die sich im Test als kreativ erwiesen, auf zehn Prozent an. Und als man schließlich eine Gruppe fünfjähriger Kinder untersuchte, schnellte diese Rate plötzlich auf 90 Prozent hoch. Wenn der Test auch nur einigermaßen brauchbar war, zeigte er, dass beinahe jeder Mensch im Alter von fünf Jahren noch höchst kreativ ist.

»Kinderzeichnung« eines Erwachsenen, mit der linken Hand gezeichnet

(Arbeit aus einem Training)

Durchhalten

Voraussetzung für Kreativität ist es, Ideen zu haben. Jeder Mensch hat Ideen, ob er es nun merkt oder nicht. Was weniger kreative von stärker kreativen Menschen unterscheidet, ist die Tatsache, dass ein wirklich großer Künstler oder Wissenschaftler von einem bestimmten Bereich des menschlichen Wissens, Wahrnehmens oder Erkennens »besessen« ist. Es gelingt ihm auf irgendeine Weise, zahllose Hypothesen, Vermutungen, Ideen zu entwickeln – und auch wieder zu verwerfen. Die Gabe, Produkte zu verwerfen, ohne sich davon entmutigen zu lassen – das ist vielleicht das tiefste Geheimnis von »schöpferischen Menschen«. Enttäuschungen werden von ihnen als Ent-Täuschungen aufgefasst, also als das Ende einer Täuschung und Erweiterung der Einsicht. Nicht bloße »Betätigung« der Kreativität kennzeichnet die schöpferischen Menschen, sondern ihre unaufhörliche, wiederholte, konzentrierte und selbstkritische Betätigung.

Einig sind sich die Kreativitätsforscher jedenfalls darin, dass kreatives Potential in jedem Menschen steckt, weil jeder Mensch über Fähigkeiten wie Phantasie, Ahnung, Intuition, Gestaltungsfähigkeit, Erinnerungs- und Kombinationsvermögen verfügt – wenn auch vielleicht in unterschiedlichem Umfang und auf verschiedenem Niveau. Kreativität ist, wie schon gesagt, immer dann gefragt, wenn es darum geht, Unerwartetes zu bewältigen, das sich mit dem »Dienst nach Vorschrift« nicht machen lässt, oder darum, umständliche Vorgänge zu vereinfachen. Kreativität ist auch im Sex schön, gerade deshalb, weil er langweilig sein kann, eintönig und phantasielos. Wer sich die Mühe macht, einmal in den vielen, vielen Büchern zu blättern, die es zum Thema Sexualität gibt, wird feststellen, dass dieser an sich nicht sehr abwechslungsreiche Vorgang ein unglaubliches Maß an Überraschungen und Variationen enthält, bis hin zu allen möglichen Arten der Perversion. Diese sind oft die Folge von Einschränkungen der Sexualität, aber der menschliche Geist kommt auf die verrücktesten Ideen, das Bedürfnis nach Sex doch noch zu befriedigen (wenn auch manchmal auf sehr unbefriedigende Art und Weise). Festzuhalten bleibt: Es gibt keine Theorie oder Technik, die kreative Produkte erzeugt. Es ist nur möglich, mit bestimmten Techniken den Geist zu lockern, damit er leichter kreativ werden kann. Sie sollen Hindernisse zur Entfaltung der Kreativität beseitigen.

Die Leidenschaft – das »feu sacré«

Noch etwas fällt bei Menschen auf, die wir als »kreativ« bezeichnen: Sie lassen sich vielfach von einem Bild, einer Idee, einer Vision (wie immer Sie es nennen wollen) leiten. Das ist meist ganz wörtlich zu verstehen. Vielen KünstlerInnen und WissenschaftlerInnen schwebt ein »Bild« vor, das sie fortan zu erkennen versuchen. Die großen »Kreativen« konnten sich faszinieren lassen, sie waren offen genug, einer Begeisterung Raum zu lassen. Sie ließen sich nicht von Schablonen, Konventionen, üblichen Meinungen und so weiter begrenzen. Kreative Menschen machen auch dort weiter, wo ihnen die Lösung nicht in den Schoß fällt.

Diese Leidenschaft, das »feu sacré«, ist etwas, das ich selbst im kreativen Prozess ganz besonders stark empfinde. Meine Freunde fürchten es geradezu, weil es nicht ohne ein gewisses Pathos abbrennt, aber es brennt stark und wirksam. Ich stehe damit auch keineswegs allein – Künstler, Mystiker, Wissenschaftler scheinen gerade diese Erfahrung gemeinsam zu haben: das Gipfelerlebnis. Alle Menschen können solche Erfahrungen machen, wenn sie nur den Mut aufbringen, frei in den eigenen, unbekannten Regionen herumzustreifen und die Fragen zuzulassen, die allein die Weisheit des Unbewussten zu beantworten vermag.

Leidenschaft gehört zu den Kräften, die uns in kreative Situationen »ziehen«. Für Multitalent und Kreativitätsforscher Ned Hermann ist einer der wichtigsten Schlüssel zur Kreativität die Leidenschaft. Damit meint er eine sehr zwingende, energetische Aufmerksamkeit für etwas. Alle Menschen, die

Spaß haben, sind leidenschaftlich; wie auch Menschen, die sich gerade verliebt haben, wie auch Sammler, Sportfans, Kinder, die verrückt auf Pferde sind, Jungen, die gerade Sammelbilder entdeckt haben oder Videospiele. Kleine Kinder sind zu fast allem, was sie sehen, leidenschaftlich hingezogen. Tatsächlich verhalten sie sich leidenschaftlich, wenn sie sich selbst sehen und fühlen, riechen, hören und auch schmecken. Ihre Leidenschaft umfasst das Leben selbst mit all seinen Erfahrungen. Sogar ängstliche Kinder sind, wenn sie einmal sicher sind, außerordentlich enthusiastisch. Sie greifen nach allem, was sie erreichen können – Spinnen, Blumen, Schmetterlinge, Hände, Augen, Katzen, Essen, Wind, Wasser, Würmer, Musik – einfach nach allem. Sie sind natürliche Experimentierer, leidenschaftliche Forscher, fasziniert von der Untersuchung von allem. Und mit der Zeit beginnen sie, Verbindungen zwischen den Dingen herzustellen (ein Kind, das Öl in einer Wasserpfütze sah, rief aus: »Oh, ein toter Regenbogen!«).

Lob der Neugier

Die natürliche Leidenschaft für das Leben in all seinen Unwägbarkeiten, die Kinder charakterisiert, ist auch in der Persönlichkeit von Menschen vorhanden, die beschlossen haben, ihre Kreativität zu behalten oder wiederzugewinnen. Sie üben ihre Neugier ständig, probieren neue Dinge und ergötzen sich am Experiment um seiner selbst willen – auch wenn die Ergebnisse sie an sich nicht erfreuen. Sie sind für den Augenblick offen, was er auch bringen mag. Sie gehen mit Erwartung, Begeisterung und Energie an das Leben heran. Der erste Schritt in ein kreativeres Leben ist daher die Kultivierung von Neugier und Interesse, die den Dingen um ihrer selbst willen gilt. Das Objekt muss dann nicht nützlich oder wertvoll sein, solange es nur die Aufmerksamkeit anzieht. Mit zunehmendem Alter neigen wir dazu, diese kindliche Neugier zu verlieren, dieses Gefühl der Ehrfurcht vor der Größe und Vielfalt der Welt. Kreative Menschen sind wie Kinder in ihrer Fähigkeit, die Neugier lebendig zu erhalten, selbst wenn sie schon neunzig sind. Und weil das Unbekannte grenzenlos ist, nimmt auch die Freude daran kein Ende. Wie können wir unsere Leidenschaft zurückgewinnen, wenn wir zugelassen haben, dass sie sich abgekühlt hat? Hier ein paar Vorschläge:

1. Wir können von unseren Kindern lernen.
2. Wir können uns selbst und andere bestätigen und Bestätigung annehmen.
3. Wir können eine Inventur unseres Lebens machen. Wir können uns fragen, ob unser Leben uns wirklich befriedigt und, wenn das nicht der Fall ist, was geändert werden muss, damit es uns befriedigt.
4. Wir können uns selbst Beweise dafür liefern, dass die Rückgewinnung unserer Leidenschaft sich lohnt und möglich ist.
5. Ganz konkret: sich jeden Tag von etwas überraschen lassen, jeden Tag jemanden überraschen, täglich aufschreiben, was mich überrascht hat und wen ich überrascht habe, und wenn etwas Interesse weckt, ihm zu folgen.
6. Genießen Sie es, neugierig zu sein!

Der Wunsch nach Schönheit und Vollkommenheit

Eine weitere Quelle der Kreativität ist der Wunsch nach Schönheit, Einheit, Vollkommenheit und Perfektion. Auf geheimnisvolle Weise scheint dem Menschen das Wissen darüber eingegeben zu sein, was wirklich schön ist – und für viele Menschen gehört dazu auch der Wunsch, diese Vollkommenheit zu erreichen oder zumindest in einzelnen Werken zu erschaffen. Auch diese Kraft ist keineswegs auf Künstler oder Künstlerinnen beschränkt, die das Bild, die Symphonie, den Roman vollenden wollen, sondern auch auf Wissenschaftler: Für die Akzeptanz von wissenschaftlichen Theorien spielt es sehr wohl

eine Rolle, ob diese »elegant« sind oder nicht; Physiker haben lange an Formeln weitergearbeitet, nur, weil sie zu Anfang nicht schön genug waren. Techniker und Ingenieure suchen nach Perfektion. Eine schlecht konstruierte Maschine tut einem kreativen Ingenieur ebenso weh, wie ein schlechtes Bild bei einem guten Maler Widerwillen hervorruft. Hier spielt das Irrationale eine ganz große Rolle – die Sehnsucht nach dem Vollkommenen wirkt als stille, mächtige Kraft, die tief ins Unterbewusste reicht und unerwartete Fähigkeiten freisetzen kann.

Diese Sehnsucht kann nur deshalb entstehen, weil es eben Vergleichsmöglichkeiten gibt, Unzufriedenheit mit dem Vorhandenen und das Gefühl, es müsste doch besser, schöner, leichter und eleganter gehen. Gerade auch in so nüchternen Sparten wie Verfahrenstechnik, Elektronik, Flugzeug-, Schiffs- und Automobilbau gilt dieses Prinzip. Ziel der Verbesserungsversuche ist es immer, mit möglichst wenig Aufwand an Material und Treibstoffen ein Maximum an Beweglichkeit zu erzielen. Und immer wieder orientiert man sich dabei an der Natur – sie ist die oberste Lehrmeisterin der Kreativität. Sie geht allerdings auch viel verschwenderischer mit ihren Ressourcen um: Sie experimentiert über Generationen und ganze Kontinente hinweg, sie leistet sich den Verlust ganzer Arten und »rechnet« in Jahrmillionen anstatt in Tagen.

Geistige Genetik

Menschen versuchen, solche Prozesse abzukürzen und die Ergebnisse noch innerhalb ihres eigenen Lebens zu erreichen. Wo die Natur Gene benutzt, benutzen Menschen Gehirnzellen. Auch die haben sie von der Natur geschenkt bekommen; sozusagen als Spielzeug der Evolution, aus dem die Menschen (zumeist) das Beste gemacht haben. Dieses Lernen gehört auch zur Kreativität: die schöpferische Übertragung der Erkenntnisse aus einem Gebiet in ein anderes. In der Renaissance wurde die Zentralperspektive entdeckt – sie hat sowohl die Malerei als auch die Geometrie befruchtet. Kreative Durchbrüche gibt es besonders dann, wenn eine Idee aus einem wissenschaftlichen Gebiet in einem anderen angewandt wird. Bekanntestes Beispiel dafür ist die Anwendung der Quantenphysik in der Chemie und in der Astronomie. Dadurch wurde es möglich, sehr viele Phänomene, die mehr oder weniger unverbunden in diesen Wissenschaften »herumlagen«, theoretisch zu verstehen und vorauszusagen.

Am natürlichsten ist der Wunsch nach Schönheit natürlich in den bildenden Künsten und in der Architektur vorhanden; hier hat er viele Generationen von Künstlern zur Verzweiflung gebracht, ihnen aber auch zu großen Werken verholfen.

Woran erkennt man kreative Menschen?

Als die UdSSR ihren ersten Sputnik in die Erdumlaufbahn brachte, zeigte sich in den USA eine große Bestürzung: Man glaubte, dass jenseits des Eisernen Vorhangs kreativere Köpfe steckten als diesseits. Es setzte ein wahrer Boom zur Erforschung der Kreativität ein. Der Hauptansatzpunkt in der Kreativitätsforschung war das Modell der »kreativen Persönlichkeit«. Man versuchte, durch geeignete psychologische Testverfahren jene Faktoren frühzeitig zu entdecken und zu fördern, die einen »kreativen Menschen« ausmachen sollten – kreative Menschen und Erfinder sozusagen zu erkennen, wenn sie zur Tür hereinkommen. Dieser Ansatz ist jedoch gescheitert. Es gab und gibt keine besonderen Faktoren, die es erlauben, die Menschen in zwei Klassen aufzuteilen: kreative und nicht-kreative. Kreative Menschen gibt es in allen Größen, Hautfarben, in jedem Alter, dick und dünn, jeglicher Religion – es gibt einfach keine Möglichkeit, einem Menschen aufgrund objektiv bestimmbarer Merkmale anzusehen, ob er kreativ ist oder nicht.

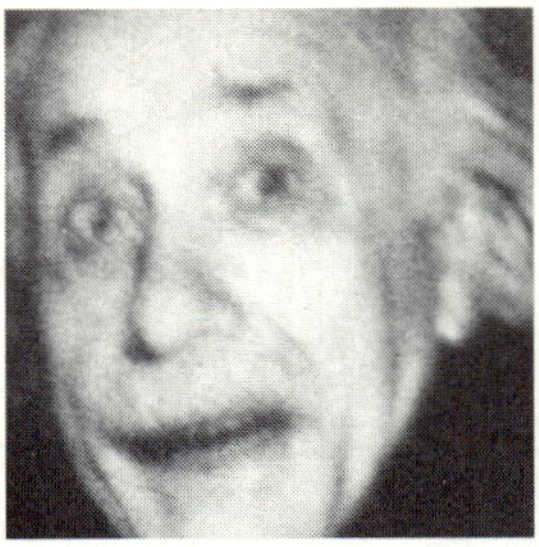

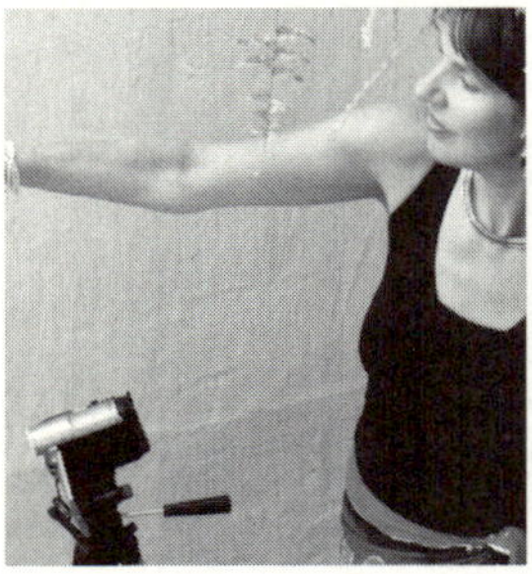

Sicher ist man sich lediglich darüber, dass Erfinder meist ziemlich eigensinnig sind. Allerdings sind nicht alle eigensinnigen Menschen gleich auch Erfinder. Der Kreativitätsforscher Robert W. Dilts ist der Ansicht, dass jeder Mensch von Geburt an kreativ ist. Diese Meinung teilt er mit praktisch allen seinen Kollegen. Der Grund für diese Ansicht ist einfach. Man braucht sich nur die Entwicklungsgeschichte eines menschlichen Individuums anzuschauen: Ein Kind durchlebt vom Alter von sechs Monaten bis zur Vollendung seines zweiten Lebensjahres eine der kreativsten Zeiten seines ganzen Lebens. Es lernt zu verstehen, wie die vielen Reize, Eindrücke und Empfindungen, die es erfährt, in ein sinnvolles, verstehbares und weitgehend auch voraussagbares Muster umzusetzen sind. Lernen selbst ist schon ein zutiefst kreativer Prozess.

Nach Dilts' Meinung ist Erziehung in den meisten Fällen kaum mehr als die Unterdrückung der natürlichen Kreativität des Individuums. Wahrscheinlich hat Dilts selbst keine Kinder, sonst würde er diese Ansicht vielleicht weniger absolut formulieren ...

Kreative Menschen glauben an ihre Fähigkeiten

Das wichtigste Ergebnis dieses Zweiges der Kreativitätsforschung war die Erkenntnis, dass kreative Menschen an ihre Fähigkeiten glauben. Es kommt aber noch ein weiterer Gesichtspunkt hinzu, den der Volksmund sehr gut kennt und der Künstlern, Wissenschaftlern und Werbeleuten einen besonderen Freiraum schenkt: Sie spinnen alle mehr oder weniger.

Wir wissen: Um kreativ zu sein, müssen wir spinnen. Das bedeutet aber auch, aus dem Rahmen zu fallen, anders als die anderen zu sein. Damit jedoch nicht genug, denn es reicht keineswegs, einen »Knall« zu haben, anders als die anderen zu sein, wenn da nicht noch etwas hinzukommt – nämlich die kreative Leistung. Der »Knall« allein wird nicht verziehen, aber wenn er die Kreativität begleitet, besitzt er sogar noch einen gewissen Unterhaltungswert. Auf jeden Fall aber ist er ein Zeichen größerer Freiheit: Der Mensch mit der Macke wagt es, sich non-konform zu verhalten.

Interessanterweise öffnet die eigene Kreativität den Blick für die Kreativität anderer – Gleiches erkennt Gleiches.

Und ganz viele Menschen sind kreativ, oft vielleicht, ohne das dann »kreativ« zu nennen. Auch Verbrecher können kreativ sein. Ich möchte diese Form von Kreativität keineswegs unterstützen oder billigen, aber das Element der Neuheit, der eleganten Problemlösung und der Überraschung ist immer wieder zu finden.

Keiner ist eine Insel

Eine wichtige Rolle spielt das Umfeld. Es wird in der Regel unterschätzt, weil wir viel stärker auf den kreativen Menschen blicken als auf den Hintergrund, vor dem er überhaupt erst sichtbar wird. Das heißt, es muss andere Menschen geben, die in der Lage sind, die kreative Leistung zu erkennen und zu würdigen. Das ist aber stark von der jeweiligen Zeit abhängig. Ein Beispiel bildet Johann Sebastian Bach: Zu seiner Zeit war seine Musik sehr beliebt, galt aber kurz danach hundert Jahre lang als altmodisch, bis sie schließlich wiederentdeckt wurde. Das würde bedeuten, dass Bach im 18. Jahrhundert kreativ war, im 19. nicht und im 20. dann doch wieder. Kreativität kann also etwas höchst Relatives sein.

Kreativität kann in Wellen auftreten, konzentriert auf einen bestimmten Ort und Zeitraum. Das klassische Beispiel eines Kreativitätsausbruches zitiert Mihaly Csikszentmihalyi: »Florenz zwischen 1400 und 1425. Das waren die goldenen Jahre der Renaissance, und es wird allgemein anerkannt, dass die einflussreichsten Kunstwerke Europas in diesem Vierteljahrhundert geschaffen wurden. Jede Liste von Meisterstücken umfasst die Kuppel der Kathedrale, den Brunelleschi erbaute, die ›Tore zum Paradies‹ von Ghiberti, Donatellos Skulpturen für die Kapelle von Orsanmichele, der Freskenzyklus von Masaccio in der Kapelle von Bancacci und Gentile da Fabrianos Gemälde der Anbetung der heiligen drei Könige in der Dreieinigkeitskirche.«

Entscheidend für die Wirkung dieser Werke war die Aufnahme durch das sachkundige Publikum. Nicht umsonst heißt es, dass jedes Bild die Antwort auf alle vorhergehenden Bilder ist, jedes Gedicht die Geschichte der Poesie spiegelt.

Viele Kulturen glauben, dass auch die physische Umgebung für die Gedanken, Gefühle und Einfälle enorm wichtig ist. Die Rolle von Lob und Anerkennung darf nicht unterschätzt werden. Geld dürfte keine überragende Rolle spielen, aber auch nicht vernachlässigt werden. Eine schöne Umgebung kann Kreativität fördern, muss es aber nicht. Einen Beweis dafür gibt es jedenfalls noch nicht. Sicher, eine große Anzahl bedeutender Werke in Musik, Malerei, Philosophie und Wissenschaft sind an ungewöhnlich schönen Orten entstanden. Offen bleibt aber, ob ihre Schöpfer nicht auch in verqualmten Industriestädten oder sterilen Vororten dazu in der Lage gewesen wären. Kreativste Computer-Hacker, die in der Lage sind, bestgeschützte Datennetze zu knacken, leben in engen Zimmern, rauchen, leben von Butterbroten und Cola, so ungesund wie nur vorstellbar. Welche Umgebung wen stimuliert, ist extrem verschieden.

Wir haben die heimliche, idealisierte Erwartung, dass ein wirklich kreativer Mensch kreativ ist, egal wo. Dazu gehört das Bild des einsamen Genius. Aber auch der größte Geist wird nichts zustande bringen ohne die Unterstützung der Gemeinschaft, auch wenn das schon fast wie Blasphemie klingt. Eine gute Ausbildung gehört dazu, eine gründliche Kenntnis des Arbeitsfeldes und hohe Ansprüche an sich selbst. Arbeitsmöglichkeiten und Ressourcen müssen vorhanden sein, obwohl zu viel davon auch wieder ablenken kann. Die Explosion der wissenschaftlichen Kreativität in Europa hat zum Beispiel sehr viel mit dem Buchdruck zu tun, der die Verbreitung der Information ermöglichte. Letztlich ist es immer das Urteil der anderen, das entscheidet, ob etwas kreativ ist oder nicht. Und dieses Urteil spricht der Wissenschaftler nicht allein, sondern die ganze Gilde. Es ist wichtig, die Grenzen zu kennen, um sie erweitern zu können. Ein kreativer Mathematiker muss die Mathematik kennen, um über sie hinauszuwachsen. Er muss die Regeln kennen, um damit spielen zu können.

Es gibt also doch eine ganze Menge von Merkmalen, die kreativen Menschen zu eigen sind – egal, auf welchem Gebiet sie nun kreativ sind: Kreative Menschen ...

- gibt es in allen Ausführungen, Größen, Altersstufen, Hautfarben, Kulturen und so fort;
- sind sehr verschieden, aber in einem sind sie sich alle gleich, egal was sie tun: Sie tun gern, was sie tun, und können zumindest zeitweise darin aufgehen. Sie tun die Sache um ihrer selbst willen, einfach, weil sie so viel Spaß macht! Und je besser sie sind, desto größer ist der Spaß;
- sind neugierig und gespannt aufs Leben; sie empfinden Entzücken am Fremden und Unbekannten. Und weil das Unbekannte grenzenlos ist, nimmt auch die Freude daran kein Ende;
- sind offen für Überraschungen und Wunder; sie glauben nicht, alles schon zu wissen und auch nicht, dass die andern alles schon wissen;
- können sich für etwas wirklich begeistern;
- haben Phantasie und scheuen sich nicht, sie zu zeigen;
- haben Sinn für Humor, lachen gerne, sogar über sich selbst;
- haben positive Ziele – sie wissen: Anders als die andern sein zu wollen reicht nicht aus;
- sind sehr individuell, riskieren es, dem eigenen Stern zu folgen;
- haben den Mut, auch Fehler zu machen, und die Gabe, sich davon nicht entmutigen zu lassen;

- sind flexibel, denn nur so können sie verschiedene Lösungen ausprobieren und wieder fallenlassen, was sich nicht bewährt. Sie verlieren dabei aber niemals ihr Ziel aus den Augen;
- sind in engem Kontakt zu ihren Gefühlen. Sie packen leichter ihre Sachen zusammen und gehen, wenn sie sich langweilen;
- können auf anderen als den eigenen Fachgebieten sehr unwissend sein (wieso soll ein Maler Kernphysik, wieso ein Chemiker die Poesie verstehen?);
- sind offen für Erfahrungen, interessiert daran, wie die Dinge sind und wie sie funktionieren, haben eine breite Wahrnehmung und können auch Ungewöhliches ertragen;
- sind manchmal nur auf einem einzigen Gebiet kreativ, aber auf allen anderen völlig mittelmäßig. Deshalb können auch ganz unscheinbare Menschen kreativ sein – man sieht es ihnen nicht an;
- haben einen kleinen (oder großen) »Knall«;
- haben genausoviel Angst, ausgelacht zu werden und sich zu blamieren, wie alle anderen auch, aber sie lassen sich davon nicht lähmen;
- haben oft eine große Frustrationstoleranz und verlieren ihr Ziel nicht aus den Augen, lassen sich nicht so leicht entmutigen;
- können sehr diszipliniert und trotzdem immer wieder spielerisch sein; sie können voller Verantwortung und dann wieder ganz verantwortungslos sein. Es muss die Mischung sein, die einen langfristig durchhalten lässt. Es ist die Kombination verrückter Ideen und harter Arbeit;
- können Geduld aufbringen, wenn es nötig ist;
- wissen, was in ihrem Fachgebiet gute und schlechte Arbeit ist, und wenden diese Maßstäbe auch auf sich selbst an;
- bewegen sich zwischen Imagination und Phantasie einerseits und einem Sinn fürs Bodenständige andererseits;
- können auch allein sein;
- setzen sich dem Feedback, der Kritik aus;
- sind sich bewusst, dass sie auf dem aufbauen, was vorher bereits gewesen ist; sie stehen in einer langen Tradition;
- sind selbstkritisch, aber sie lähmen sich dabei nicht;
- werden als rebellisch angesehen – sie beugen sich nicht der Schulmeinung;
- entwickeln eine Leidenschaft für ihre Tätigkeit, gleichzeitig können sie objektiv bleiben. Ohne Leidenschaft verlieren wir das Durchhaltevermögen, das eine schwierige Aufgabe erfordert. Es ist eine Balance von

Männlichem und Weiblichem;
- genießen den kreativen Prozess, auch wenn sie zwischendurch daran leiden. Es ist ein bisschen wie Bergsteigen: Man leidet, aber das Gefühl, den Gipfel erklommen zu haben, ist unschlagbar und wiegt alle Mühsal auf;
- führen ein stabiles Familienleben, das allerdings auch sehr ungewöhnlich aussehen kann;
- sind in der Lage, sich zumindest für Augenblicke von Vorurteilen freizumachen;
- vertrauen ihrer Eingebung;
- spielen gern;
- tun ganz, was sie tun;
- kennen ihren Rhythmus und wissen, wann sie am leistungsfähigsten sind und wann sie sich besser in Ruhe lassen und nichts von sich verlangen;
- sind faul, wo es nur geht, und verlangen nicht dauernd Höchstleistungen von sich, aber sie möchten keinen einzigen Tag verlieren. Häufig sagen extrem produktive, erfolgreiche Menschen von sich selbst, dass sie im Grunde faul sind;
- erkennen die Kreativität anderer Menschen;
- haben nicht nur Ideen, sondern sie setzen sie auch um!

Bereiche der Kreativität

Kreativität hat etwas mit Alchimie gemein: Sie hat sich bislang allen Versuchen moderner wissenschaftlicher Erfassung widersetzt; sie ist nicht biochemisch manipulierbar. Ihre Ausdrucksbereiche entsprechen den Grundprinzipien der uralten Alchimie, die da heißen: Feuer, Erde, Wasser und Luft. In jedem dieser mystischen Grundbestandteile des Universums kann die Kreativität sich ausdrücken, jedesmal tut sie das auf andere Weise. Den verschiedenen Formen wohnt sie aber sozusagen als gemeinsamer Duft inne. Schauen wir uns diese Alchimie mal an:

Wasser

Dies ist der lebenskünstlerische Bereich. Hier arbeite ich mit Hilfe der Kreativität an mir, um die allgemeinen Voraussetzungen zu schaffen, um das

Leben nicht nur zu bewältigen, sondern es auch zu genießen. Das bedeutet, dass ich alle Umstände unter diesem Gesichtspunkt anschaue und versuche, alles zu beenden oder zu verlassen, was mich unglücklich macht – sei es mein Partner/meine Partnerin, mein Beruf, meine Wohnung oder mein Land. Ich finde heraus, was ich brauche im Leben, und muss manchmal kühne, riskante und vielleicht auch schmerzliche Entscheidungen treffen. All das erfordert Kreativität in höchstem Maße.

Feuer

Feurig ist der expressive Bereich. Hier sind Malerei, Dichtung, Schauspielkunst und Musik zu Hause, aber auch moderne »Künste« wie Design, Werbung, Entwicklung von kreativer Software und die Entdeckung ganz neuer Ausdrucksformen. In diesem Bereich drückt sich die Kreativität eher vital aus, manchmal auch beunruhigend, hier kann sie aber auch tiefe emotionale Erkenntnis und Geborgenheit vermitteln.

Luft

Dies ist der intellektuelle Bereich, die Heimat für Wissenschaft, Philosophie, für das Entdecken von Zusammenhängen und Abläufen der Natur. Hier ist der Wunsch nach Erkenntnis die Triebkraft, und es ist notwendig, alles Schwere hinter sich zu lassen – aber genau dazu ist es manchmal auch notwendig, Schweres zu benutzen, zum Beispiel schwierige Gedanken von Philosophen, abstrakte mathematische Formeln oder auch ganz konkret physikalische Geräte wie die riesigen Teleskope zur Erforschung des Weltalls oder das Elektronensynchrotron.

Erde

Erdhaft ist der »operationale« Bereich, der sowohl das tägliche Überleben sichert als auch den komplexen Ablauf technischer Prozesse. Hier spielt sich die Kreativität der Ingenieure ab, ebenso die von Managern, Politikern und Militärs. Es geht darum, dass etwas funktioniert, und zwar so gut und effektiv wie möglich. Das geht zurück auf die Ursprünge der Menschheit, denn bereits die Abwehr wilder Tiere sowie das Finden von Nahrung und Unterkunft erforderten gewaltige kreative Leistungen. Um diese Ziele zu erreichen, haben sich die Menschen wirklich eine Menge einfallen lassen, einiges davon ist elegant, anderes nur effektiv, anderes wiederum sogar brutal oder schädlich. Jetzt ist die erdhafte Art von Kreativität notwendig, damit die menschliche Rasse ihren Erfolg überleben kann.

Die dunkle Seite der Kreativität

Wie alle anderen Gaben auch, kann Kreativität verschwendet werden. Das ist der Fall, wenn sie dazu dient, das Leben schwerer, unangenehmer, hässlicher zu machen. Auch in dieser unglückseligen Kunst wurden äußerst kreative Leistungen vollbracht.

Schauen Sie sich zum Beispiel an, was heute »Beziehungskiste« genannt wird. Es ist unglaublich, mit welcher Vielfalt, Phantasie und Erfindungsgabe die Partner sich gegenseitig plagen und quälen können. Ein sehr lebendiger, uralter Vorfahre dieses Phänomens ist die Eifersucht. Sie kann das Äußerste und Schlimmste aus den Menschen herausholen, und dazu lassen sie sich durchaus etwas einfallen – sei es die Bespitzelung des anderen, die Einengung (auch der Keuschheitsgürtel war eine kreative Erfindung) oder auch die Bestrafung. Der Wunsch, einen Menschen ganz für sich zu haben und zu behalten, hat die phantasievollsten und abartigsten Methoden der gegenseitigen Manipulation hervorgebracht. All diese Erfindungen erfüllen die Kriterien der Kreativität – außer dem, Spaß zu machen.

Kreative Grausamkeit

Hier kommen wir gleich auf ein anderes, gefährliches Feld der Kreativität, nämlich die Kunst der Folter und des Sadismus. Was zum Beispiel die klassische chinesische Kultur an Möglichkeiten entwickelt hat, Menschen zu quälen und umzubringen, ist bis heute unübertroffen. In Stalinismus, Nationalsozialismus und bei den Japanern kurz vor und während des Zweiten Weltkrieges gab es ebenfalls eine Hochblüte der Folter und Gehirnwäsche. Die Methoden dafür mussten überhaupt erst einmal entwickelt werden, und der freie menschliche Geist hat sich dabei keineswegs zurückgehalten, sondern sein kreatives Potential voll ausgenutzt. Im Namen der dunklen Seiten der Politik wurde und wird die Kreativität auch heute noch genutzt – für Intrigen, Verschwörung und Erpressung.

Erfolgreiche Kriminalität ist geradezu auf Kreativität angewiesen. Der perfekte Mord ist sicherlich bereits mehrfach ausgeführt worden; zu seinem Wesen gehört es ja, dass er nicht aufgedeckt wird. Steuerbetrug gehört schon zu den Formen der Kriminalität, die in die Kategorie des Äpfelklauens passt: Hauptsache ist, sich nicht erwischen zu lassen. Das gilt natürlich auch für alle anderen Arten von Betrug: Ohne kreative Ideen ist er nicht möglich.

In der Kriminalität sehen wir die Ambivalenz der Kreativität besonders deutlich und durchaus auch am eigenen Leibe – warum sind Krimis und Thriller so beliebt? Agentenfilme leben davon, dass dem Guten wie dem Bösen immer wieder etwas Neues einfällt, auf das die Gegenseite nicht gefasst ist und das dann vielleicht mit einem weiteren kreativen Schritt (sowie viel Mut, Glück, Geschick und einem guten Drehbuch, das seinerseits kreativ sein muss) antworten kann. Die Entwicklung von Computer-Viren oder das Einklinken in geschützte Datennetze erfordert Kreativität, ebenso wie der Ausbruch aus einem vermeintlich ausbruchssicheren Gefängnis.

Wir sehen: Kreativität an sich ist weder gut noch böse, sie ist ein Werkzeug wie der gesamte menschliche Geist. Sie kann in verschiedene Richtungen angewandt werden. Letztlich sind es Maßstäbe außerhalb der Kreativität, die diese Richtung dann bestimmen – sei es Macht, Gier, Mordlust oder der Wunsch nach Schönheit, spiritueller Einheit oder einem einfacheren Leben.

Kreativität – ein menschliches Privileg?

Kreativität ist keineswegs nur auf Menschen beschränkt. Ein Zeichen von Kreativität ist es, sich auf veränderte Lebensumstände einstellen und daraus das Beste machen zu können. In diesem Sinne sind schon die Bakterien kreativ – sie können unter abenteuerlichsten Bedingungen leben, sich anpassen und neue Lebensräume erobern. Sie existieren sogar in radioaktiven Kreisläufen von Kernkraftwerken. So gesehen kann man wirklich sagen, dass das Leben selbst kreativ ist.

Hier ein Beispiel »tierischer« Kreativität: Konrad Lorenz erzählt von einem Experiment, bei dem ein Affe (ein Orang-Utan) in einen Raum eingeschlossen war. Das Experiment wurde mit einer versteckten Kamera beobachtet und war folgendermaßen aufgebaut: In der Mitte hing an einer Schnur eine Banane von der Decke, gerade so hoch, dass der Orang-Utan sie auch dann nicht erreicht, wenn er in die Höhe springt. In einer Ecke des Raumes stand eine Holzkiste, hoch genug, um dem Orang zu ermöglichen, die Banane bequem zu erreichen. Nachdem der Affe die Banane entdeckt hatte, versuchte er, wie erwartet, sie durch Hochhüpfen zu erreichen. Das gelang ihm nicht, und der Affe geriet darüber in heftige Wut. Er tobte herum, trommelte auf den Boden und brüllte. Ruckartig kehrte er der Banane den Rücken zu und kauerte auf dem Boden; er sah eindeutig beleidigt aus. Plötzlich drehte er sich herum, blickte auf die Banane, dann zu der Kiste, dann wieder zur Banane.

Der Vorgang wiederholte sich mehrmals. Auf einmal lachte er, schlug Purzelbäume und klatschte mehrmals mit den Händen auf den Boden. Dann sprang er in die Ecke, zog die Kiste unter die Banane, kletterte hinauf und verzehrte seine Beute mit sichtlichem Vergnügen.

Das Verhalten des Affen mutet sehr vertraut an. Auch wir Menschen reagieren sauer und wenden uns ab, wenn wir etwas nicht bekommen, was wir haben wollen. Viele bleiben bei dieser Strategie und gehen lieber zu Gleichgesinnten, um die Klagen auszutauschen und zu bestätigen. Meistens endet dies damit, dass die Verantwortung nach außen delegiert wird und man sich darüber einig ist, dass andere etwas tun müssten, damit das Problem überhaupt nicht erst entsteht.

Der Affe beendet das Jammern durch Nachdenken. Er hat sich angesichts des Problems dafür entschieden, eine kreative Lösung zu finden. Nachdenken ist offenbar eine Quelle für Kreativität, aber es reicht natürlich nicht aus – es ist nur der Anfang. Das Beispiel beschrieb auch der Kreativitätsforscher Karl-Heinz Brodbeck; er nannte sein Buch deshalb »Entscheidung zur Kreativität«, weil der Affe einen Schritt getan hat, den auch jeder Mensch tun kann: sich für die Kreativität entscheiden.

Woher kommt Kreativität, und wo findet sie statt?

Alle Kreativitätsforscher sind sich darüber einig, dass der Ort, an dem sich die kreativen Prozesse abspielen, das Gehirn ist. Was lag näher, als zu fragen, ob die Kreativität selbst – und nicht nur ihre Wirkung – auch im Gehirn verankert ist? So schaute man sich den Aufbau des Gehirns näher an und versuchte zu verstehen, was sich da abspielt, wenn die Kreativität am Werke ist.

Der amerikanische Wissenschaftler Roger Sperry erhielt 1981 den Nobelpreis für Medizin, weil er bewiesen hatte, dass das menschliche Gehirn nicht nur anatomisch, sondern auch funktionell in zwei Hälften unterteilt ist. Jede der beiden Gehirnhälften ist auf verschiedene Denkprozesse spezialisiert. Im allgemeinen, das heißt bei 95 Prozent aller Rechtshänder, kontrolliert die linke Gehirnhälfte nicht nur die Körperfunktionen der rechten Körperhälfte, sondern ist auch der Sitz des analytischen, linearen, sprachlichen, rational-logischen Denkens. (Bei den meisten Linkshändern ist das gerade andersherum.) Wenn Sie Ihren Einkaufszettel zusammenstellen, Ihre Steuererklärung machen oder Berechnungen durchführen, dann tun Sie das also in der linken Hälfte Ihres Gehirns. Unser ganzes System der Schule und Ausbildung unterstützt und fördert die Entwicklung und Funktion der linken Gehirnhälfte.

Und die rechte Hälfte? Sie steuert die Funktionen der linken Körperhälfte, ist aber zudem verantwortlich für phantasievolles, ganzheitliches, nonverbales, künstlerisches und intuitives Verhalten. Wenn Sie in Musik versinken, träumen, sich verlieben, wenn Sie sich Bilder vorstellen, Ihre Phantasie schweifen lassen oder Hass empfinden, ist die rechte Hälfte Ihres Gehirns aktiv. Für diesen wichtigen Bereich unseres Gehirns erhalten wir keine Ausbildung – da lernen wir noch wie vor hunderttausend Jahren: durch Versuch und Irrtum. Das passt zwar gut zu dieser Hälfte – wir lernen praktisch nonverbal, intuitiv, aber es wäre schön, wenn wir es nicht alle so allein lernen müssten. »Herzensbildung« heißt die Schule für die rechte Hirnhälfte, und wir wissen, wie selten sie ist.

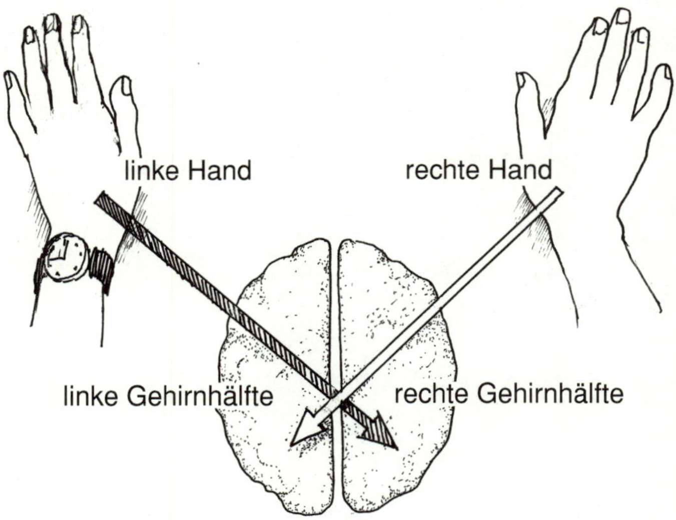

Keine der Gehirnhälften ist »besser«

Keine unserer Gehirnhälften ist »besser« als die andere – die Aufteilung in Funktionen (siehe Abbildung) zeigt nur, dass beide zusammenspielen müssen, dass sie sich gegenseitig brauchen und ergänzen, damit der Mensch den unvorhersagbaren Anforderungen des Lebens gewachsen ist. Menschen, die kreativ an das Lösen von Problemen herangehen, sind sich darüber im Klaren, dass beide Gehirnhälften (beide Denkweisen) ihre Berechtigung haben. Wichtig ist nur, zu wissen, wann welche der beiden in den jeweiligen Phasen des kreativen Prozesses die Oberhand bekommen muss. Die Aufteilung ist aber einfach genug:

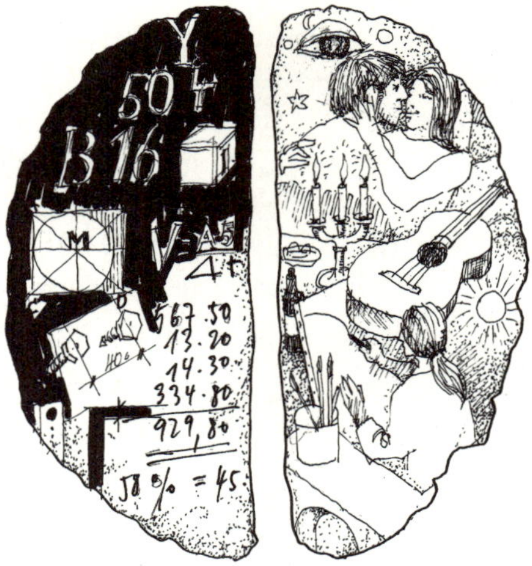

Linke Gehirnhälfte		**Rechte Gehirnhälfte**
logisch	–	intuitiv
folgernd	–	nonverbal
sprachlich	–	visuell
linear	–	räumlich
analytisch	–	kreativ
nüchtern	–	charismatisch
rational	–	ganzheitlich
explizit	–	künstlerisch
diszipliniert	–	humorvoll/spielerisch

Dieses Hin und Her zwischen den beiden Gehirnhälften hat Carol Kinsey Goman folgendermaßen skizziert:

1. Linke Gehirnhälfte: Definieren Sie das Problem auf logische Weise.
2. Rechte Gehirnhälfte: Erarbeiten Sie kreative Vorschläge und Alternativen.
3. Linke Gehirnhälfte: Bewerten Sie Ihre Ideen pragmatisch, um zu sehen, welche davon brauchbar sind.
4. Rechte Gehirnhälfte: Hören Sie auch auf Ihre Intuition bei der Bewertung der Alternativen.

5. Linke Gehirnhälfte: Arbeiten Sie einen strategischen Plan aus, um Unterstützung und Hilfe bei der Umsetzung des gewählten Lösungsvorschlages zu sichern.
6. Rechte Gehirnhälfte: Überzeugen Sie die anderen Beteiligten, indem Sie sie mit Ihren eigenen Visionen und Ihrem Engagement »anstecken«.

Finden Sie heraus, wie Sie funktionieren

Es ist gut, wenn Sie wissen, wie Sie funktionieren – dann können Sie leichter die Bedingungen schaffen, unter denen Sie gut funktionieren.

Um dies herauszufinden, können Sie für etwa € 100,– beim Hermann International Deutschland GmbH & Co. KG, Oderdinger Strasse 12, D-82362 Weilheim, einen Fragebogen für ihre persönliche Denkstilanalye bestellen. Sie erhalten nach der Auswertung dieses Bogens eine farbige Grafik mit Ihrem persönlichen Denkprofil, das zeigt, welche Denkstile Sie bevorzugen, nutzen oder gar vermeiden. Mit dem Hermann-Dominanz-Instrument (HDI) hat Ned Hermann eine Methode entwickelt, welche die individuell unterschiedlichen Denkstile bestens veranschaulicht. Allerdings teilte er die beiden Gerhirnhälften jeweils noch einmal, so dass insgesamt vier sogenannte »Hirnquadranten« entstehen und die Deutung noch etwas präziser wird. Sehr zu empfehlen ist sein Buch »Kreativität und Kompetenz – Das einmalige Gehirn«. Dort wird ausführlich beschrieben, was Sie konkret tun können, um Ihr ganzes Gehirnpotential zu nutzen.

Stellen Sie sich beispielsweise folgende Frage: Wobei haben Sie Ihre besten Einfälle? Mögliche Antworten wären:

- beim Rasieren
- auf der Toilette
- beim Autofahren, im Zug oder Flugzeug
- nach gutem (oder schlechtem) Sex
- auf Spaziergängen
- beim Meditieren
- unter der Dusche
- beim Angeln
- beim Joggen
- im Restaurant, im Kino, im Konzert
- wenn ich mich ärgere
- unter Druck

- alleine oder in der Gruppe
- am Tag oder in der Nacht
- zu Hause, im Atelier oder Geschäft

Das Gipfelerlebnis des kreativen Moments ist ein Geschenk, das die rechte Gehirnhälfte Ihnen macht. Diese Erfahrung kann so mächtig und erschütternd sein, dass viele Menschen sich kaum vorstellen können, dass diese Ekstase nur aus ihnen selbst kommt. Sie werden es eher für eine »göttliche Eingebung« oder ein »Geschenk der Muse« halten. Ein Wissenschaftler erzählt: »Ich habe die vielen Jahre der Routine, des Feilens und Ausarbeitens an meinem Schreibtisch nur ertragen können, weil mir diese Sekunden der Erkenntnis vergönnt waren. Ich könnte eine Menge mehr davon brauchen!« Die Meinung, dass Kreativität etwas sei, das uns von außen geschenkt wird, ist zwar poetisch und schön, aber sie hat auch ihre Tücken: Sie lenkt die Aufmerksamkeit davon ab, wie wir es anstellen können, dass dieser Vorgang tatsächlich stattfindet, und zwar in uns selbst.

Der Ort der Intuition

Die rechte Gehirnhälfte lässt den Künstler intuitiv erkennen, wie er Farbe und Linienführung seines Werkes gestalten will. Sie bestimmt das Steigen und Fallen der Melodiebögen bei einer Jazz-Improvisation. Sie ergreift Besitz vom Schriftsteller, wenn es darum geht, eine Szene zu beschreiben und dabei den beteiligten Personen zu lauschen, als würden sie ihren Text selbst sprechen. In der rechten Gehirnhälfte liegen die Quellen von Leidenschaft und Kreativität.

Die meisten Kinder lernen schon sehr früh, dass Anpassung und Zurükkhaltung eher belohnt werden als der Versuch, kreativ zu sein. Mangelnder Anreiz und fehlende Ermutigung lassen die rechte Gehirnhälfte verkümmern wie einen Muskel, der nicht gebraucht wird und deswegen schrumpft. Zum Glück ist es so, dass dieser Körperteil nur schläft und keineswegs wirklich schrumpft – wir können ihn wieder zum Leben erwecken.

Die rechte Gehirnhälfte erkennt nicht mit Hilfe von Worten, sondern von Bildern. Sie ist nonverbal und kann viele Arten von Informationen gleichzeitig verarbeiten, betrachtet alle Probleme holistisch und ist zu großen Erkenntnissprüngen fähig. Sie kann ein Problem sofort in seiner Gesamtheit überschauen. Indem sie alle charakteristischen Merkmale bündelt und »zusammenschaut«, hilft sie uns zum Beispiel, Gesichter wiederzuerkennen. Sie verarbeitet alle Wahrnehmungen, die mit Lokalisierung und räumlicher Relation zu tun haben. Wenn wir ein Puzzle zusammensetzen, machen wir von ihr Gebrauch; ebenso, wenn wir uns in unserer Umgebung zurechtfinden, ohne uns zu verlaufen. Angeborene musikalische Begabung wie auch die Fähigkeit, für Musik überhaupt empfänglich zu sein, sind Funktionen der rechten Gehirnhälfte. Sie versteht Metaphern und Vorstellungsbilder. Sie kann der buchstäblichen Bedeutung einer Aussage den richtigen Sinn unterlegen. Sagt jemand zum Beispiel: »Der Kerl sitzt mir im Nacken!«, so erkennt die rechte Gehirnhälfte den Unterschied zwischen dem, was gesagt wurde, und dem, was es ausdrücken sollte.

Das rechte Großhirn ist phantasiebegabt. Es erfindet Geschichten, ersinnt Träume und lässt uns spielen. Außerdem spekuliert es gern und stellt sich Dinge vor. Die rechte Hemisphäre ist zum Staunen geboren und liebt Fragen wie »Was wäre, wenn ...?« Zeichnen, Malen, Modellieren sind ihre natürlichen Gaben. Gefühle nimmt sie wesentlich deutlicher wahr als die linke Hälfte. Auch die Liebe ist eine Erfahrung, die wir der rechten Gehirnhälfte verdanken – wenn wir darunter nicht die reine sexuelle Fortpflanzungsfunktion verstehen, sondern die emotionalen Stürme und Beglückungen, mit denen diese Funktion in unserem Leben »garniert« ist.

Der Ort der Logik

Die linke Gehirnhälfte hat mit unseren Sprachfertigkeiten zu tun. Sie kontrolliert unsere Rede und befähigt uns zu lesen und zu schreiben. Sie kann sich an Fakten, Namen und Jahreszahlen erinnern und hilft uns, Wörter richtig zu buchstabieren. Sie ist die logische, analytische Seite des Gehirns und kann Tatsachen rational einordnen und bewerten. Worte kann sie allerdings nur buchstabengetreu interpretieren – sie versteht keine Metaphern. Informationen verarbeitet sie nur Stück für Stück nacheinander. Sie erfasst mathematische Symbole und stellt das logische, analytische Denken zur Verfügung, das für die Lösung mathematischer Aufgaben erforderlich ist. Außerdem kontrolliert sie die Bewegungen der rechten Körperhälfte.

Kreativität ist eine Folge der gelungenen Kombination beziehungsweise Kommunikation zwischen rechter und linker Gehirnhälfte.

Die spirituelle Seite der Kreativität

In diesem Buch geht es mir nicht darum, Patentrezepte für kreatives Verhalten zu geben, sondern vor allem darum, ein tieferes Verständnis von Kreativität zu vermitteln, um Sie anzustacheln, so dass Sie Lust bekommen, weiter mit sich selbst und ihrer Schöpferkraft zu experimentieren oder überhaupt erst damit zu beginnen. Dazu reicht es aber nicht aus, dieses begehrte Phänomen, nur von aussen her zu betrachten. Wir müssen tiefer gehen und die Kreativität als Ab-Bild vom Ur-Bild der kosmischen Schöpferkraft betrachten. Die Natur ist in der Lage, ständig Neues hervorzubringen, sie ist also kreativ und kann für uns als Maßstab für kreatives Verhalten, für Ästhetik, für die heikle Frage: Was ist Kunst und was ist Kitsch gelten, denn schließlich hat sie nicht nur alle Erscheinungsformen um uns herum, sondern auch den Menschen, uns, den König der Schöpfung, geschaffen. Aber in unserem Machbarkeitswahn vergessen wir immer wieder, dass alles Geschaffene einen Schöpfer, einen Urheber hat.

Es geht also nicht um die Frage: »Was will ich von der Kreativität«. Die Frage muss anders herum gestellt werden: »Was will die Kreativität, die Lebenskraft von mir.«

Kreativität kommt von dem Wort »creare«, das heißt »erschaffen«. Und wer könnte das besser als unser Schöpfer, die Natur selbst. Alle sichtbaren und unsichtbaren Erscheinungsformen entspringen dieser EINEN, allem zugrunde liegenden Schöpferkraft. Der Menschen hat in sich diesen Antrieb schöpferisch zu sein, weil er diese Schöpferkraft selbst ist. Alles Leben ist Energie, und Energie will fließen und sich ausdrücken. Wenn wir im Fluss sind, auf dem Weg, hin zur Verwirklichung unserer Träume und Sehnsüchte, durch die unser Schöpfer uns ins Ohr flüstert, dann fühlen wir uns lebendig, schöpferisch, kreativ.

»Ich bin drin!« – Das, worum es geht.

Es gab einmal ein Interview mit Anthony Hopkins während der Dreharbeiten für jenen Film, in dem er sehr glaubwürdig Picasso verkörperte. Man fragte ihn, wie er es gemacht habe, dass er die Person von Picasso so hervorragend darstellen konnte: »Nach einer Weile war ich in seiner Person drin, und dann spielte Picasso durch mich«, war seine Antwort. Ich liebe dieses Statement, denn es trifft den Nagel genau auf den Kopf.

Was immer Sie tun, es geht darum, in dem, was Sie tun ganz und gar »drin« zu sein. Wenn Sie den Anspruch haben, dass Ihre Tätigkeit als kreativ bezeichnet werden kann, dann ist selbstlose Liebe und totale Hingabe für Ihre Sache, Ihren Traum, Ihre Idee, Ihr Projekt die einzige Eintrittskarte ins Paradies. »Den seinen gibt's der Herr im Schlaf«. Der kreative Funke ist denen gewiss, die bereit sind, sich dem, was grösser ist als Sie selbst, hinzugeben, denen, die den Mut haben zu lieben. Lieben heißt Hingabe. Sie werden zu DEM, was Sie lieben. Subjekt und Objekt werden EINS. Dann sind Sie DRIN in dem, was sie tun.

Dann
baut
komponiert
malt
kocht
tanzt
schreibt
führt
managet
liebt
erschafft
ES

Dann kann Magie, dann können Wunder geschehen, oder wenigstens etwas Ursprüngliches und Originelles – vielleicht. Wenn nicht, dann haben Sie geliebt, dann haben Sie gelebt. Dann ist der Weg das Ziel.

Die Bewusstseinsebenen der menschlichen Schöpferkraft

Je nach der Bewusstseinsstufe des Menschen äußert sich seine Schöpferkraft: Zuerst **reproduktiv** in seinem sexuellen Trieb, indem er Nachkommen schafft. Hier geht es zuallererst ums Überleben und um die Fortpflanzung. Auf dieser Ebene ist der Mensch noch weitgehend unbewusst.

Dann **produktiv,** kreativ, indem er jetzt seine Zeugungskraft nicht nur sexuell, sondern bereits schon schöpferisch-geistig nutzt und bewusst oder unbewusst Dinge erschafft. Auf dieser Ebene ist das Überleben weitgehend gesichert, und es entsteht Raum für Geistiges, wie Kunst, Bildung, Meditation und die Verschönerung seiner Umwelt. Hier in der Mitte ist er beides – bewusst und unbewusst: Sein Bewusstsein erweitert sich, er fällt aber immer wieder zurück und ist sich seiner selbst nicht mehr bewusst. Viele Kreative (Rock- und Filmstars, Schauspieler, Maler, Musiker) kommen mit ihrem Leben oft nicht zurecht. Sie fallen immer wieder in Krisen und Depressionen – und trotzdem (oder gerade wegen dieses großen Drucks) bringen sie großartige Leistungen hervor. Sie sind vielleicht schon Werkzeug oder Medium einer göttlichen Kraft. Sie haben eine Botschaft. Sie ahnen es. Sie sind aber nicht frei, es zu tun oder nicht zu tun – sie müssen es einfach tun.

Und letztlich **transformativ.** Auf dieser Ebene stellt sich der Mensch eines Tages die große Frage: »Ich habe alles erreicht, was nun? Ich habe einen Beruf, der zu mir passt, Geld und Anerkennung und ein befriedigendes Beziehungs- und Sexualleben. Aber irgend etwas fehlt.« Er hat in der Welt draußen alles oder vieles erreicht, nun beginnt er zu suchen und nach innen zu blicken.

Immer mehr Menschen sehen gerade heutzutage, dass eine allzu materialistische Einstellung nicht weiterführt, und beginnen sich für Meditation, Esoterik und Heilkunst zu interessieren. Indem der Mensch auf dieser Stufe bewusst sein Bewusstsein erweitert, fühlt er sich zusehends eins mit der Schöpferkraft und der Vollkommenheit allen Seins. »Am Ende der Reise« lokkert sich langsam die Identifikation mit seinem Ego und dem damit verbundenen Leid. Der Antrieb, etwas zu erschaffen, transformiert sich und wird weniger zwingend. Daher kommt vielleicht auch die Einsicht vieler Maler, dass das perfekteste Bild immer noch die leere Leinwand sei – weil Formen und Farben, Töne und Worte immer nur einen Teil des Ganzen, eine Teilwahrheit und nicht die reine Essenz zu zeigen vermögen. Dieser tiefsten Wahrheit können wir nur jenseits der Worte und Vorstellungen in der Stille innewerden.

In uns allen wohnt ein Gestaltungswille, der die gleiche Wellenlänge wie die umfassenden Schöpferkräfte hat. Und es kommt nicht so sehr darauf an, was geschaffen wird, als vielmehr, dass der kreative Fluss überhaupt zu fließen beginnt. Dies fühlt sich überall gleich an, deshalb sind die Schilderungen kreativer Menschen aus den verschiedensten Gebieten auch so ähnlich – das ist für mich der klarste Beweis dafür, dass all diese Akte von ein und derselben Quelle genährt werden. Viele Menschen haben diese Schöpferkraft wahrgenommen, deshalb ist sie auch Bestandteil vieler Religionen; sie hat verschiedene Bezeichnungen, zum Beispiel »Prana« im Hinduismus, »Chi« in der taoistischen Religion Chinas, »Ki« im Shintoismus Japans, »Mana« in Polynesien, »Tummo« in Tibet, »Pneuma« im antiken Griechenland. Als moderne Entsprechung lässt sich etwa das »Orgon« verstehen, das der Psychologe Wilhelm Reich entdeckt hat.

Auch wenn wir diese übergeordneten Kräfte nicht kennen und nicht erfassen werden, ist doch eines sicher: Wir sind Suchende, nicht zufrieden mit dem, was den Alltag ausmacht, mit dem unbequemen Wissen, dass es mehr gibt hinter dieser Oberfläche. Für mich selbst war diese schöpferische Unruhe zeitlebens der Antrieb, etwas zu erschaffen, auch wenn mir diese Ruhelosigkeit oft zu schaffen macht. Für den seelischen Frieden, den ich mir erhoffe, wenn ich den Kontakt dauerhaft gefunden habe, bin ich bereit, alle Malerei und auch meine sonstigen weltlichen Tätigkeiten und Errungenschaften aufzugeben. Diese Sehnsucht hat mich in verschiedene spirituelle Gemeinschaften hineingeführt, mir tiefe Erlebnisse verschafft und mich dann auch wieder hinausgeführt, weil ich die Enge spürte, von der sie oft befallen sind.

Ich habe aber festgestellt, dass es gar nicht nötig ist, die Kreativität aufzugeben, um diese Suche fortzusetzen. Nein, sie begünstigt gerade das Finden. Im kreativen Prozess verbinde ich mich mit der Schöpferkraft und ich werde immer geübter im Dienen und in der Hingabe. Ich lerne immer öfter »Drin« zu sein. Schwer ist nur durchzuhalten, wenn die Verbindung wieder endet. Dann kehrt schlagartig die Sehnsucht zurück und auch die Angst, dass dies der letzte Kontakt gewesen sein könnte. Dem steht nur die Erfahrung gegenüber, dass die Verbindung immer wieder aufgenommen wird und dass ich darauf vertrauen kann, dass mir die »andere Seite« auch entgegenkommt, dass meine Bemühungen, mich für sie erreichbar zu machen, tatsächlich helfen.

Diesen spirituellen Aspekt vermisse ich in allen Büchern über Kreativität, die ich bislang gelesen habe. Dabei finde ich ihn den entscheidenden: Die unbändige Lust an der Kreativität kann nicht nur von ein paar Endorphinen, also körpereigenen Freude erzeugenden Stoffen allein kommen; die seelischgeistigen Verbindungen, die dabei entstehen, sind mindestens ebenso wichtig wie die physiologischen Reaktionen.

Die Kreativität schafft eine natürliche Verbindung zwischen Himmel und Erde. Weil die Realisierung einer Vision, einer Idee nur durch den Zusammenklang von Vernunft und Phantasie zustande kommt, hilft uns der kreative Prozess, die jeweils weniger stark entwickelte Seite in unserem System bewusst zu entwickeln und aufzunehmen, damit wir unsere Ideen hier und jetzt verwirklichen können. Diese ganzheitliche Dynamik im schöpferischen Handeln hilft uns, Gegensätze zu integrieren. Deshalb ist sie auch die Ebene der großen Prüfungen. Die Widerstände der Materie, des Materials, der Mitmenschen und der äußeren Bedingungen lassen unseren »kreativen Muskel« erstarken. Hier zeigt es sich, ob unsere Begabungen und unser Wille echt oder nur eingebildet sind.

Im kreativen Prozess sucht der Mensch über die Verwirklichung seiner Ideen und Visionen in seiner Lebensgestaltung die Ur-Idee. Das Abbild sucht das Ur-Bild, um in sich die kosmische Ordnung wiederherzustellen und ganz zu werden. Kreativität ist das Symbol der exakten Mitte, um die sich unser Lebensrad dreht. Sie fordert den Dialog der Gegensätze, sie braucht Disziplin und rebellische Freiheit, Träumen und Realisieren, Denken und Fühlen, Hartnäckigkeit und Loslassen.

Margaret A. Boden, Autorin des Buches »Die Flügel des Geistes – Kreativität und künstliche Intelligenz«, schreibt: »Wie kreative Leistungen entstehen, ist ein Rätsel. Deswegen muss die wissenschaftliche Erklärung der Kreativität nicht prinzipiell schwierig sein: Rätsel sind das tägliche Brot des Wissenschaftlers. Geheimnisse allerdings sind etwas anderes. Sie überschreiten die Grenzen der Wissenschaft. Die Kreativität als solche ist allem Anschein nach ein Geheimnis, denn ihr haftet etwas Paradoxes an: Man begreift schwer, wie sie möglich sein soll. Es ist durchaus rätselhaft, wie Kreativität zustande kommt, aber dass sie überhaupt zustande kommt, ist höchst geheimnisvoll. Wenn wir die Definition von Kreation aus dem Lexikon (in der Bedeutung ›Schöpfung‹) ernst nehmen, nämlich was man ›ins Leben ruft‹ oder ›aus nichts formt‹, dann erscheint Kreativität nicht nur unbegreiflich, sondern schlicht unmöglich. Kein Handwerker oder Ingenieur hat je ein Produkt aus dem Nichts erschaffen.«

Kreativität ist ein Geschenk der kosmischen Kräfte

Sich vorzustellen, dass der Mensch keine Entscheidungsfreiheit besitzt, dass er nur Bestandteil eines vorbestimmten Programms ist, bereitet Unbehagen.

Dann gäbe es so etwas wie Kreativität überhaupt nicht, jedenfalls nicht in dem Sinne, wie wir sie verstehen. Allerdings ist in unserem gefühlsmäßigen Verständnis von Kreativität die Überbewertung des Menschen, seine Gott-Ebenbildlichkeit, enthalten. Wir machen uns vielleicht die Illusion, so kreativ zu sein wie ein Schöpfer und dass wir völlig neue Dinge erschaffen können. Doch all die Möglichkeiten, die existieren, sind bereits in den Naturgesetzen verankert, und an denen können wir nichts ändern. Es passiert das, was passieren muss, wobei dieses Moment, das wir nicht beeinflussen können, immer mitspielt. Werner Heisenberg hat einmal gesagt: »Der Mensch kann machen, was er will, aber er kann nicht wollen, was er will.«

Ich bin keineswegs der einzige, der Kreativität in einen spirituellen Zusammenhang stellt – es ist doch eher so, dass kreative Erlebnisse den spirituellen Zusammenhang geradezu unausweichlich nahelegen. Bhagwan (später Osho genannt), ein indischer Mystiker, dessen Schüler ich lange Zeit war, hat sich oft mit Kreativität auseinandergesetzt. Hier einige seiner Gedanken zu diesem Thema (aus »Kunst kommt nicht von Können«):

»Etwas zu tun, ist nicht Kreativität; nichts zu tun, ist auch nicht Kreativität. Kreativität ist ein paradoxer Zustand des Bewusstseins und des Seins: es ist Handeln durch Nicht-Handeln, ist das, was Lao-Tse wei-wu-wei nennt. Es bedeutet, dass du etwas durch dich geschehen lässt. Es ist kein Tun, es ist ein Geschehenlassen. Es bedeutet, ein Durchlass zu werden, so dass das Ganze durch dich hindurchfließen kann. Es bedeutet, ein hohler Bambus zu werden, einfach ein hohler Bambus – und dann geschieht sofort etwas, denn hinter dem Menschen versteckt ist Gott. Mach ihm einfach ein bisschen Platz, mach eine kleine Tür auf, dass er durch dich hindurchkommen kann.

Das ist Kreativität: Gott geschehen lassen. Kreativität ist ein religiöser Zustand. Aus diesem Grund sage ich, dass ein Poet weit näher bei Gott ist als ein Theologe, ein Tänzer sogar noch näher. Philosophen sind am weitesten weg, denn je mehr man denkt, desto dicker wird die Wand, die man zwischen sich und dem Ganzen aufbaut. Je mehr du denkst, desto mehr bist du. Das Ego ist nichts als eine Ansammlung all der Gedanken, die du in der Vergangenheit hattest. Wenn du nicht bist, ist Gott. (Anmerkung des Autors: Unter Ego versteht Osho die Vorstellungen, Anforderungen und Ideen, die wir von uns selbst haben und die unsere eigentliche Natur verdecken.)

Ein Mensch, der nicht kreativ ist, ist nur am Nicht-Sterben, das ist alles. Sein Leben hat keine Tiefe. Sein Leben ist noch kein Leben, sondern nur das Vorwort dazu: Das Buch seines Lebens hat noch nicht begonnen.

Das ist das Paradoxon der Kreativität. Wenn du einem Maler beim Malen zuschaust – ganz gewiss ist er aktiv, reine Aktivität. Und doch: Tief im Innern handelt niemand, es gibt keinen Handelnden. Dort ist nur Stille. Deswegen habe ich Kreativität einen paradoxen Zustand genannt. Alle schönen Zustände sind paradox. Je höher du gehst, desto tiefer gehst du in das Paradox der Wirklichkeit.

Du brauchst in keine Schule zu gehen, um Kreativität zu lernen. Du brauchst nicht mehr zu tun, als nach innen zu gehen und dem Ego zu helfen, sich aufzulösen. Stütze es nicht, stärke und nähre es nicht noch mehr. Und immer, wenn das Ego nicht ist, ist alles Wahrheit, ist alles schön. Und dann ist alles gut, was geschieht. Ihr braucht nicht berühmt zu werden. Ein wahrhaft kreativer Mensch kümmert sich nicht im geringsten um Berühmtheit – er hat keinen Bedarf. Er ist so ungeheuer erfüllt mit allem, was er ist und wo er auch ist, dass da kein Verlangen mehr bleibt. Wenn Ihr kreativ seid, verschwindet das Verlangen, der Ehrgeiz. Wenn Ihr kreativ seid, seid Ihr bereits das, was Ihr immer werden wolltet.

Was ist der Unterschied zwischen einem Hersteller und einem Schöpfer? Ein Hersteller weiß, wie man es richtig macht, kennt den wirtschaftlichsten Weg, etwas zu machen; mit dem geringsten Aufwand schafft er das maximale Ergebnis. Ein Schöpfer stellt alles mögliche an. Er kennt nicht den richtigen Weg, etwas zu machen, deshalb sucht und forscht er unentwegt in verschiedenen Richtungen. Viele Male geht er in die falsche Richtung, aber wohin er auch geht, er lernt etwas, er wird reicher und reicher. Er macht etwas, was vorher noch nie jemand gemacht hat. Wäre er dem richtigen Weg gefolgt, hätte er das nicht machen können.

Kreativ zu sein heißt, sich von der Vorstellung zu trennen, dass »ich von der Existenz getrennt bin«. Schöpferisches geschieht nur, wenn Du mit der Existenz eins bist, so dass von deiner Seite aus keine Störung mehr erfolgt. Und die größte Störung kommt vom Ego; es lebt vom Stören und nährt sich davon. Kein Mensch ist eine Insel, wir sind alle Teile eines unermesslichen Kontinents. Die ganze Existenz ist eins, ist eine organische Einheit. Folglich entsteht alles Große in den Augenblicken, in denen sich der Schöpfer im Ganzen aufgelöst hat. Große Gemälde, große Gedichte, großartige Musik, großartiger Tanz – all das gibt es nur, wenn Du Dich aufgelöst hast, wenn Du nicht mehr bist. Solange Du da bist, bist Du ein Hindernis, Du bremst den Fluss. Dann kann Gott Dich nicht als Flöte benutzen, er kann nicht durch Dich hindurch musizieren. Eine Flöte muss einfach ein hohler Bambus sein, nur offener Raum, nur ein Medium. Die großen Dichter, die großen Musiker, die großen Tänzer sind alle Medien. Sie tanzen nicht, sie werden getanzt. Sie singen nicht, eine unbekannte Energie singt durch sie hindurch.

Aus diesem Grunde ist Kreativität schmerzhaft, niemand möchte schmelzen, zerfließen und sich auflösen. Wir klammern uns an unsere Identität. Es ist ein total paradoxer Prozess: Du musst Dich von genau dem Ego befreien, das anfangs den Anstoß gegeben hat, das berühmt werden wollte, das seinen Namen im Buch der Geschichte verewigt sehen wollte. Genau dieses Ego behindert den Fluss der unbekannten Energie in dir. Sonst strömt Gott immer, Du brauchst nur offen zu sein, Dich zur Verfügung zu halten. Du darfst Dich nicht abtrennen.

Im Zen gibt es eine uralte Tradition, die sagt: Wenn Du Maler werden willst, dann lerne zwölf Jahre lang die Technik des Malens so vollkommen, wie es nur geht, und dann vergiss zwölf Jahre lang die ganze Technik und Malerei – mache etwas anderes. Wende Dich vollkommen von der Malerei ab, vergiss sie ganz, als ob Du nichts damit zu tun hättest. Und dann, eines Tags, beginne wieder zu malen.

Du wirst göttlicher, sobald Du kreativ wirst. Alle Religionen der Welt sagen: Gott ist der Schöpfer. Ich weiß nicht, ob er der Schöpfer ist oder nicht, aber eines weiß ich: Je schöpferischer Du wirst, desto göttlicher wirst Du. Wenn Deine Kreativität den Höhepunkt erreicht, wenn Dein ganzes Leben kreativ wird, dann lebst Du in Gott. Also muss er der Schöpfer sein, denn die Menschen, die schöpferisch sind, sind ihm am nächsten.

Nur kreative Menschen sind glücklich. Glücklichsein ist ein Nebeneffekt der Kreativität. Schaffe etwas, und Du wirst glücklich sein. Lege einen Garten an, lass den Garten blühen, und etwas wird in Dir blühen. Male ein Bild, und wie das Bild wächst, wird etwas in Dir wachsen. Wenn das Bild langsam fertig wird, wenn Du die letzten Pinselstriche anbringst, wirst Du nicht mehr der gleiche Mensch sein. Du bringst die letzten Pinselstriche an etwas an, was in Dir selbst ganz neu ist. Gott hat Dir die Chance gegeben, kreativ zu sein. Das Leben ist eine Gelegenheit dafür. Wenn Du kreativ bist, wirst Du glücklich sein.«

Die Hauptveränderung wird das Auslösen von Synchronizität sein: Wir verändern uns, und das Universum fördert diese Veränderung und gibt ihr mehr Raum. Ich habe einen Zettel an meinen Schreibtisch geklebt, auf dem ein Spruch von Julia Cameron steht: »Spring, und das Netz wird erscheinen.« Man kann sich ja immer noch intelligent aussuchen, wohin man springt, um die Wahrscheinlichkeit zu erhöhen, dass dort tatsächlich auch ein Netz ist.

Damit es jedoch zu einem kreativen Erwachen kommt, müssen Sie nicht an Gott glauben oder irgendwie fromm oder ein besserer Mensch werden.

Die oben erwähnte Malerin Julia Cameron hat ein äußerst lesenswertes Büchlein geschrieben, das den Titel »Der Weg des Künstlers« trägt und sich mit dem spirituellen Pfad zur Aktivierung unserer Kreativität befasst. Sie schreibt: »Wenn Sie sich das Universum als ein riesiges elektrisches Meer vorstellen, in das Sie eingetaucht und von dem Sie geformt sind, öffnen Sie sich Ihrer Kreativität, verändern Sie sich. Sie werden von etwas in diesem Meer Hin- und Herschaukelndem zu einem besser funktionierenden, bewussteren und kooperativeren Teil dieses Ökosystems.«

Das Herz der Kreativität ist eine Erfahrung mystischer Vereinigung; das Herz mystischer Vereinigung ist die Erfahrung der Kreativität. Diejenigen, die sich in spirituellen Begriffen ausdrücken, beziehen sich gewöhnlich auf Gott als den Schöpfer, sehen den Schöpfer aber selten als wörtlich zu verstehenden Begriff für Künstler an. Ich schlage Ihnen vor, den Begriff ziemlich wörtlich zu nehmen. Sie streben ein kreatives Bündnis von Künstler zu Künstler mit dem Großen Schöpfer an. Auf dieser Basis hat Julia Cameron zehn Grundprinzipien zusammengestellt, die ich hier wiedergeben möchte:

1. Kreativität stellt die natürliche Lebensordnung dar.
   Leben ist Energie: reine, kreative Energie.
2. Es gibt eine zugrundeliegende, innewohnende kreative Kraft,
   die das ganze Leben, uns eingeschlossen, durchdringt.
3. Wenn wir uns dieser Kreativität öffnen, öffnen wir uns der
   Kreativität des Schöpfers in uns und in unserem Leben.
4. Wir selbst sind Schöpfungen. Und darum sind wir wiederum
   dazu bestimmt, Kreativität weiterzugeben, indem wir selbst
   kreativ sind.
5. Die Kreativität ist Gottes Geschenk an uns. Der Gebrauch unserer
   Kreativität ist das Geschenk, das wir an Gott zurückgeben.
6. Die Weigerung, kreativ zu sein, ist Eigenwille
   und widerspricht unserer wahren Natur.
7. Wenn wir uns dafür öffnen, unsere Kreativität zu erforschen,
   öffnen wir uns Gott: eine gute, wohlgeordnete Richtung.
8. Indem wir unseren kreativen Kanal zum Schöpfer hin öffnen,
   können wir viele sanfte, aber kraftvolle Veränderungen erwarten.
9. Es ist gesund, uns immer größerer Kreativität zu öffnen.
10. Unsere kreativen Träume und Sehnsüchte kommen aus einer
    göttlichen Quelle. Indem wir uns auf unsere Träume zubewegen,
    bewegen wir uns auf unsere Göttlichkeit zu.

Die Phasen im kreativen Prozess

Eine gute Idee, ein gelungenes Bild – Endprodukte des kreativen Prozesses lassen in der Regel nicht mehr erkennen, welche Stadien dieser Prozess bereits durchlaufen hat, um zu solch einem Ergebnis zu führen. Natürlich hat der menschliche Geist sich nicht damit zufriedengegeben, sondern versucht, den Prozess selbst zu verstehen – mit dem Hintergedanken, ihn beeinflussen zu können. Um es vorweg zu sagen: Den Prozess können wir tatsächlich beeinflussen, aber nicht das Ergebnis. Das ist und bleibt ein Geschenk. Was wir aber tun können, ist, uns bereit zu machen, um es zu erkennen und anzunehmen, wenn es uns gegeben wird.

Die Anatomie des Geistesblitzes

In ihrem Buch »Der Künstler in dir« erzählt Betty Edwards ein wenig über die Geschichte der Kreativitätsforschung. Kreative Erlebnisse sind natürlich schon seit Urzeiten bekannt, aber erst im 19. Jahrhundert machte sich der deutsche Physiker Hermann Helmholtz Gedanken darüber, wie er auf Ideen kam und wie dieser kreative Prozess eigentlich abläuft. Er unterschied drei Stadien: Das erste nannte er Saturation (Sättigung); in diesem Stadium sammelte er Material, bis zu dem Punkt, an dem mehr Material nicht zu mehr Erkenntnis führte – daher der Begriff.

Die zweite Phase war jene des intensiven Nachdenkens; er nannte sie Inkubation, sozusagen das »Brüten«. Diese Phase wurde dann von der Illumination beendet, also der »Erleuchtung«, die ganz plötzlich auftrat. 1908 schlug der französische Mathematiker Henri Poincaré vor, diese drei Stadien um ein viertes, nämlich die Verifizierung, zu ergänzen. Darunter verstand er jene Phase, in der die Lösung in eine konkrete Form gebracht sowie auf Fehler und Brauchbarkeit hin untersucht wird.

Zu Beginn der sechziger Jahre erweiterte der Psychologe Jacob Getzels dieses Modell um ein fünftes Stadium: das vor der Saturation liegende, einleitende Stadium der Findung und Formulierung des Problems. Getzels wies darauf hin, dass Kreativität nicht nur solche Probleme löst, die bereits existieren oder die immer wieder im menschlichen Leben auftauchen. Kreative Menschen spüren auch Probleme auf, die vor ihnen noch nie jemand wahrgenommen hat. Der kreative Akt kann schon darin bestehen, eine produktive Frage zu stellen. Das gilt ganz besonders für Wissenschaftler: Sie müssen die richtige Frage stellen, um dann, darauf aufbauend, das richtige Experiment durchzuführen und die Chance auf eine Antwort zu bekommen, die man verstehen kann. Der Amerikaner George Kellner, ebenfalls Psychologe, nannte Getzels' einleitendes Stadium treffend erste Einsicht – ein Ausdruck, der sowohl die Lösung bereits bestehender Probleme als auch die Entwicklung neuer Fragen umfasst.

Meine Version: Fliegen und Landen

Mir reicht diese Einteilung nicht. Ich glaube, dass es noch viel mehr Stadien im kreativen Prozess gibt und dass manchmal welche einfach wegfallen. Eine bleibt aber immer: die Illuminationsphase. Ich habe sieben Phasen gefunden.

Die erste Phase ist die Vorbereitung, in der wir uns innerlich und äußerlich erst einmal bereit dafür machen, einen kreativen Prozess bewusst zu beginnen. In der zweiten Phase sammeln wir Material, sie stimmt mit der Saturation überein. Die erste und zweite Phase bedürfen noch einer Einteilung in zwei Ebenen: die rationale und die intuitive, irrationale. Sie laufen nach- oder miteinander ab. Das dritte Stadium nenne ich das »Anlocken des kreativen Funkens«, die Inkubationsphase, in der wir uns bereit für den Lichtblick machen. In der vierten Phase geschieht sie dann hoffentlich, die Illumination.

Nun verengen wir unser Bewusstsein und konzentrieren uns auf die fünfte Phase: die Formgebung – die Idee wird in die Realität umgesetzt. Die Vollendung ist die Phase, in der das kreative Werk der Kritik ausgesetzt und mit seiner Umgebung verbunden wird – es will schließlich auch erkannt werden. Zum Schluss kommt dann noch die siebte Phase, analog zum siebten Tag der Schöpfung: das Feiern, die Dankbarkeit, das Loslassen, das den Weg frei macht für den nächsten kreativen Prozess. Bei den ersten vier Phasen ist die »Kunst zu fliegen« gefordert, die letzten drei bedürfen der »Kunst zu landen«.

Die sieben Stufen lassen sich den beiden Gehirnhälften zuordnen.

Die Kunst zu fliegen

Phase im kreativen Prozess	**Zuständige Gehirnhälfte**
1. Vorbereiten - Träumen - Visualisieren	
Äußere Vorbereitung:	links (rational)
Zieldefinition, Material, Raum	
Innere Vorbereitung:	rechts (intuitiv)
offen bleiben, träumen, wünschen, visualisieren, suchen	
2. Saturations- und Sammelphase	
Material sammeln, recherchieren; Entwürfe; weiter offen bleiben, träumen wünschen, visualisieren, suchen	links und rechts (rational und intuitiv)
3. Inkubation	
ruhen lassen	rechts (irrational)
4. Illumination	
der kreative Funke	rechts (irrational)

Die Kunst zu landen

Phase im kreativen Prozess	**Zuständige Gehirnhälfte**
5. Formgebung, Umsetzung	
Die Idee wird real	links (rational)
6. Vollendung	
Verbindung mit der Umgebung	links (rational)
Auch Rückblick (Verifikation): Was hätte besser gemacht werden können?	
7. Feiern und loslassen	

Dieses Sieben-Phasen-Modell ist erst einmal so etwas wie eine Landkarte. Es ist wichtig, daran zu denken, dass eine Landkarte so wenig das Land selbst ist wie eine Menükarte das Menü. Das Modell entstand aus meiner eigenen Erfahrung mit dem kreativen Prozess, den langjährigen Erfahrungen aus meinen Trainings und der Notwendigkeit, ein anschauliches Bild zu schaffen, welches mir selbst und den SeminarteilnehmerInnen den Ablauf sichtbar macht, wie ein kreativer Prozess ablaufen kann. Sei es jetzt beim Schreiben, Malen, in einer wissenschaftlichen Arbeit, bei der Gründung eines Golfklubs oder wenn Sie sich einfach in Ihrem Leben mehr Klarheit verschaffen wollen: Das Modell zeigt, wo die Reise in etwa langgeht, was Sie an Gepäck mitnehmen sollten, welche inneren und äußeren Landschaften, welche Himmel und Höllen man da durchläuft und wo die Reise letztlich hinführt.

Das Modell ist eine äußerst vereinfachte Schritt-für-Schritt-Darstellung und deshalb ungenau, weil in der Wirklichkeit, wie Sie wissen, eigentlich alles gleichzeitig und unvorhersehbar ablaufen kann. Es ist jedoch trotzdem recht brauchbar, weil es vor allem für Ungeübte eine Ausgangslage und Orientierungshilfe bietet.

Tanz der Gegensätze

Faszinierend ist für mich allemal, dass der schöpferische Akt in einem Spannungsfeld stattfindet, das aus intuitiver und intellektueller, rationaler und irrationaler Kraft geschaffen wird und gewissermaßen als Frucht der Vereinigung dieser Pole entsteht; Kreativität ist das Ergebnis einer Art Liebesakt zwischen Ihrem inneren Mann und Ihrer inneren Frau. Sie entspringt zwei Ebenen oder Elementen, die oft genug einander entgegengesetzt sind und sich doch ergänzen – das Neue kommt aus der Verbindung der Gegensätze zustande. Kreativität ist ein typisches Yin-Yang-Phänomen: Sie braucht Phantasie und Realitätssinn, linke und rechte Gerhirnhälfte, Einsamkeit und Gemeinschaft, Rebellion und Unterordnung, Spiel und Disziplin ...

Deshalb kann es sehr hilfreich sein, paradoxe Situationen herzustellen, die Dinge einmal auf den Kopf zu stellen, von ganz anderer Seite aus zu betrachten und immer mal wieder ihr Gegenteil anzuschauen. Die Fähigkeit zu vertrauen muss ebenso vorhanden sein wie die Fähigkeit zu zweifeln.

Eine der grundsätzlichsten Anforderungen der Lebenskunst ist es, dass wir imstande sind, immer besser mit diesen Gegensätzen im eigenen Innern umzugehen. So gleicht ein fortgeschrittener Lebenskünstler einem Surfer, der es versteht, das Wellental genauso wie den Schaumkamm als ein polares Spannungsfeld – als ein Energie-Happening – zu nutzen. Der Lebenskünstler lernt sozusagen allmählich das Surfen.

I. Vorbereiten – Träumen – Visualisieren

Zu Beginn müssen wir wissen, was wir wollen oder was wir uns wünschen. Wir definieren das Bedürfnis oder den Wunsch, uns einem Problem zu stellen oder einer Vision nachzugehen.

Es ist der Moment, in dem wir uns dafür entscheiden, kreativ zu werden. Ned Hermann, den wir bereits als Kreativitätsforscher kennengelernt haben und der sich über den Ablauf des kreativen Prozesses Gedanken gemacht hat, ist das lebendige Beispiel eines vielseitigen Menschen – als Physiker ausgebildet, war er außerdem noch Manager, Unternehmensberater, erfolgreicher Sänger, Maler und Bildhauer und hat viel über seine Mehrfachbegabung und die Kreativität nachgedacht, die sich bei ihm auf so vielen verschiedenen Wegen verwirklichte. Er nennt diese Phase »Vorbereitung«. Die Vorbereitung schafft einen Ausgangspunkt und gibt eine Richtung, die das Unterbewusste dann einschlagen kann. Wir wissen alle, dass eine Frage um so besser anzugehen ist, je genauer sie gestellt wird – und dass sie sich oft schon dadurch beantwortet, dass sie präzisiert wird. Der Zweck der Definition des Problems ist dessen echtes Verständnis, das wiederum Teil oder Anleitung einer Lösung wird. Ein Problem mit einer ungenauen Definition ist wie ein schadhafter Kompass, der zwar so aussieht, als würde er funktionieren, es aber eben nicht tut.

Die Definition eines Problems bedarf der Analyse, Logik und Sprache. Sie fordert Präzision und Genauigkeit, Disziplin und Ordnung. Um ein Problem klar und genau zu definieren, muss man es als das sehen, was es ist: seine Hauptmerkmale erkennen, zwischen Wichtigem und Unwichtigem differenzieren und die Problemstellung so fassen, dass sie die Konzentration und Klarheit hat, an der sich die Richtung für den Rest des kreativen Prozesses orientieren kann. Um ein Ziel definieren zu können, brauche ich einen Standpunkt, wo ich jetzt stehe, um den Weg gehen zu können. Deshalb ist der erste Teil der Vorbereitungsphase auch eine Standortbestimmung.

Neben Logik und Analyse hilft uns aber vor allem auch der eher mystische Anteil unseres Fühlens und Denkens: die Intuition und Phantasie. Ein wichtiges Hilfsmittel ist dabei das Visualisieren, also sich das Gewünschte so plastisch wie möglich vorzustellen. Unser Geist ist die »Ideenküche« unserer Kreativwerkstatt. Er ist das höhere Wesen, das in uns lebt. Alles beginnt zuerst in Ihrem Geist. Aktivieren Sie ihn, und Sie lernen das Zaubern. Der Lebenskünstler ist ein Zauberkünstler. Für ihn sind seine Gedanken und Gefühle der Rohstoff für seine Handlungen, den er bewusst gestalterisch einsetzt. Wenn Sie sich etwas mit Ausdauer und starken Gefühlen unermüdlich wünschen, ziehen Sie die entsprechende Form in die materielle Welt. Shakti Gawain drückt das in ihrem Buch »Reflektionen im Licht« sehr schön aus: »Kreatives Visualisieren ist eine wirkungsvolle Methode, um Ihre Phantasie zu nutzen, um in Ihrem Leben das zu verwirklichen, was Sie sich wünschen. Sie tun es ja bereits, mit den Gedanken, die Sie heute unentwegt denken, den Gefühlen, die Sie heute fühlen.«

In den künstlerischen Bereichen beginnen wir in dieser Phase mit den Entwürfen. Visualisieren ist natürlich in jedem Stadium und Bereich des kreativen Prozesses hilfreich. Es unterstützt auch das intuitive Verständnis des Problems, das kreativ gelöst werden soll. Die Bilder müssen übrigens nicht ausschließlich visuell sein. Sie können auch gehört, gefühlt oder sogar gerochen werden. Irgendwie liefert uns der Geist ein Gefühl des Bildes, ohne uns notwendigerweise etwas zu zeigen, das wie ein »geistiger Film« aussieht. Man muss also nicht in Bildern denken, um kreativ zu sein. Aber es lohnt sich, die Fähigkeit, in Bildern zu denken, weiterzuentwickeln und zu verbessern. Dafür gibt es zahlreiche Techniken. Eine davon ist die »angeleitete Phantasie« – eine entspannende Erzählung, begleitet von passender Musik. Sie kann lebhafte geistige Bilder erzeugen.

Wichtig auf dieser Ebene der Vorbereitungsphase ist es, den Geist zu lockern, sich einzustimmen auf bewusste Kreativität. Das mag zum einen heißen, sich mit den Hindernissen auseinanderzusetzen, die dem Wunsch entgegenstehen, kreativ zu werden. Zum andern ist dies eine Phase, in der Übungen besonders nützlich sind. Einige von ihnen sind im zweiten Teil des Buches aufgeführt; sie sind einfach auszuführen und machen Spass. Egal ob Sie ein Bild malen, ein wissenschaftliches Problem lösen oder ein Produkt optimieren wollen – immer müssen Sie einen freien Kopf haben, einen Geist, der die Gedanken auch herausgibt, die in ihm entstehen. Ein ganz wichtiges Hilfsmittel für diese Phase ist das Spielen: der spielerische, unernste Umgang mit Vorhandenem, die Kombination mit Erfundenem und die Möglichkeit, dass daraus plötzlich etwas ganz Neues entsteht, nur weil wir die Dinge neu anschauen. Ein Wissenschaftler erzählte mir zum Beispiel:

»Für mich ist die Collage eine Möglichkeit, meinen Geist zu lockern. Ich habe Treibholz-Stückchen gesammelt, bei uns am Ufer des Bodensees. Ich liebe Treibholz, es hat tiefe Rillen, wo das Wasser die weichen Teile schon herausgelöst hat. Dadurch bekommt es eine plastische Struktur, eine Tiefe, und es bekommt auch so etwas wie eine Geschichte. All diese Teile liegen dann erst einmal in einem wirren Haufen vor mir, und bei vielen von ihnen kann ich mich noch erinnern, wo ich sie gefunden habe und an was sie mich erinnerten, als ich sie aufhob und in meine große Sammeltüte steckte. Dann mache ich mir einen Rahmen. In die Mitte lege ich das interessanteste Stück, sozusagen den Kern der Collage. Und dann suche ich andere Stücke, die dazu passen, die in irgendeiner Weise mit diesem Kern sprechen oder von ihm gerufen werden. Ich spiele herum. Ein Grundsatz ist, nichts zu verändern, also kein Stück abzubrechen, zu biegen, zu sägen oder sonstwie meinen Vorstellungen anzupassen – es wird genau das genommen, was da ist.

Wochenlang kann das gehen, es ist, als ob das Bild von sich selbst aus wächst. Das einzige Kriterium ist dann, ob es ›stimmt‹. Und dieses Kriterium steckt nur in mir drin. Da geht es auch nicht darum, jemand anders davon zu überzeugen, sondern es läuft ein höchst intimer Dialog ab, in dem diese innere Stimme mir sagt, ob die Harmonie entstanden ist oder nicht. Es kann sein, dass diese Stimme am nächsten Morgen eine spontane Zustimmung zurücknimmt – dann muss ich alles wieder umbauen. Das nehme ich aber gerne auf mich, denn das Ergebnis ist für mich selbst dann schließlich immer beglückend. Es ist der Prozess, der darin steckt, diese Treue zur Wirklichkeit und gleichzeitig der Schritt, einen gänzlich anderen Blickwinkel dazu einzunehmen, indem ich die Dinge einfach anders anordne.

Letztlich hilft mir das sehr viel als Wissenschaftler. Da sind die Daten die Bestandteile der Collage. Auch sie darf ich nicht ändern. Aber ich darf versuchen, sie zu einem in sich schlüssigen Bild zusammenzufügen. Wenn so etwas klappt, dann hilft dieses Bild, Naturvorgänge zu verstehen. Das spielerische Element hilft mir, Regeln nicht zu Dogmen erstarren zu lassen, sondern sie zu nutzen. Sie bilden den Rahmen, in dem das Bild entsteht. Und manchmal ist es notwendig, diesen Rahmen zu verändern. Dann wird es besonders spannend.«

Auch Träume können wichtige Auslöser kreativer Handlungen sein; als Technik wird das Träumen bei vielen Indianerstämmen, bei Schamanen und Medizinmännern genutzt. Im Traum scheinen die beiden Gehirnhälften leichter miteinander kommunizieren zu können. Träume wurden auch in westlichen Kulturen als Möglichkeit zur Visionssuche genutzt. Sie zeigen den Weg auf, die Richtung, in die der kreative Prozess laufen soll. Diese Ebene der Vorbereitungsphase ist in der rechten Hälfte unseres Gehirns zu Hause (wenn wir Rechtshänder sind). Das, was wir vorhaben, ist noch etwas Geistiges, es ist noch unsichtbar – noch Absicht und Wunsch und noch nicht Tat. Es kann sein, dass zunächst nur der Wunsch entsteht, »irgendetwas« Kreatives zu machen, noch ohne konkretes Ziel. Diese schöpferische Unruhe kennen wir alle. Im zweiten Teil dieses Buches gibt es eine schöne Übung für diesen Zustand, nämlich die Standort-Collage (siehe Seite 127ff.); sie hilft, den Ausgangspunkt des Prozesses zu markieren.

2. Saturation oder Sammelphase

Diese Phase wird auch »Exploration« genannt, also »Erforschung«. Jetzt wird nach allen Regeln der Kunst Material gesammelt und ausgewählt. Das Problem wird unter verschiedenen Aspekten genauer analysiert. Alle Informationen werden gesucht, die wir für die Lösung der Aufgabe, des Problems, der Herausforderung brauchen und deren wir habhaft werden können. Wir erarbeiten die Kriterien dafür, wie wir überprüfen, ob wir die Lösung annehmen können. Obgleich große Ideen ein Geschenk sind, empfängt man sie doch nicht durch Untätigkeit, durch bloßes Warten. Man muss viel denken, um etwas Neues denken zu können.

Andererseits reicht Denken allein eben auch nicht aus, um die zündende Idee zu bekommen. Ebenfalls in den rationalen Teil dieser Phase gehört eine mögliche Neuformulierung der Probleme. Sie hilft oft, das Problem auf den Punkt zu bringen, die Überschneidung mehrerer Aspekte des Problems zu vermeiden und eine klare Vorstellung von der jeweils zu lösenden Frage herzustellen. Hier entscheidet sich oft, ob es überhaupt gelingt, eine kreative Lösungschance zu eröffnen, oder ob das Problem auf einer Stufe steckenbleibt, die eine kreative Lösung verhindert.

Wichtig in dieser Phase ist es, nicht zu werten. Wir wissen nicht, was am Ende wirklich entscheidend für die Idee ist; es kann eine Information sein, der wir zunächst keinerlei Bedeutung zugemessen haben. Deshalb ist der rationale Teil der Sammelphase auch die Zeit der Fleißarbeit, obschon sie sich von der Phase der Formgebung darin unterscheidet, dass Sie sich noch nicht festlegen und Ihr Bewusstsein weiter offen halten. Der Verstand ist hier nur Ihr Diener, der Ihrem Unterbewussten Material zuschaufelt, in der Hoffnung, dass es damit etwas anfangen kann. Daraus kann eine regelrechte Materialschlacht entstehen, und das ist ganz gut so. Viel Material heißt auch viel Spielmaterial, viel Stoff fürs Unterbewusste. Und da die meisten von uns noch Reste des gemeinsamen Unterbewussten aus der Jäger- und Sammlerzeit besitzen, kann allein schon die Anhäufung des Materials großen Spaß machen.

Die Technik des Brainstormings greift genau an diesem Punkt ein; hier geht es darum, möglichst viele Ideen zu produzieren. Sie müssen nicht realistisch sein, einige davon sollen sogar ganz unrealistisch sein. Damit wird bereits die Überwindung der Grenzen geübt und die Zensur ausgeschaltet, die einen Gedanken im Keim ersticken könnte, der vielleicht doch nicht unrealistisch wäre – auf den wir nur einfach früher nicht gekommen sind.

Aus einem Interview mit dem Schweizer Schriftsteller Hogo Lötscher: »Jeden Morgen um halb sieben Uhr sitze ich an meinem Schreibtisch ... Vier Stunden täglich schreibe ich literarisch, mit einiger Disziplin. Für jede Seite, die entsteht, fliegen fünf bis sechs Seiten zerknüllt in den Papierkorb. Ich korrigiere ohne Unterlass. Ich schreibe fünf Zeilen und beginne sofort mit der Korrektur. Bei der Niederschrift stellen sich Einfälle und Überraschungen ein. Diesen geht aber eine große Recherchierarbeit voraus. Ich sammle auf journalistische Weise Material, um der Phantasie die Chance zu geben, aktiv zu werden. Das ist eine spannende Sache.«

Die Phase ist vielleicht mit dem Problem des Goldgräbers zu vergleichen: Er sucht das Gold, aber das, was er am meisten schaufelt, ist Erde. Für sie braucht er die ganze Kraft, und sie verbirgt das Gold. Diese Arbeit ist an sich anstrengend und langweilig; sie lebt von der Hoffnung auf das Gold, aber ohne diese kommt der Goldgräber nie an den Schatz heran. Eine Garantie gibt es nicht – und Glück muss er auch haben, sonst schaufelt er an der falschen Stelle ...

3. Inkubation

In dieser Phase treten wir von dem Problem zurück und lassen es durch unseren Geist verarbeiten. Die rechte Gehirnhälfte ist nun erneut in Aktion. Wie die Vorbereitung kann auch die Inkubation Minuten, Wochen oder sogar Jahre dauern.

Wir versuchen, unseren Geist frei schweifen zu lassen, präsent zu sein, wenn die Idee kommt, und sie nicht zu verpassen. Eine wichtige Qualität in dieser Phase ist das Spielen, die vorhandenen Möglichkeiten hin und her zu würfeln und sich davon inspirieren zu lassen. Dabei ist der entscheidende Punkt, die richtige Lösung zu erkennen, wenn sie plötzlich vor einem steht.

C. G. Jung sagt: »Phantasie ist die Selbsttätigkeit der Seele, die überall da herausbricht, wo die Hemmung durch das Bewusstsein nachlässt oder überhaupt aufhört wie im Schlaf. Wäre die Bewegtheit und das Schillern der Seele nicht, der Mensch würde in seiner größten Leidenschaft, der Trägheit, ersticken und verfaulen.«

Die Inkubation beginnt, wenn die Hausaufgaben der Vorbereitungen, das Recherchieren, die Entwürfe fast abgeschlossen sind und alles vorhanden ist, was für die Ausführung des kreativen Prozesses benötigt wird. Kreativität kann ein höchst verschwenderischer Prozess sein. Was diesen Prozess begünstigt, sind im wesentlichen zwei Dinge:

- Geduld haben und dem Prozess vertrauen.
- Entspannung fördern, also Situationen suchen
  in denen die beruhigenden Alpha- und Theta-Hirnwellen vorherrschen.

Man kann die unbewusste Erzeugung von Ideen während der ganzen Inkubationsphase fördern, indem man die entspannten Alpha- und Theta-Zustände fördert. Diese Zustände treten etwa dann ein, wenn man die täglichen Zyklen der geistigen Aktivität durchläuft, besonders beim Träumen. Die meisten Menschen träumen im Schlaf ungefähr alle 90 Minuten und haben auch, wenn sie wach sind, etwa alle 90 Minuten einen Tagtraum. Man kann diese Zustände auch fördern, indem man sich mit Aktivitäten befasst, die sie hervorrufen, zum Beispiel baden oder duschen, sich im Bett entspannen, in einer Hängematte dösen oder laufen und besonders auch Auto fahren auf der Autobahn (Vorsicht!). Es sind die unkreativen Tätigkeiten, die automatischen Abläufe, für die wir kein Wachbewusstsein brauchen, die uns beim Anlocken des kreativen Funkens helfen.

Absichtliche Absichtslosigkeit

Wichtig ist dabei vielleicht noch dieser Gesichtspunkt: Wir müssen die Konzentration, den Fokus, für eine Zeitlang vom Problem, vom Wunsch, abwenden, damit wir gewissermaßen unseren beiden Gehirnhälften nicht in ihren entscheidenden Dialog hineinreden. Wir kennen das alle, wie es sich anfühlt und wie wenig erfolgreich es ist, sich zu sehr auf ein Problem zu konzentrieren – dafür gibt es den Begriff »sich verbeißen«. Der Geist wird dann eng und ist nicht mehr in der Lage, die vorhandenen Möglichkeiten, die wir ihm in der Sammelphase vorgelegt haben, spielerisch zu kombinieren.

Was sich nicht erzwingen lässt

Für mich persönlich ist das immer der unangenehmste Abschnitt im Prozess, in dem ich am meisten leide. Ich habe mich also mit allen möglichen Techniken bereit gemacht, den kreativen Funken zu empfangen, habe auch das Gefühl, dass er kommt, aber ich kann trotzdem nichts anderes tun, als zu warten. Das fühlt sich an wie Zeitverschwendung. Da nützt kein Erfolg der Vergangenheit – ich weiß ja nicht, ob es noch einmal klappen wird. Das ist eine harte Probe des Vertrauens, in der alle Schatten des Selbstwertgefühls wieder an die Oberfläche kommen und mit mir tanzen, vorneweg die Furcht zu versagen. Nachdem ich das einige Male durchgemacht habe, ist mir aufgefallen, dass ich in solchen dunklen Augenblicken die Luft anhalte. Inzwischen merke ich das, und es beruhigt mich. Denn dadurch weiß ich, was los ist. Ich habe gelernt, Atemübungen zu machen, die mich wieder zentrieren, den Nebel der Konfusion auflösen und mich ans feste Ufer des Vertrauens in einen Prozess führen, der mir letztlich doch nur geschenkt werden kann. Ich kann hier nichts fordern. So wird die Verzweiflung, die mich immer wieder überfällt, zu einer Kraft, die ich nutzen kann. Sie ist eigentlich pure Energie, und sobald ich sie mit dem Vertrauen verbinden kann, stärkt sie mich. Diese Kraft entsteht aus dem Risiko, das ich dadurch eingehe, dass ich es »wieder darauf ankommen lasse«.

Mit Logik ist hier nichts zu machen. Überhaupt ist »machen« nicht angesagt; dies ist eine Phase der Demut, in der ich mich beugen muss und nichts erzwingen kann. Das Zauberwort heißt »loslassen«. Die einzige sinnvolle Verwendung für diese Anspannung, hinter der sich ein gewisser Ärger verbirgt, ist, alles zu beseitigen, was mich in diesem Prozess stört. Wenn ich kann, dann meditiere ich, aber oft ist es am besten, aufzuräumen, etwas ganz anderes zu tun, als mich mit dem zu befassen, das sich da in mir entwickelt.

Manchmal mache ich dann auch ganz sinnlose Dinge, zum Beispiel setze ich mich in den Zug und fahre irgendwohin, oder ich stapfe wütend durch die Landschaft. Ich glaube, für meine Umgebung bin ich in solchen Zeiten eine rechte Prüfung. Zum Glück kennen meine Freunde und Freundinnen diesen Zustand selber und lassen mich in Ruhe. Letzten Endes kann ich eigentlich nur noch beten. Da kann man aber auch konfus werden: Du darfst nichts tun, nicht einmal das Nicht-Tun.

Hans-Curt Flemming, Schriftsteller und Mikrobiologe: »Ich liebe diese Phase eigentlich am meisten. Ich weiß dann, dass es ganz tief innen schon gefunkt hat, und brauche nur noch zu warten, bis es hervorkommt. Auf mein Unterbewusstsein kann ich mich verlassen, soviel habe ich immerhin gelernt. Ich freue mich, auch wenn ich manchmal unruhig bin und mich fühle, als bewege sich da etwas in mir und beule mich mal hier mal da aus. Es hat lange gedauert, dieses Vertrauen aufzubauen, aber nun hält es und wird jedesmal stärker. Jetzt kann ich mich hinsetzen, Zeitung lesen, spazierengehen, fernsehen oder was ganz anderes machen. Wichtig ist nur, dass ich sofort mit der Arbeit beginnen kann, wenn ich spüre, dass die Phase zu Ende geht. Bis dahin habe ich gelegentlich das Gefühl, dass etwas in mir kichert, weil das so einfach geht und weil ich mich so beschenkt fühle, dass ich das entdeckt habe und mich darauf verlassen kann. Es ist tatsächlich die weibliche Seite in mir, die ich hier regieren lassen muss. Und das Spannende ist, dass ich nicht weiß, was herauskommen wird – aber ich weiß, dass etwas herauskommen wird.«

4. Illumination – der kreative Funke

In dieser Phase wird die Idee geboren, sie wird sichtbar und kommt ans Licht. Wir nehmen sie wahr und sind damit beschenkt worden. Sie wartet nun darauf, von uns aufgenommen und großgezogen zu werden. Es heißt, das Geheimnis kreativer Menschen sei, zur richtigen Zeit am richtigen Ort zu sein. Aber an diesen Orten sind zu dieser Zeit immer viele andere auch – es kommt noch etwas hinzu: dieser geheimnisvolle Funke. Keiner weiß, wo er herkommt – sei es aus dem Kosmos, von einer höheren Macht, aus dem Quantenspiel der Elementarteilchen, aus dem Zusammenwirken einiger Neurotransmitter in unserem Gehirn oder sonstwoher.

Für kreative Menschen ist das meistens eine recht mysteriöse Sache. Auf jeden Fall ist er ein Geschenk, und wir müssen uns dafür nur bereithalten. Wenn wir das tun, ist es erstaunlich, wie viele von diesen Funken wir auffangen können. Sehr häufig wird die Illumination, die Erleuchtung, der zündende Gedanke als ein Geschenk empfunden. Und das ist in der Tat auch ein zutreffendes Gefühl: Wir haben etwas bekommen, das wir nicht erkaufen, erzwingen, erarbeiten oder erbitten können – irgendwann hat das Unbewusste eine so gute Verbindung der Ideen gefunden, dass es sie in die Ebenen des bewussten hinaufkatapultiert, wie ein Kork, der unter Wasser festgehalten war und freigesetzt wurde. Das ist es, was Csikszentmihalyi »Flow« nennt: Athleten, Künstler, religiöse Mystiker, Wissenschaftler und ganz gewöhnliche Werktätige erfahren ihn gleich und beschreiben ihn mit ganz ähnlichen Worten, ungeachtet Alter, Geschlecht, Kultur, Wohlstand oder Staatsangehörigkeit der Betroffenen.

Das Glück kommt aus dem, was man tut beziehungsweise erfährt – und es kommt sofort. Herausforderung und Können halten sich die Waage, Tun und Bewusstsein werden eins, Ablenkungen verschwinden, und es gibt nicht einmal Angst vorm Versagen. Das Ego verschwindet und der Sinn für die Zeit ebenfalls. Das Gefühl eines solchen kreativen Aktes ist nicht zu vergleichen mit Alkohol- oder Drogenrausch.

Henry Miller beschreibt diese Phase so: »Schließlich findet der größte Teil des Schreibens nicht an der Schreibmaschine, nicht am Schreibtisch statt. Ich würde sagen, es findet in den ruhigen, stillen Augenblicken statt, während man einen Spaziergang macht oder sich rasiert oder ein Spiel spielt oder was auch immer tut, oder sogar, während man mit jemandem spricht, an dem man nicht unbedingt interessiert ist. Sie arbeiten, Ihr Geist arbeitet an diesem Problem im Hinterkopf.«

»Wie machen Sie das nur?«

Tatsache ist, dass viele kreative Menschen einfach nicht wissen und auch gar nicht wissen wollen, wo der kreative Funke eigentlich herkommt. Douglas Adams, Science-fiction-Autor, macht sich über diese Frage lustig: »Oft werde ich gefragt, woher ich meine Ideen beziehe, manchmal siebenundachtzigmal am Tag. Das ist für Schriftsteller eine bekannte Gefahr, und die richtige Antwort auf die Frage ist, erst mal tief durchzuatmen, das Herzklopfen unter Kontrolle zu bekommen, den Geist mit friedlichen, beruhigenden Bildern von Vogelgezwitscher und Butterblumen auf Frühlingswiesen anzufüllen und dann versuchsweise zu sagen: ›Tja, es ist sehr interessant, dass Sie das fragen ...‹, ehe man zusammenbricht und unbeherrscht zu wimmern beginnt. Tatsache ist, ich weiß nicht, woher meine Ideen stammen oder wo ich auch nur nach ihnen suchen sollte. Kein Schriftsteller weiß das ...

Wenn man Romane schreibt, dann ist die einzige wirkliche Antwort, zuviel Kaffee in sich reinzuschütten und sich einen Schreibtisch zu kaufen, der nicht gleich zusammenbricht, wenn man mit dem Kopf dagegendonnert.«

Hans-Curt Flemming: »Ich brauche Kreativität, wenn ich an einer neuen Theorie herumkaue oder Ergebnisse, die ich nicht verstehe, in einen plausiblen Zusammenhang bringen möchte. Dann muss ich zuerst einmal mein Unterbewusstsein sozusagen mit der Frage impfen und mit dem Wunsch, eine Lösung zu bekommen. Das ist wie eine Meditation oder eine Art Gebet: Ich formuliere, was ich brauche, und überlasse es Kräften, die ich nicht steuern kann. Das ist eigentlich nicht geheimnisvoll – ich habe inzwischen darauf vertrauen gelernt, dass das Unterbewusstsein einfach mit dem herumspielt, was ich ihm zu fressen gegeben habe. Nun muss ich darauf achten, ihm dabei nicht im Wege zu stehen – ich muss weg von allem Material, das mit der Frage zusammenhängt. Ich gehe einkaufen, ins Kino, spazieren, joggen, ins Fitness-Studio oder einfach schlafen. Schön ist auch eine Massage oder Schwimmen. Sex ist natürlich auch gut, aber nur ohne Beziehungsdramen, weil mich die sonst absorbieren würden.

Wichtig ist, dass ich meinen Geist entspanne, dass ich mich wohl fühle – und dieses Vertrauen in mich selbst. Fast immer ist es dann so, dass ich am anderen Morgen mit einer Idee aufwache, oft sogar von ihr geweckt werde. Selbst wenn sie nicht die vollständige Lösung darstellt, hilft sie mir weiter. Dann muss ich sie aufschreiben, sonst ist sie weg. Sie ist immer wieder ein Geschenk und fordert diese Aufmerksamkeit. Oft muss ich dann lachen, ich freue mich und bin sehr dankbar, dass es wieder funktioniert hat. Wenn ich mir das überlege, dann ist diese Freude so etwas wie eine Belohnung für mein Unterbewusstsein, dass es so gut gearbeitet hat. Es ist, als ob das Pferd dann Zucker bekommt. Woher die Idee, der Funke oder die Inspiration aber kommt, ist mir völlig unklar. Ich glaube, im Schlaf schiebt das Unterbewusstsein die Bauklötze herum, und plötzlich wird ein Haus daraus. Keine Ahnung, wo der Bauplan herkommt. Das Erstaunliche ist, dass es so gut wie immer klappt, auch wenn ich unter Druck stehe. Diese Erfahrung gibt mir eine gewisse Gelassenheit. Es geht aber nicht, wenn ich vor etwas davonrenne und nicht wage, mich der Frage zu stellen.«

Tushita geht als Autorin ganz anders vor: »Wenn ich etwas Neues anfange und nach Ideen suche, dann brauche ich erst einmal Ordnung. Das ist für mich ganz wichtig. Ich mache äußerlich Platz für das Neue. Das gibt mir das Gefühl, auch innerlich frei zu sein für neue Ideen. Das ist ein richtiges

Ritual; ich räume den Schreibtisch auf, lege den Stoß mit dem Material, das ich bearbeiten möchte, rechts neben mich hin und möchte, dass links ganz frei ist. Ich putze den Tisch ab, lege die Stifte gerade hin und muss das ganze Arbeitsfeld übersichtlich, klar und sauber haben. Dann kann ich anfangen. Aber nicht gleich mit der ›Aufgabe‹, sondern ich mache erst einmal Arbeiten, die mich zum Schreiben hinführen: Ich tippe irgendeinen kurzen Text ab, den ich brauche, ich schreibe einen Kartengruß oder sonst etwas, das noch nicht allzuviel Kreativität erfordert. Ich schleiche mich sozusagen an, vorsichtig und behutsam. Ich habe das Gefühl, sonst erschrecken die Ideen und verschwinden, bevor ich sie einfangen konnte. Und dann kann ich nur noch warten und hoffen.«

Ich selbst erlebe die Ankunft des kreativen Funkens dramatischer: Ich stehe vor der leeren Leinwand und habe Angst, jedesmal die Angst vor dieser großen Fläche, die auf ein Bild wartet. Ich gehe ganz nah an die Staffelei, berühre die Leinwand mit den Händen, den Rahmen, streiche daran herunter und mache mir bewusst, dass ich jetzt eine Inspiration brauche, damit das Bild gut wird. Ich atme ganz bewusst, tief und voll, das hilft, präsent zu werden. Es ist, als ob ich eine Geliebte berühre. Sie ist es, die mir Farben, Bewegungen, Impulse schenkt – die »mache« ich nicht, sondern sie werden mir gegeben, wenn ich offen bin, etwa wie der berühmte »hohle Bambus« im Zen-Buddhismus, durch den die göttliche Kraft ihre Inspiration haucht. Nun sammle ich die Farben um mich herum, die Pinsel, alles, was ich sonst noch brauche. Ich schaue diese leere Leinwand unverwandt an, bleibe immer im Blickkontakt, atme, gehe hin zu ihr und entferne mich wieder; es erinnert mich an ein Liebesspiel.

Entscheidend ist, möglichst präsent zu sein, genau im Moment. Kein Wort fällt. Aber wenn ich Glück habe, dann empfinde ich so etwas wie Liebe, die aus mir herauswächst. Die Leinwand verwandelt sie in die Quelle der Inspiration. Ich bekomme von ihr aber nur so viel, wie ich ihr gebe. Ich weiß nicht, was es ist, das ich da zu geben habe, aber ich fühle mich dabei sehr verletzlich, und es ist ein sehr intimer Moment. Er erfordert nicht nur Offenheit, sondern auch Demut. Mein Wille gilt dabei nichts, es gibt nichts zu erzwingen, und je mehr ich wünsche, desto stärker blockiere ich alles. Ich nehme ein paar Pinsel in die Hand, knete sie mit den Fingern, spüre sie und frage sie, welcher von ihnen Lust hat, zu malen. Dabei gehe ich nicht von einer Idee, einem Konzept aus; ich male abstrakt. Es geht also nicht darum, eine Margerite so genau wie möglich abzumalen, sondern etwas Innerliches auszudrücken. Der Begriff »Energie« kommt mir dafür in den Sinn – ich male Energien, zarte, feine, harmonische, aber auch zornige und aggressive. Wichtig ist, nicht zu werten, das würde den kreativen Fluss bremsen. Jetzt sehe ich die Energie, vielleicht ein federleichtes Gelb oder ein brutales Schwarz, Flächen, Linien, vielleicht gehört auch noch mehr Struktur hinein, zum Beispiel Sand oder etwas anderes. Niemand ist da, der das wertet oder verurteilt. Da ist nur Kraft, verschiedene Formen von Energie. Diese Energie bedient sich jetzt einer Farbe, einer Bewegung, die sie mir eingibt. Die sehe ich dann und male sie.

Manchmal habe ich Glück, dann sitzt einfach alles aufs erste Mal. Aber das ist selten. Meistens gerate ich über kurz oder lang in Verzweiflung, dann kommt die Wut. Und jetzt kommt etwas ganz Wichtiges: Ich unterdrücke sie nicht, sondern surfe gewissermaßen auf ihr. Sie hilft mir, über meine geistigen Grenzen zu gehen und zu zerstören, was mich einengt. Dabei entstehen dann wieder ganz neue Formen, mehrere Schichten übereinander, wie archäologische Fundstellen. Wenn ich ganz steckenbleibe, nehme ich einfach eine neue Leinwand und mache da weiter. Gefährlich wird es, wenn mir etwas zu gefallen beginnt. Dann bleibe ich hängen, selbstverliebt, und bin nicht mehr durchlässig für die Eingebung und Führung, die Energie, die eigentlich weiterfließen möchte. Oft muss ich alles immer wieder zerstören, damit ich weiterkomme. Ich darf in diesem Stadium einfach nicht werten, sonst bin ich verloren.

Nach ein paar Stunden ebbt die Energie dann ab. Ich kann mich ausruhen – jetzt kann ich mich auch freuen an allem, was gelungen ist, jetzt habe ich erst einmal wieder frei. Wenn ich am anderen Tag wiederkomme, weiß ich genau, was noch fehlt, und kann da weitermachen.

Ideen sind Geschenke

Wir sagen: »Mir kommt eine Idee« – nicht: »Ich mache eine Idee«. Wir müssen offen sein, wenn sie da ist. »Wach sein, wenn der Saum des Göttlichen dich streift«, sagt ein Sprichwort. Die Ideen steigen aus unserem Geist auf und liefern die Grundlage für eine kreative Antwort. Diese Ideen können Teile des Ganzen oder das Ganze selbst sein. Anders als die übrigen Phasen, ist die Erleuchtung oft sehr kurz, mit einem gewaltigen Ansturm von Einsichten innerhalb weniger Sekunden, Minuten oder Stunden. Sie ist meistens von einem eindeutigen Gefühl begleitet: »Jetzt hab' ich's!«

Kreative Menschen produzieren oft viel mehr Ideen, als tatsächlich zur Lösung eines Problems benötigt werden. Sie kommen heraus wie Popcorn und springen aus dem übervollen Becher, sagt Ned Hermann. Sehen wir uns dieses »Poppen« näher an. Im kreativen Prozess führt eine Idee zu einer anderen, dann zu einer dritten und einer vierten, und hin und wieder kommen ganze Gruppen von Ideen zusammen und bilden etwas völlig Neues und anderes. Wie bei einer physikalischen Kettenreaktion kann eine geistige Kettenreaktion »kritisch werden« – also eine große Idee aus vielen kleineren bilden.

Mir geht es manchmal so, dass ich praktisch schon alle Hoffnung aufgegeben habe, dass aus einem Bild noch etwas wird, das es wert ist, ein Bild genannt zu werden, also Spannung, Struktur, Leidenschaft der Farben, Hell-Dunkel-Kontraste – irgend etwas wirklich Lebendiges. Wenn also einfach nichts kommt, gibt es zwei verschiedene Richtungen: zum einen den Akt der Verzweiflung, in dem ich wirr um mich schlage, fluche, mit dem Pinsel draufhaue und die Frustration nütze, die Wut nütze. Wenn ich bereit bin, das Bild ganz zu zerstören, dann gibt es oft einen Pinselstrich oder einen kurzen Schnitt, in dem ich sehe: Jetzt ist es da! Das nimmt oftmals drastische Formen an: Alles ist umsonst, meine Existenz als Maler einmal mehr in Frage gestellt, alle Absicht hingeworfen, es ist mir egal, ob die blöde Leinwand irgendetwas hergibt. Dann trete ich in einen Zustand der Absichtslosigkeit. Ich gehe um das Bild herum, damit ich nichts mehr festhalte. Mir kommen die Tränen, ich zittere am ganzen Körper. Wenn ich mich völlig aufgelöst habe in dieses Gemisch von Wut, Verzweiflung, Zerstörung, dann passiert es, dass ich plötzlich vor dem fertigen Bild stehe. Manchmal habe dann ich am Boden gekniet und der Schöpferkraft gedankt, tief berührt, erschöpft, wahnsinnig glücklich. Dieser Zustand ist nie, aber auch gar nie gleich. Das kennzeichnet ihn: eine wirkliche Erleuchtungsphase, immer taufrisch und unbeschreiblich, nichts Gemachtes, nichts Kalkuliertes.

Woran erkenne ich den Moment?

Woran erkenne ich diesen Moment? Am glasklaren Gefühl. Das ist wie mit dem Verliebtsein: Es ist unbeschreiblich, aber jede(r), der/die es erlebt, weiß sofort Bescheid. Es ist nicht nötig, das zu beschreiben, aber es ist schön, macht Mut und macht Spaß. Diese Präsenz: Ich bin da, mit Farben – ich weiß nie, von welcher Seite es kommt. Ich kann es nicht erzwingen. Ich kenne das Rezept nicht. Es ist immer das Gefühl des Beschenktwerdens, Gnade. Das sind aber alles Worte, nie die Sache selbst. Deshalb ist es auch ein spirituelles Element. Das ist wie beim Tao, einer uralten östlichen Weisheitslehre: Wenn du es beschreiben kannst, ist es nicht mehr das Tao. Es ist eine

Erfahrung. Aber es ist doch anders als im Spirituellen: Du siehst etwas. Du kannst dir nichts vormachen. Du siehst, ob das Bild plötzlich die Spannung hat, das Leben, die Kraft, die du suchst. Da hast du etwas Kosmisches, Mystisches, Unerklärbares eingefangen – nein, etwas ist dir geschenkt worden. Im Gegenständlichen ist die Absicht im Spiel, im Abstrakten nicht mehr. Deshalb ist es anders.

Ich habe begonnen, abstrakt zu malen, weil ich versuchte, das Absichtslose in der Malerei auszudrücken. Deshalb ist es beim abstrakten Malen besonders intensiv, weil ich da noch weniger beeinflussen kann. Bei gegenständlicher Malerei ist das Ziel viel klarer: Ist das Gemalte der Gegenstand oder nicht? Im Abstrakten ist das nicht so. Das Ziel ist ein gutes Bild. Aber was ist »gut«? Die Kriterien sind aber nicht fest, sondern ich suche einen Seinszustand, den man nicht beschreiben kann, sondern nur erfahren und fühlen. Wenn mein System zu schwingen beginnt, erkenne ich den Zustand wieder. Ich kann diese Schwingung niemandem anderen erklären, aber der Betrachter meiner Bilder kann auch in diese Schwingung kommen. Deshalb kann ich mich überhaupt mitteilen, nur deshalb kauft jemand meine Bilder. Diese Schwingung hat vielleicht der Bergsteiger beim Bergsteigen im Fels, der Rennfahrer in der Kurve, das Liebespaar in der sexuellen Ekstase. Es ist die Schwingung der Entgrenzung.

Dies erinnert mich an meinen spirituellen Namen, den mir mein zweiter spiritueller Lehrer Michael Barnett gab: Inazuma, was auf deutsch soviel wie »Blitz« bedeutet. Oft kommen die Blitze, wenn vorher viel Schatten war, eine Phase der Resignation, des Zweifels, der Unsicherheit – und auf einmal sind sie da. Man kann fast darauf vertrauen, aber eben nur fast. Früher oder später gibt es immer einen Blitz, immer das Licht. Das ist meine ganz konkrete, praktische Erfahrung. Hier erlebe ich am stärksten diese Polarität zwischen Licht und Schatten; es kommt nicht ohne den Schatten zustande, was viele spirituelle Sucher oft vergessen. Sie möchten die Erleuchtung, ohne sich die Hände an Erfahrungen »schmutzig« zu machen. Ich möchte die guten Bilder schön einfach auf dem Tablett haben, aber ich kann es nicht beeinflussen. Aber da geht es mir wie allen Künstlern: Die großen Werke sind nicht nett säuberlich geplant empfangen worden. Es ist wie ein Ehepaar in meinem Innern: Die innere Frau, meine Seele, sagt: »Vertrau doch!«, aber es nützt nichts, der innere Mann, mein Kopf, ist immer wieder verzweifelt und schimpft, es sei das letzte Mal, dass er ein Bild gemalt habe. Und plötzlich ist er da – der »Wurf«, das fertige Bild, der Entwurf oder die Idee. Dann kann es durchaus vorkommen, dass ich ganz spontan vor dem Bild die Hände zusammenfalte, aus Dankbarkeit. Es schaut ja niemand zu. Es fühlt sich einfach ganz natürlich an. Für mein Ego sind diese »Würfe« allerdings viel zu selten.

5. Formgebung und Verifikation

Nun geht es daran, die Idee auch umzusetzen. Hier ist der Unterschied zwischen KünstlerInnen und Nicht-KünstlerInnen am deutlichsten: In der spontanen abstrakten Malerei ist das Bild hier schon fertig, weil Inspiration und Umsetzung zusammenfallen. In einer künstlerischen Arbeit jedoch, wo mit Entwürfen gearbeitet wird, wie etwa in der angewandten Kunst (Illustration, Grafik, Inneneinrichtung) oder in der gegenständlichen Malerei, folgt nun die Umsetzung des Reinentwurfs. Der Künstler vergleicht sein Bild, seine Skulptur, sein Musikstück, seinen Text oder was auch immer mit dem Bild, das er empfangen hat, und arbeitet sich dorthin. Jetzt braucht er sein ganzes Handwerkszeug – alles, was er gelernt hat und in der Inkubationsphase vergessen musste, ist nun wichtig. Auch so unkreative Eigenschaften wie Disziplin, Durchhaltewillen und Selbstkritik sind nun entscheidend. Man sagt: »Geniale Ideen bestehen aus fünf Prozent Inspiration und 95 Prozent Transpiration« – jetzt geht die Transpiration los, egal, ob die Idee nun genial war oder einfach nur gut und nützlich. Sie ist auf jeden Fall vergeudet, wenn sie nicht umgesetzt wird.

Bei »Nicht-Künstlern« könnte es wie folgt aussehen. Den Beginn dieser Phase nennt Ned Hermann »mit Begeisterung im Zickzack gehen«: Wir sammeln Wissen und Fakten. Wir analysieren das Ganze auf seine Bedeutung hin, indem wir es in die Bestandteile zerlegen. Dann setzen wir diese Teile wieder zu einem Ganzen zusammen, aus dem wir das Wesen eines Verständnisses ableiten. Wir gehen dann zu einer Analyse dieses Wesens zurück. Haben wir es richtig zusammengesetzt? Passt es? Neue Fakten, Informationen und Daten tauchen nach Bedarf auf. Und der Vorgang läuft erneut ab. Während wir zwischen diesen beiden gegensätzlichen Denkweisen hin und her schalten, schaffen wir ein neues Verständnis, neue Interpretationen, neue Ideen. Wir »begreifen«. Wenn wir begreifen, wissen wir. Wenn wir nicht wissen, haben wir noch nicht begriffen. Dieser Vorgang der Annäherung ist ein wundervolles und mächtiges Phänomen. Das Beste, was Sie tun können, ist, Ihrer Unsicherheit zu vertrauen und weiter vorwärtszudrängen, bis es sich richtig anfühlt und einfach so aussieht, dass Sie sich fragen, wieso es eigentlich so lange gedauert hat. Dann ist es an der Zeit, dass Sie sich etwas Gutes tun, weil Sie dann so lange weitergemacht haben, bis Sie es begriffen haben!

In dieser Phase führt man jene Tätigkeiten aus, um herauszufinden, ob das in der Erleuchtungsphase Erkannte tatsächlich die Anforderungen erfüllt, die den kreativen Prozess erforderlich gemacht haben – sozusagen, ob die Erleuchtung nur ein Streichholz oder aber eine Fackel war.

Die »Handwerker-Ehre«

Das »Großziehen« besteht nun darin, der kreativen Idee eine Form zu geben, etwa, das Bild zu malen, den Gedanken aufzuschreiben, die Musik zu spielen oder die Lösung umzusetzen, die wir gefunden haben. Wir müssen sie schützen und wachsen lassen. Planung, Mut, Durchhaltewillen, Selbstmanagement und persönliche Kraft sind hier gefragt. Es geht darum, unsere Idee so gut wie möglich umzusetzen, nicht irgendwie hopplahopp – jetzt gilt die »Handwerker-Ehre«, der Wunsch, die Sache wirklich gut zu machen und schlampige Arbeit, Mogeln und unnötigen Qualitätsverlust zu vermeiden. In dieser Phase spielen Zeit und Raum eine entscheidende Rolle, vorher nicht. Jetzt ist Schluss mit dem Träumen in der Vielfalt von Möglichkeiten, jetzt ist die Entscheidung gefallen. Die Materie schwingt viel träger als eine Idee. Im Kopf und im Geist hat man alle Varianten, aber wenn man es bauen muss, muss man sich entscheiden für eine Variante. Jetzt ist nur noch dieses eine möglich.

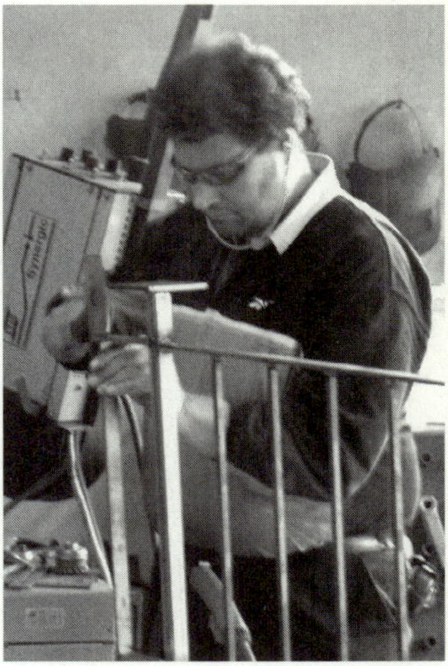

Das ist die männliche Seite des Prozesses, jetzt ist Handeln angesagt. Für mich ist das immer wieder schmerzlich. Ich bade viel lieber im unendlichen Meer des Möglichen, als mich so einzuengen, wie es in dieser Phase notwendig ist. Das ist mir auch beim Schreiben dieses Buches fast zum Verhängnis geworden. Es ist wie beim Sprung ins Wasser: Es ist zwar kalt und braucht Überwindung, aber wenn ich es mal getan habe, genieße ich es auch. Diese Ausschließlichkeit ist notwendig, um etwas zustande zu bringen. Dies oder das andere wäre auch noch gut, jenes könnte auch noch sein, aber jetzt ist es das.

Formgeben ist ein Abtrennen von anderen Dingen, weil man nicht alles auf einmal machen kann. Diese Phase ist eine Bündelung der Energie, eine Verdichtung, im Gegensatz zur Erweiterung, Ausdehnung im ersten Teil. Diese Phase fällt Menschen schwer, die eher gefühlsmäßig sind, die Angst vor Entscheidungen haben; auch mir liegt es viel mehr, Ideen zu produzieren, als sie umzusetzen. In dieser Phase müssen Kompromisse eingegangen werden, die von der Realität gefordert werden. Hier ist es wichtig, dass man das Handwerk kann, die Idee alleine reicht nicht aus. Diese Spannung: auf der einen Seite das ungeheure Licht eines Wunsches, einer Idee, auf der anderen Seite der Schatten der Realität, das Unvermögen. Daran können Erfinder, Künstler und Künstlerinnen verzweifeln. Je großartiger das ist, was ich in meinen kühnen Träumen sehe, desto schmerzlicher ist es, die Schwere des materiellen Widerstandes und das eigene Unvermögen zu erkennen.

Kreative Wissenschaftler erzählen, dass der Unterschied zwischen ihnen und den weniger erfolgreichen Kollegen möglicherweise darin besteht, dass sie rascher die schlechten von den guten Ideen unterscheiden können, so dass sie sich weniger häufig aus Sackgassen befreien müssen. Alle haben gute und schlechte Ideen, aber ihnen gelingt es, die schlechten zu erkennen, bevor sie zu viel Zeit und Energie hineingesteckt haben. Linus Pauling, Nobelpreisträger für Chemie und für Frieden, wurde gefragt: »Dr. Pauling, wie macht man es, gute Ideen zu haben?« Er antwortete: »Sie müssen einfach ganz viele Ideen haben und die schlechten wegwerfen.«

Wenn Form und Idee eins werden

An sich ist Wahrheit immer ein Sowohl-als-auch, aber auf der Ebene der Formgebung gibt es nur ein Entweder-Oder. In dieser Phase ist all das gefragt, was in den ersten Phasen stören würde. Wie wenn ein Raumschiff in die Atmosphäre eintaucht und zu glühen beginnt. In der Stratosphäre ist die Luft viel weniger dicht. Nur das, was diesen Prozess durchsteht, wird landen. Darin liegt auch die Frustration: Es ist schwierig, breite Ideen in die enge Form der Materie zu bringen. Ich kann nicht alles gleichzeitig erklären, sondern nacheinander, deshalb ist es im Grunde genommen falsch. Diese Phase ist eine Reduktion, ein Einengen. Da gibt es nur Momente der Gnade, in denen man sagen kann: Hier sind Form und Idee eins. Kreative Unternehmer und gute Künstler zeichnet es aus, das zu schaffen. Es geschieht selten genug, ist aber immer erkennbar. Ich erlebe das beim Malen: Hier hilft mir die Wut als schöpferische Kraft des Handelns. In dieser Phase kämpfe ich mit der Materie, fast gewalttätig, aggressiv, destruktiv. Es gilt, die Aggression zu nutzen, anstatt sie zu bewerten. Es muss etwas ausgeklammert werden, das nicht dazugehört. So wie der Bildhauer alles wegschlagen muss, was die Form der Skulptur verhüllt – alles, was nicht die Figur ist, muss zerstört werden.

»Nutzung der goldenen Wut«: das ist die kreative Aggression. Das Destruktive daran ist nur die Wertung, dass man das eigentlich nicht darf. Es ist klar, dass man sich in dieser Phase auch Feinde schafft, weil man auch Menschen und ihre negativen Meinungen forträumen muss, man muss Material aus dem Blickfeld räumen, Hindernisse. Ich zerstöre alles, was nicht stimmt. Wut gibt mir die Energie dazu.

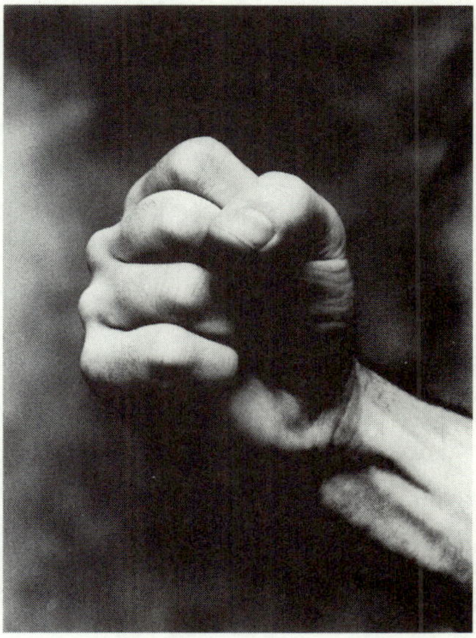

Für mich ist das auch die Ebene der Prüfung, ob ich das überhaupt will, ob es wichtig ist. Die Ebene der Materie ist die Ebene der Prüfung, ob die Idee stark genug ist, ob der Wille, sie umzusetzen, stark genug ist, ob sie wichtig genug ist. Materie ist der Prüfstein für mich, ob es mir wirklich wichtig ist. Das ist für mich der Unterschied zum konsequenzlosen Träumen. Das ist für mich die Herausforderung: Ich bin gefordert, lebendig zu werden, mich mitzuteilen und zu riskieren, abgewiesen, missverstanden oder überhaupt nicht gehört zu werden. Die Widerstände sind derart groß, dass nur dann, wenn der Wunsch echt genug ist, etwas daraus wird. Auch deshalb ist die Phase wichtig: Ich kann sofort sehen, was nicht funktioniert, was ich lassen soll. In der Malerei sehe ich mich oft wie ein Boxer im Ring, der um den Gegner herumtrippelt und schaut, wo er die Faust landen lassen kann und wo es Schwachstellen gibt. Da setze ich den Pinsel an, wie der Boxer die Faust. Was hässlich ist, wird zerstört. Am Schluss bleibt das, was alle Angriffe oder Prüfungen übersteht. Das kann sofort gelingen, aber es kann auch Jahre dauern oder ganz scheitern. Bei Auftragsarbeiten kommt ein zusätzliches Frustrationsmoment hinzu, nämlich der Termindruck.

Fliegen und landen können
Während der erste Teil des Prozesses die Kunst des Fliegens erfordert, ist jetzt die Kunst des Landens wichtig. Mich erdet diese Phase, so sehr ich sie oft auch hasse. Ich kann mich in dieser Phase sichtbar machen und vielleicht verstanden werden. Jedenfalls ist nun die Chance da: Ich teile mich mit. Ein Inneres von mir manifestiert sich und wird nun durch ein Produkt erkennbar, wenn ich Glück habe. Die Reise ist für mich erst zu Ende, wenn der Versuch zur Form vielleicht nicht gelungen, aber immerhin unternommen wurde. Das ist für mich auch die Ebene des wirklich wahren Glücks, weil es da zur Verbindung von Idee und Materie kommt. Das Glück ist wie ein Zusammenkommen von zwei Gegensätzen. Es entsteht daraus nun etwas Drittes. Das ist wie eine Vermählung von oben und unten. In der Umsetzung komme ich meiner Bestimmung als Mensch nahe, dass ich im tiefsten Grunde schöpferisch bin. Wenn ich vor der Umsetzung kneife, kneife ich vor dem Leben. Angst spielt immer eine große Rolle in dieser Phase. Viele Menschen haben Angst vor dieser Phase, denn das Ganze kann ja auch misslingen. Oft unternehmen wir nicht einmal den Versuch – aus Angst vor dem Versagen. Damit schließen wir allerdings auch die Möglichkeit aus, dass es gelingt.

Der Unterschied zwischen Kreativität und Spiritualität
Das ist das Schöne an der Kreativität im Gegensatz zur reinen Spiritualität: Ich kann, ja muss etwas tun für diese Sehnsucht, ich darf ihr nicht einfach hinterherträumen. Die Phase der Formgebung ist wie eine Schulung, als ob meine Seele durch Krafttraining stark wird – auch wenn niemals etwas gelingt. Die Sehnsucht, etwas zu erschaffen, ist dann nicht bloß ein Hirngespinst, sondern im Alltag geprüft. Sie hat sich der Wirklichkeit gestellt, ist in einen Prozess eingetreten. Gewiss kann man auch geistig, spirituell kreativ sein. Das versuchen Menschen, die Frieden, Liebe und Freiheit in ihrem Leben erreichen und erschaffen wollen. Um Frieden zu erreichen, muss ich mich mit meinem inneren Gefängnis, mit meiner inneren Enge, meinen Ängsten und Konditionierungen auseinandersetzen.

Wo sind die Gitterstäbe, die mich von der Freiheit trennen? Die Schlacht ist da vielleicht noch schwieriger und gefährlicher, weil man sich mehr vormachen kann. Aber auch dort gilt es, sich mit der Materie auseinanderzusetzen. Negative Gedanken können materiell sein. Sie sind reelle Gegner; auch wenn man sie nicht sieht, sind sie doch so konkret und hartnäckig wie Stein. Wenn man wirklich etwas erschaffen will, ist es genauso wichtig wie als Künstler, dass man sich dort stellt. Auch dort ist es wie ein Kampf. Hierin liegt der spirituelle Aspekt der östlichen Kampfsportarten: sich mit der Angst auseinanderzusetzen. »Kraft« ist nicht eine seichte Metapher, sondern wenn ich das »Böse« in mir besiege, habe ich den Kampf gewonnen. Entweder ich bin frei, oder ich bin nicht frei. Kampfsport ist eine Möglichkeit, zu verhindern, sich etwas vorzumachen. Der Künstler hat die Leinwand, der Suchende hat vielleicht den Kampfsport oder die konkrete Konfrontation mit negativen Menschen. Wenn ich Freiheit in Form bringen will, muss ich mich auch mit diesen unangenehmen Menschen auseinandersetzen. Auf der Ebene des Feinstofflichen ist es genauso wichtig, sich mit der Form auseinanderzusetzen. Dazu gehört zum Beispiel auch, »Stop!« sagen zu können. Wenn ich mir alles gefallen lasse, ist alles Illusion.

Wie ich Zeitungsausträger wurde

Ich gebe es offen zu: Früher hatte ich mit Strukturen jeglicher Art so meine Schwierigkeiten, mit den profanen Dingen des Lebens, wie zum Beispiel genügend Geld zu verdienen, damit ich mir die Art Leben leisten kann, die ich mir wünsche. Nein, da ging es nicht um Luxus, sondern ums schlichte Überleben. Vor einigen Jahren war es dann soweit, dass ich das Risiko nicht mehr ertragen habe, mich auf den Verkauf meiner Bilder zu verlassen. Das war einfach zu unsicher. Ich musste etwas anderes tun, etwas Sicheres, auch wenn es nicht kreativ war. Was ich umsetzen wollte, war, nicht nur am Wochenende meiner Bestimmung zu leben, sondern die ganze Woche hindurch.

Also, was tun? Ich musste mir etwas einfallen lassen, irgend etwas, das mir nicht den Tag stahl und trotzdem zuverlässig einen nennenswerten monatlichen Betrag auf dem Konto sicherte. Was konnte ich machen, wenn ich den ganzen Tag für die Malerei brauchte? Die Antwort lautete: Zeitungen austragen. Ich saß bei der »NZZ« (»Neue Zürcher Zeitung«) im Personalbüro, schweißgebadet, und dachte: Jetzt verrätst du deine großen Träume und Vorstellungen des Künstlers, der die Welt mit Bildern beschenkt, und begibst dich tief in den unteren Teil der sozialen Leiter. Aber etwas in mir war bereit, das jetzt zu tun; ich wollte nicht nur reden, sondern auch handeln. Das ging früh los. Wenn Sie Ihre Zeitung zum Frühstück aus dem Briefkasten holen, dann hat ein Austräger sie bereits hineingesteckt – denken Sie freundlich an ihn oder sie. Um halb sieben Uhr morgens war ich schon wieder zu Hause, nach eineinhalb Stunden frischer Luft fühlte ich mich hellwach und fit.

Morgens gehörte die Stadt mir, da war kaum jemand unterwegs. Es war ein Gang zwischen den Welten: Die Nacht geht zu Ende, ein neuer Tag beginnt. In den Tag einzutauchen, das ist wie der kleine Moment zwischen Aus-

und Einatmen. Ich sah die Sonne aufgehen, roch die Gerüche aller Jahreszeiten intensiv, hörte die Vögel und sah Tiere, die unsere Städte als Biotop benutzen, solange wir noch schlafen. Ich hatte immer zur gleichen Zeit eine Amsel beobachtet und ihrem Trillergesang gelauscht. Zuoberst auf einem hohen Baum sang sie in der morgendlichen, jungfräulichen Stille. Sie pfiff so alleine auf dem Ast, wie ich mich fühlte: am Rande der Gesellschaft. Aber jetzt wurde ich getragen durch die Tatsache, dass ich handelte, Geld verdiente und dadurch einen Bezug zur Gesellschaft bekam. Das war das Schöne daran. Es war eine Dienstleistung für und eine Verbindung mit anderen Menschen, ein Ausgleich zu dieser Isolation im Atelier. Trotzdem fühlte ich mich absolut frei. Ich machte Bewegungs- und Atemübungen, konnte ungestört vor mich hin singen. Es ging mir ausnahmslos gut. Ich dachte oft daran, wie viele Leute da eine Menge Geld für ihre Fitness hinblättern, während ich dafür auch noch bezahlt wurde. Ich konnte dieses Handeln üben, ganz konkret im Gehen. Ich konnte nicht kneifen, erbarmungslos, egal bei welchem Wetter. Es lehrte mich Disziplin.

Ich hatte das Bedürfnis, als Ausgleich zu Malerei und Meditation immer wieder meine Füße fest auf dem Boden zu spüren, um nicht abzuheben. Es gab mir diese Tatkraft und positive Frische, um immer wieder von neuem mit Zuversicht im Dienste meiner Visionen handeln zu können – und davon hatte ich einige. Und es erfüllt mich immer wieder mit Staunen und Dankbarkeit, dass sich heute die wichtigsten von Ihnen verwirklicht haben.

6. Vollendung

Es wurde bereits dargelegt, dass zum kreativen Akt nicht nur der Schöpfer gehört, sondern auch sein Umfeld. Ohne ein Publikum, das in der Lage ist, den kreativen Anteil zu erkennen und zu würdigen, bleiben solche Akte isoliert und kommen gewissermaßen nicht zur Blüte. In der Phase der Vollendung findet genau diese Blüte statt – oder eben auch nicht. Das Werk ist jetzt so weit fertig, wie ich es allein fertigstellen kann. Jetzt tritt es an die Öffentlichkeit, jetzt muss es sich bewähren und für sich selbst sprechen. Jetzt kann ich mich nicht mehr herausreden damit, dass es ja noch gar nicht fertig sei, dass alles noch besser würde.

In diese Phase fallen Tätigkeiten wie Patentieren, Schutz der Idee, des Warenzeichens, des Copyright. Jetzt geht es um Kommunikation: Das Werk, das Produkt oder die Dienstleistung muss präsentiert werden. Es folgen: Verpackung, Werbung, Präsentation, Verhandlungen, Verkauf, Ausstellungen und so weiter.

In gewissen Bereichen gehen wir in dieser Phase den Prozess noch einmal im Geist zurück und überlegen, was wir hätten besser machen können. Dieser Vorgang wird dann die »Verifikation« genannt.

In dieser Phase beginnt auch der Abschied von »unserem Kind«. Es ist so, als ob es jetzt groß geworden ist und – mit guter Schulbildung – in die Welt geschickt werden kann.

7. Feiern

»Am siebten Tage sollst du ruhen.« Wir haben tatsächlich einen kreativen Prozess durchlaufen und mit einem Ergebnis abgeschlossen, das uns gefällt. Das muss sich nicht materiell ausdrücken, es kann einfach so sein, dass wir nur wieder in Kontakt mit einer Kraft gekommen sind, die uns etwas zu schenken hat.

Es gibt sehr viele verschiedene Arten des Feierns, und es kommt nicht darauf an, sich auf eine von ihnen festzulegen. Wichtig ist nur, zu würdigen, dass wir etwas geschenkt bekommen haben, das wir nicht erzwingen, verdienen oder erschleichen können. Die einfachste Form, diesen Umstand zu feiern, ist ein Dankgebet – an wen auch immer. Genießen, regenerieren und feiern Sie. Seien Sie jetzt ruhig einmal bewusst unkreativ. Sie können sich ein kleines Geschenk machen und es sich gutgehen lassen.

Die Freude, die wir in der siebten Phase ausdrücken wollen, kann selbst wieder kreative Prozesse in Gang setzen. Ganz konkret kann dies durch kreative Arten des Feierns geschehen, es kann aber auch sein, dass auf dem Gabentisch bereits neue Ideen liegen, die wir nur noch nehmen, auspacken und umsetzen müssen. Menschen, die sich freuen können, sind kreativer, behaupte ich – obwohl das Böse ebenfalls kreativ macht.

Lassen Sie alles wieder los – negative wie positive Erfahrungen, Erinnerungen. Sie müssen das Geschenk loslassen, es freigeben, damit Sie selbst wieder frei werden, um bei einer anderen Gelegenheit erneut beim ersten Schritt anfangen zu können. Das Wissen darüber, was Sie das nächste Mal besser machen könnten, speichern Sie im Kopf; lassen Sie aber nicht zu, dass es Ihre Fähigkeit behindert, erneut alles als möglich zu erachten.

Nehmen Sie sich Zeit zum Meditieren, zum Lesen, oder machen Sie Dinge, für die Sie sonst keine Zeit haben. Planen Sie in Ihrem Terminkalender Mußestunden genauso ein wie die wichtigsten Termine, die Ihnen Geld bringen. Pflegen Sie die Kunst des Müßiggangs und der Ruhe. Besinnen Sie sich auf das, was in allem wirkt. Es gibt immer noch etwas dahinter. Das Leben ist ein ewiger Kreislauf, eine Pilgerreise, ein Tanz, der sich um keinen Sinn und kein Ziel kümmert. Was wollen Sie erreichen? Was haben Sie mit diesem Ziel erreicht? Niemand stellt sich je diese Frage, denn jeder versucht, ein Ziel im Leben zu haben, und wenn er ein Ziel erreicht hat, muss sofort ein Neues an seine Stelle treten. Es sieht so aus, als fürchteten wir angesichts einer nun möglichen Ruhepause die Leere und Sinnlosigkeit unseres Tuns.

Diese Ruhephasen haben eine heilvolle Wirkung auf Ihr Bewusstsein, denn sie sind wie ein Spiegel, in dem Sie sich und Ihr Leben, das, was Sie tun, betrachten können. Nützen Sie diesen Zwischenraum, diese Zeit der Muße, um sich erneut zu fragen: »Lebe ich meinen Traum? Dient das Ganze meiner tiefsten Wahrheit und Lebensaufgabe? Was habe ich mit dem, was ich getan habe, erreicht?« Wenn das, was Sie tun, wirklich Ihre tiefste Bestimmung, Ihre Berufung ist, wird sie es auch im Spiegel der Stille und der schöpferischen Pause bleiben. Der Spiegel wird Ihnen jedoch auch Ihre Kompromisse vor Augen führen, und dies ist wohl auch der Grund, warum wir uns lieber gleich ins nächste Projekt stürzen. Etwas in uns scheint zu befürchten, dass wir ohne Beschäftigung haltlos in die Tiefe stürzen.

Wenn Sie sich jedoch fallenlassen, ist die Landung weich und sanft. Diese kurzen Rückzieher aus dem »Geschäft« haben eine klärende Wirkung, sie reinigen den Spiegel Ihres Bewusstseins, so dass Sie sich, Ihr Leben und Ihr Ziel wieder klarer sehen und von vorne beginnen können, wacher, bewusster, mehr Sie selbst – und vielleicht ein bisschen weiser.

Kreativität und Kunst – das Kernstück meiner Geschichte

Ich war nicht gerade das, was man ein einfaches Kind nennt, weil ich immer fragte – ich war nie zufrieden und hatte stets das Gefühl: Das kann nicht alles sein. Es hat mich bis heute nicht verlassen und ist wohl eine der Kräfte, die mich vorwärtstreiben. Ich war verträumt, erfüllt von einem unerklärlichen Drang, etwas zu erschaffen, aber ich wusste nicht, was. Bei allem, was mir als Vorbilder in der Gesellschaft geboten wurde, wusste ich nur, dass es das nicht war.

Dieser Drang machte mich unbequem. Ich wusste, dass das, was man in der Schule lernt, mich nicht zu diesem Ziel führt, das ich erreichen wollte. Das einzige, was ich »erreicht« habe, waren recht verzweifelte Eltern, schlechte Noten, frustrierte Lehrer. Ich habe überall Unfug gemacht, nur nicht das, was man von mir verlangte. Als man mich fragte, was ich denn werden wolle, habe ich nicht gesagt »Lokomotivführer« oder »Pilot«, sondern, so kitschig es im nachhinein klingt: »Ich will leben!« Und genau das habe ich dann auch gemacht. Dass ich später mir selbst und vielen Menschen dabei helfen würde, das Handwerk der Lebenskunst zu verfeinern, und damit auch noch Geld verdienen, wusste ich natürlich damals noch nicht.

Das Übliche

Meine Biographie ist – jedenfalls für Künstler – nichts Außergewöhnliches. Sie beginnt beinahe kitschig: nicht zufrieden zu sein mit dem, was einem geboten wird, aber das andere noch nicht zu kennen und noch nicht ausdrücken zu können.

Als Kind war ich auch sehr fröhlich, aufgeweckt, aber es war natürlich klar, dass meine Lehrer mich wegen meines sonstigen Verhaltens gemaßregelt haben, bis ich solche Minderwertigkeitsgefühle hatte, dass ich zu nichts mehr brauchbar war. Ich hatte manchmal den Eindruck, dass alle anderen funktionierten, nur ich nicht. Ich kam ja auch mit mir selbst nicht zurecht. Die Rettung bestand für mich in Trotz und Träumen.

Im Jugendalter habe ich mich vor allem für Mädchen interessiert oder für die Herbstblätter, die draußen vor dem Schulhausfenster im melancholischen Septembertau leise zu Boden schwebten – sie gaben mir mehr Antworten auf meine Fragen als das, was der Lehrer da vorne von irgendwelchen Zahlen erzählte. Von dem spürte ich, dass er selbst nicht lebte, was er redete und mir hätte geben können. Ich wusste: Es lag immer da draußen, im Leben, nicht in der Schule; es lag in der Wirklichkeit, nicht im Wissen, in der Theorie. Aber ich habe natürlich das Kind mit dem Bade ausgeschüttet, denn einiges von dem, was dort gelehrt wird, hat mir dann gefehlt. Ich musste es halt später lernen und konnte es dann sehr gut gebrauchen. Es hat lang gedauert, bis ich verstanden habe, dass ich mit dem Lernen nicht auch gleich noch den Lebensstil meiner Lehrer einkaufen muss.

Alexander Jeanmaire mit 25 Jahren

Im Grunde habe ich immer nach der Ganzheit gesucht, aber ich wusste nicht, wo und wie. Es folgte eine melancholische Phase, unzufrieden, mit schlechten Zeugnissen, ich war oft traurig und benahm mich unmöglich. Ich wusste immer: Irgendwo ist ein Schatz vergraben, den es auszuheben galt. Aber ich konnte ihn nicht finden, ich wusste nicht einmal, wie man richtig danach sucht. Es war scheußlich, und ich war gewiss keine Freude für meine Umgebung – immer anspruchsvoll und unzufrieden. Gezeichnet habe ich immer gerne. Vielleicht war es das?

Mein Vater war es inzwischen aber endgültig leid mit mir und der Schule. Er nahm mich von der Schule und warf mich ins Leben; ich bin ihm heute noch dankbar dafür. Und ich entschloss mich, an die Kunstakademie in Genf zu gehen. An der Akademie war ich zum ersten Mal wirklich gut, ganz von allein, ohne Anstrengung. Ich hatte die besten Noten, Anerkennung und das Wohlwollen der Lehrer, die mich auch privat schätzten. Auf einmal ging alles ganz leicht. Besonders half mir der Lehrer für Bildhauerei; der sagte nichts über die Technik, sondern fragte immer nur: »Was hast du zu sagen?« Das war die richtige Frage, sie hat mich weitergeführt.

Dieser Lehrer war ein erster Wegweiser in diese Richtung, auf ganz trokkene, unpathetische Weise: »Hör auf, an deinem Ton zu kneten, geh raus, komm wieder, wenn du in Ordnung bist.« Er hat versucht, das innere Potential, das Menschliche anzuregen, anzusprechen und zu entwickeln. Sicher gab es früher schon Menschen in meinem Leben, wie etwa meine Mutter, die das versucht haben, aber er war der erste, von dem ich es annehmen konnte. Jetzt erst war ich bereit dazu. Der Lehrer hat mich mit anderen Schülern in sein Haus eingeladen; ein altes Bauernhaus, in dem der Schweizer Filmemacher Alain Tanner Szenen für seine Filme drehte. Nächtelang wurde philosophiert.

Dann habe ich einen Abschluss als Grafiker gemacht, weil ich noch nicht wusste, ob ich Kunstmaler werden sollte. Meine Eltern meinten, es sei ein zu großes Risiko; als Kunstmaler müsse man verhungern. Ich war in der Tat auf dem Weg dazu; ich lebte in fürchterlichen Dachwohnungen und durchlitt wahnsinnige Einsamkeitsgefühle. Meine Mutter hat mich immer wieder besucht, hatte Mitleid mit mir. Aber das hat meine Selbstständigkeit nur aufgeschoben. Ich hatte viele Beziehungen zu Frauen; da war die Sehnsucht immer stärker, eine gewisse Traurigkeit. Die wirklichen Sinnkrisen begannen.

Ausflug in die Musik

Ich hatte mich schon immer für Künstler interessiert; bei denen »roch« ich sozusagen das andere – Maler, Schauspieler, Bildhauer, Musiker, Lebenskünstler. Obwohl ich nicht wusste, wonach ich eigentlich fragte, witterte ich bei diesen Außenseitern die Antworten. Ich fühlte etwas, das mir lebenswert erschien. Jetzt hatte ich etwas in den Händen; diesen Menschen eiferte ich nach. Da ich schon lange Gitarre spielte, begann ich jetzt, klassiche Gitarre zu studieren, und für ein bisschen Geld sang ich südamerikanische Lieder in Bars und Kneipen. Damals lernte ich auch Eduardo Falu, eine argentinische Gitarren-Legende, Folklore-Gitarrist auf höchstem Niveau, kennen. Auch er inspirierte mich als Mann und (Lebens-)Künstler und nahm mich sozusagen an der Hand. Ich merkte: Ich

Alexander Jeanmaire mit 27 Jahren

war vielseitig und konnte es zu etwas bringen, wenn ich fleißig übte und wusste, wofür. Ja, wofür eigentlich? Zunächst ging es mir immer noch darum, anders zu sein. Aber ich merkte: Wenn ich anders sein wollte, musste ich auch gut sein, anerkannt – von jenen, die ich selbst anerkannte. Da fiel mir das Üben gar nicht mehr so schwer. Jahre später wechselte ich jedoch Instrument und Stil. Ich lernte Klarinette und Saxophon, gründete ein Jazz-Orchester, spielte immer professioneller, hatte Auftritte, bei denen ich mit meiner Band nicht mehr aufhörte zu spielen. Und zu rauchen. Und zu trinken. Gesund war er nicht gerade, dieser Weg. Ich wollte auch auf die Schauspielschule gehen, und meine schwergeprüften Eltern waren bereit, auch diesen Schritt zu unterstützen, obwohl er weit aus den Vorstellungen herausreichte, die sich mein Vater einmal von seinem Sohn gemacht hatte. Obschon man mir eine Begabung durchaus zugestand, bestand ich die Prüfung nicht. Ich hatte offenbar zuviel Pathos. Heute bin ich froh darüber; ich glaube nicht, dass ich als Schauspieler glücklich geworden wäre.

Es war eine Such-und-wander-Phase, eine Find-und-verlier-Phase. Die Täler waren wirklich sehr tief, und manchmal wundere ich mich darüber, wie ich da immer wieder heil herausgekommen bin. Schließlich habe ich mit dem Jazz aufgehört, trotz der Erfolge. Die Abhängigkeit von den Musikern, von Zeiten, von anderen Menschen, von der Technik fühlte sich immer drückender an und immer ähnlicher jenem, dem ich entgehen wollte. Das Milieu war nicht das richtige für mich, es sättigte meine Seele nicht genug. Dieses schmerzliche Gefühl war immer präsent – und es hat sich bis heute gehalten: Da muss etwas raus aus mir, das kolossal wichtig ist. Wichtiger als ich selbst. Das war sehr frustrierend. Ich suchte also weiterhin nach meiner Form des Ausdrucks. Ich habe probiert und probiert.

Fehlbesetzung als Ehemann

Meine erste Ehe kam und ging; ich wusste eigentlich, dass das nicht gut gehen konnte ... und immer wieder der Alkohol ... Dann die erste Katastrophe: die Trennung, dieser innere Riss. Ein tiefes Fallen, das etwas aufgerissen hat, was verschlossen war. Der Schmerz hatte seltsamerweise einen Sinn. So konnte etwas heilen, was darunter verwundet und verborgen war. Es war ein Fallen in mich selbst hinein. »Der nicht geschundene Mensch wird auch nicht erzogen« – dieser Satz, den mir damals jemand sagte, hat sich für mich auf jeden Fall bewahrheitet. In dieser Zeit erfolgte der erste Schritt der Abnabelung von der Mutter und der Frau im allgemeinen. Die »Erwachsenenbildung« begann, wie es »Ro«, ein Freund unserer Familie, formulierte.

Das Malen und die Hingabe

Zum Fokus wurde immer stärker die Sehnsucht nach Erkenntnis, nach Einheit, die Frage: »Was soll ich tun, um diese Sehnsucht nach Schönheit, nach Brauchbarem, das ich erschaffen kann, zu stillen?« Dann habe ich wieder begonnen zu malen. Dadurch kam ich zum ersten Mal an meine Wurzeln heran. Ich spürte, wo es war. Zuerst war es eine Reise tief ins Unbewusste; meine Malerei hatte unbewusste Inhalte zum Vorschein gebracht. Ich übernahm damals den Stil des phantastischen Realismus. Meine künstlerische Reise führte zuerst ins Dunkle, über die Integration des Unbewussten. Ich malte sehr pathetische Bilder, bis an den Wahnsinn grenzend phantasievoll. Sie waren sehr verworren und vielschichtig, manchmal richtiggehend überladen mit Metaphern. Ich verarbeitete offenbar Inhalte, die vielleicht aus einem anderen Leben stammten. Woher sonst hatte ich so eine starke Beziehung zu dem ganzen Mittelmeerraum, vor allem zu Spanien mit seinen alten andalusischen Gehöften, Patios und Palmen? Die Bilder zeigten vor allem den hispanischen Raum, mit seiner Großartigkeit, seinem Verfall, der Melancholie und auch der Grausamkeit, die darin lebt.

Meine innere Thematik war der Mensch auf seiner Suche; seine Sehnsucht, aus dem Gefängnis des Ichs, der Person, seiner Probleme, hinaus ins Licht zu gelangen, in die Freiheit. Dahinter stand dieses noch unzugängliche, aber geahnte Wissen, dass es da etwas ungeheuer Kostbares gibt, eine Wirklichkeit, die in allen Erscheinungsformen wirkt und die zu finden ich mich verpflichtet fühlte.

Es wurde immer klarer, dass ich über die Kreativität in diese Grenzbereiche des Bewusstseins vorstoßen konnte, wo ich – vielleicht auch nur für kurze Momente der Harmonie – in Kontakt mit dieser schöpferischen Kraft kam. In vereinzelten Augenblicken der Gnade habe ich diese schöpferische Freiheit erleben können.

Jetzt wusste ich, weshalb ich Lebenskünstler – ob männliche oder weibliche – bewunderte und auch verstehen konnte in ihrem schöpferischen Rausch. Es war diese Hingabe und Kompromisslosigkeit, mit der sie etwas betrieben. Die Hingabe war es, was mich an diesen Menschen faszinierte. So etwas habe ich bei keinen »normalen« Menschen gesehen, nur bei diesen Malern, Musikern, Sportlern, Wissenschaftlern und Außenseitern. Es war die Totalität der Leute, die mich anzog. Die Kreativität schafft die Voraussetzungen, um diese Totalität zu erfahren, die einen dann in die Einheit bringt mit dem, was einem sonst so schmerzlich zu fehlen scheint.

Mit dem Gegenstand meiner Sehnsucht immer mehr eins zu werden –

das war mein sehnlichster Wunsch; jenseits der Frage »Bringt es etwas, Geld, oder nicht?«. Auch wenn man vielleicht mit 95 Prozent Leiden bezahlen muss dafür, sind diese fünf Prozent immer noch mehr als das angepasste Leben derer, die versuchen, Maßstäbe zu setzen und zu überwachen.

Endlich Erfolge

Die Malerei im alten Stil, der phantastische Realismus, brachte mir Erfolg und gute Kritiken; es ging bergauf. Ich habe damals immer noch ein bisschen zu viel getrunken. Aber auch hier holte mich der Schock ein und die gleiche Krise: Das kann nicht alles sein!

Der Preis war immer noch zu hoch dafür, dass die Sehnsucht nicht zu erfüllen war. Wochen und Monate habe ich an Bildern gearbeitet, und sie haben mich doch nicht erlöst. Ich spürte: Es geschieht noch zu sehr aus dem Kopf. Ich war immer noch innerlich unfrei. Ich war immer noch mit den unbewussten Schichten von Familie, Konditionierung und innerer Abhängigkeit umhüllt wie von einer Isolation. Das zeigte sich in der nach wie vor anhaltenden extremen Bewunderung derer, die berühmt und erfolgreich waren. Ich eiferte offenbar einem Bild im Außen nach, weil ich mein eigenes Selbstbild noch nicht hatte und nicht wusste, wer ich war.

Aber heute weiß ich: Die Kunst war ein Wegschaufeln der Erde, die zum Schatz führte; ich ahnte wenigstens, wo das Gold begraben sein könnte. Ich war schon Schatzgräber, aber noch mit leeren Händen. Es gelang mir immerhin, die Erde zu verkaufen, die ich ausbuddelte – das war ja schon mal ein Anfang.

Dann kam das nächste Tief: Ich hatte den Erfolg, den ich mir ersehnt hatte, aber der brachte auch nicht die Erlösung. Die Bilanz war niederschmetternd. Jazz war es nicht, und die Malerei nützte ebensowenig, weil ich bei allem Fleiß keine wirkliche Befreiung erfuhr. Die Malerei sollte doch auch beim Schaffen Spaß machen und nicht nur aus Leiden, Zweifel und unsicherem Tasten geboren werden. Es müsste doch möglich und auch natürlich sein, immer oder jedenfalls vermehrt in diesem schöpferischen Zustand zu sein, und nicht nur zwischendurch manchmal.

Spirituelle Meister

In meiner Unzufriedenheit blieb nur noch das spirituelle Element. Wenn es dies nicht ist und jenes auch nicht und ich schon so viel probiert habe, muss es eben woanders sein. Ich habe spirituelle Bücher gesucht und gefunden. Ich habe mit Yoga begonnen, ganz streng; ich war wohl immer ein Extremist.

Kein Alkohol, keine Zigaretten, kein Fleisch. Mir ging es phantastisch. Da entdeckte ich zum ersten Mal, was dieses einseitige Entweder-oder-Denken des Verstandes ist. Ich habe ein bisschen auf dem weltlichen Ufer rumprobiert, Künstler gespielt, Frauen, Alkohol – und da mich das nicht wirklich tief innen nährte, glaubte ich nun: Es ist das andere, das spirituelle Ufer. Genauso intensiv wie vorher dachte ich: Das ist es jetzt.

Aber nach einem Jahr strengen Übens wurden Zweifel wach. Ich merkte, dass ich mal wieder das Kind mit dem Bade ausschüttete, das eine gegen das andere abwägte und noch nicht begriff, dass wahre Spiritualität kein Entweder-Oder, sondern ein Sowohl-als-auch ist. Ich suchte weiter, und dann geschah etwas ganz Wichtiges in meinem Leben: Ich fand einen spirituellen Meister. Es war der umstrittene Inder Osho, der damals noch »Bhagwan« hieß. Zuerst verschlang ich seine Bücher, las tage- und wochenlang wie von Sinnen, schrie, lachte und heulte dabei wie ein Schlosshund vor Ergriffenheit. Dann ging ich in seine Center zu den Meditationen, traf seine Schüler, die Sannyasins, und die Therapeuten, die er ausgebildet hatte. Ich wusste: Das war es jetzt. Ich war überwältigt. Ich konnte es nicht fassen, dass da einer mit einfachsten Worten präzise die Sprache meiner Seele sprach, und dies auch noch mit Humor. Bhagwan hatte jedoch zu dieser Zeit schon so viele Jünger, dass er nicht mehr mit jedem einzelnen arbeiten konnte. Dies aber war es gerade, was ich mir wünschte: einen Meister aus Haut und Haaren, der mit mir von Angesicht zu Angesicht spricht und mich zu meinem wahren Wesen führt.

Offenbar war die Zeit reif, denn es ergab sich, dass einer seiner ehemaligen Startherapeuten, Michael Barnett, sich in Zürich einquartierte. Michael war damals schon aus der Sannyasin-Szene ausgestiegen und wirkte bereits erfolgreich als selbstständiger Lehrer in einer von ihm ins Leben gerufenen Gemeinschaft, die er die »Wild Goose Company« nannte. Ich begegnete ihm zum erstenmal in einer Gruppe und ließ mich gleich danach einweihen. Meine »Karriere« als spiritueller Sucher begann. Dieser direkte Kontakt mit anderen suchenden Menschen und mit einem, von dem ich das Gefühl hatte, dass er tatsächlich besaß, was ich suchte und es auch weitergeben konnte, bescherte mir Momente tiefster Einsichten und nie zuvor gekannten Glücks. Ich habe gar nicht mehr gemalt, weil neben diesen Erfahrungen auch die Malerei verblasste. Ich wollte nur noch abheben. Die Kreativität sah ich als eine Sackgasse. Ich dachte: alle Kunst sei sowieso nur ein peinlich unvollkommenes Plagiat dessen, was der Schöpfer erschafft, alles verblasse dagegen. Doch ich möchte diese Zeit auf keinen Fall missen, sie hat mich auf allen

Ebenen vollkommen verwandelt und mir diese Wirklichkeitserfahrungen geschenkt, nach denen ich so sehr suchte. Als ich bei Michael wohnte und zu seinem inneren Kreis gehörte, diese verrückten Selbsterfahrungsgruppen mitmachte, in Energiearbeit ausgebildet wurde und selber durch transformierende Entwicklungsprozesse ging, wurde viel Potential in mir frei. Beim Graben habe ich Gold gefunden.

Die Erleuchtung und ihre Schatten

Ich merkte erst viel später, dass sich der Verstand, das Ego durch die Hintertüre einschlich, was sich in einer subtilen Arroganz gegenüber Andersdenkenden bemerkbar machte. Ich wurde immer einsamer und unkreativer. Irgendwie dachte ich: »Ich bin besser als die anderen«, weil ich den spirituellen Weg ging. Ich saß erneut in der Falle: Abspaltung. Ich merkte es nicht, aber es unterlief mir. Ich spürte diese leise Abhängigkeit von meinem Meister, die immer stärker wurde, dieses Gefühl: Hier ist einer, der sagt, wo es langgeht.

Für mich ging es da nicht mehr weiter. So fiel ich denn in die größte Krise meines Lebens und sah: Jetzt musst du auch das, was dir am liebsten ist auf der Erde, loslassen, nämlich deinen spirituellen Lehrer und das, was du als spirituelle Wahrheiten gelernt hast. Zuerst empfand ich grauenhaften Schmerz, weil ein Meister zunächst die absolut tiefste Sehnsucht befriedigt. Wie damals bei der Scheidung fiel ich – nur noch ein paar Stockwerke tiefer, in diese Leere, von der ich schon so oft gelesen und gehört hatte, diese Leere jenseits des Verstandes. Damit kam überraschenderweise aber auch ein ungeheurer Schub von Freiheit.

Ich durfte in der Folge extrem einschneidende Zustände erleben, die mir Einblicke schenkten, die alles Bisherige bei weitem übertrafen. Ich konnte das Eins-Sein mit der Schöpferkraft erfahren, aus der alles herauskommt und in die alles wieder zurückgeht. Ich war »Es« selber. Ich habe es ganz plastisch erlebt, konkret während einer Atemübung. Ich lachte, war tot, lebendig, alles gleichzeitig – alles war richtig. Für kurze Zeit gab es keinen Tod. In diesen Erleuchtungserlebnissen scheint es, als sei die Reise zu Ende. Aber auch dort geht der Vorhang wieder zu, das Erlebnis bleibt nicht auf die Dauer; doch es blieb als Erinnerung in mir. Ich wusste, wo die Türe war. Ich kannte mein wahres Zuhause und den Weg dorthin zurück.

Das Geheimnis heißt:
Ich bin nicht meine Gedanken.
Ich bin nicht meine Gefühle.
Ich bin nicht mein Körper.
Ich bin Energie, Schöpferkraft,
Bewusstsein.

Was Kunst für mich ist

Seit Jahren male ich nun wieder, nur anders, weil ich ein anderer bin. Ich male, indem ich alles zerstöre, was »Es« nicht ist. So kann etwas geschehen, das die Dualität transzendiert jenseits dessen, was es nicht ist. Da gibt es immer Momente, in denen sie aufleuchtet – die Einheit des Augenblicks, wo etwas durch mich hindurch auf der Leinwand geschieht, wenn ich gerade nicht dazwischenfunke, nicht kontrolliere und durchlässig bin.

Kunst bedeutet, dieses Jenseitige, Ursprüngliche ins Diesseits zu rufen. Wir versuchen, ein Nicht-Offenbartes zu offenbaren, ein Unsichtbares sichtbar zu machen. Es liegt immer im Unbekannten. Was wir sehen können, ist nur die Oberfläche der Wahrheit. Darunter ist die Suche nach der Einheit. Es geht nicht darum, ein Bild zu malen oder eine Lösung zu finden – es geht darum, das bewusste oder Unbewusste zu bemühen, um der Seele durch das Offenbaren von unoffenbarten Inhalten den Weg zurück in diese Einheit zu bahnen. In dem Bestreben, ein Handwerk, eine Technik, ein Wissen zu erlangen oder zu perfektionieren, steckt doch die Absicht nach Vollkommenheit, bewusst oder unbewusst. Es ist eben diese Vollkommenheit und Schönheit, diese Einheit, aus der wir herausgefallen sind, die sich durch uns selbst wieder sucht.

Wir sollten feurig und leidenschaftlich zur Frage werden, ohne auf die Antwort zu hoffen. Die Einheit können wir nur zeitweise erkennen und erleben. Aber diese Chance haben wir nur, wenn wir ständig fragen, brennen von der Frage. Hierin liegt die Differenzierung von Kitsch und Kunst: Was um die Wirkung geht, um den Effekt, befriedigt nicht. Wir sollten uns in der Kreativität des Ursprungs dessen, was da in uns wirkt, bewusst werden. Das ist die Chance für gute Kunst. Das ist der tiefe Sinn der Lebenskunst. Sie führt über das Loslassen des Egos, das uns von der Einheit abspaltet, vom »Machen« zum »Geschehenlassen«, von der Kopie zum Original.

Um Kunst beurteilen zu können, sollte man das Sehen, das heißt das Schweigen lernen. Vorurteilsfreie Wahrnehmung geschieht gerade in der Abwesenheit aller Konzepte und Vorstellungen, in der Reinheit und kindlichen Unberührtheit der Unwissenheit. Aber das passt dem Verstand nicht, der vor allem dazu herangezüchtet wird, um Wissen und Macht zu demonstrieren. Eine solche Betrachtungsweise ist der Tod des Verstandes und demzufolge der Verlust von Macht. Aber der Verlust von Tiefe ist um einiges schlimmer als der vermeintliche Verlust von Macht. Während die Tiefe für uns letztlich eine ewige Kraftquelle ist, kann die weltliche Macht des Verstandes und der Bildung nie einen Mangel an Wesenstiefe wettmachen.

Es geht also in der Beurteilung der Kunst nicht um ein Mehr an Wissen, sondern um ein Mehr an Sein, und zwar auf beiden Ufern des Flusses: auf der Seite der Kunstschaffenden genauso wie auf der Seite der sogenannten Kunstsachverständigen. Kunst sollte eine Brücke sein in Bereiche jenseits des Verstandes, jenseits des Erklärbaren. Sie sollte uns verführen in die Tiefen des menschlichen Seins und bedarf deshalb einer ganzheitlichen Betrachtungsweise, die auch das Irrationale mit einbezieht.

Kunst ist immer nur eine Annäherung an absolute Schönheit, und sie wird es wohl auch immer bleiben, denn alles vom Menschen Geschaffene ist immer nur ein Abbild vom Ur-Bild. Die Natur kann es allemal besser.

Anschluss an die Steckdose des Universums

Wenn ich kreativ bin, sollte in mir ein Feuer brennen: die Suche nach dem Ursprung, aber nicht im Kopf, durch das Denken, sondern indem ich selbst die Frage bin. So gibt es auch die Möglichkeit, dass ich zur Antwort werde. Um diese Grenzerfahrungen geht es mir. Dies möchte ich bewusst tun, in der Hoffnung, dass ich es dann öfter erleben kann, weil ich weiß, wie es geht. Ich will dem Leben ein Maximum an Schönheit, Glück und Liebe abgewinnen. Für mich führt die bewusste Kreativität genau dort hin. Ich suche immer wieder die Ur-Idee, die schöpferische Kraft. Die Hingabe weicht auch die verkrusteten Schichten im Unbewussten auf. Das ist am Anfang sehr unangenehm, aber es muss sein. Der Künstler hat sogar das Privileg, dass er mit diesem Schmerz seinen Lebensunterhalt verdienen kann. Wenn sein Werk leidenschaftlich ist, wenn es vollen Herzens ist, wird es auch erkannt. All das ist doch eine Art von universeller Energie, und die muss wieder herausgearbeitet werden.

Der Weg ist amoralisch, weil die wichtigsten Dinge dort zu finden sind, wo die Verbotsschilder stehen. Es waren die ChaotInnen, die Rebellen, die Amoralischen, die den Weg weitergegangen sind.

Immer noch mittendrin

Das Gerede um Kreativität ist immer so kompliziert. Wenn ich Auto fahren oder malen lernen will, wenn ich mir Wissen aneigne: Was mache ich? Ich gehe zu einem, der es schon kann. Wenn ich kreativ sein will, frage ich: Wer ist kreativ? und gehe zu ihm hin. Aber das sind oft unmögliche Menschen, sie wissen selber nicht, wie sie eigentlich funktionieren. Das befriedigt mich also nicht. Ich komme nun auf die schöpferische Kraft des Universums, weil sie das große Beispiel ist – eine Kraft, die mir das vorlebt, was sich als Keimling in mir regt. Was können wir davon lernen? Die Wissenschaftler tun nichts anderes, als dem Herrgott auf die Finger zu schauen. Sie sehen in allen Details die Spiegelung des Großen. HINSCHAUEN! Offenheit ist notwendig. Dann schenkt uns das auch das Staunen des Kindes. Dann stolpert man über die Form. Wer das innere Feuer hat, stolpert dauernd über Formen, wie er es ausdrücken kann. Mit diesem staunenden Herzen habe ich auch die Kraft, die enormen Hindernisse zu überwinden – emotionale, psychologische, soziale, mentale, intellektuelle –, um die Chance zu bekommen, immer wieder zu fließen, aus meiner Mitte heraus etwas Neues zu versuchen. Der Versuch ist wichtig, nicht das Gelingen. Auch das ist das Gesetz des Schöpfers; auch da klappt nicht alles, er (oder sie?) experimentiert ja auch. Vielleicht sind wir gar ein Fehlversuch.

Zur Kunst gehört die Kraft, immer wieder weiterzugehen, auch wenn man noch so weit entfernt ist von dem, was man eigentlich ausdrücken will.

Kreativitätskiller

Die Funktion des Fehlschlags

Auch gewöhnliche Menschen haben Ideen, sogar jede Menge. Von den wirklich kreativen Menschen unterscheidet sie nur, dass sie es bei diesen gelegentlichen Ideen belassen. Sie ehren sie nicht, sie folgen ihnen nicht, und sie nehmen die Geschenke nicht an, die darin liegen.

Wirklich große WissenschaftlerInnen oder KünstlerInnen sind von einem bestimmten Bereich des menschlichen Wissens besessen. Es gelingt ihnen auf irgendeine Weise, zahllose Hypothesen, Vermutungen, Ideen zu entwickeln – und auch wieder zu verwerfen. Der Mut, Produkte zu verwerfen, ohne sich entmutigen zu lassen, ist vielleicht eines der tiefsten Geheimnisse des schöpferischen Menschen. Enttäuschungen werden von ihm als End-Täuschung aufgefasst, als Ende von Täuschungen und Erweiterung der Einsicht. Durch jedes Misslingen einer Handlung erspart man es sich künftig, einen falschen Schritt zu tun.

Es ist wichtig, sich vor Augen zu halten, dass es Hindernisse, Probleme, Schwierigkeiten, unerfüllte Wünsche, Sehnsüchte oder schlicht Langeweile sind, die uns in der Regel vor die Notwendigkeit stellen, dass wir uns etwas einfallen lassen müssen. Diese Situation wird in der Regel eher als unangenehm empfunden. Wir werden uns im nächsten Kapitel näher mit solchen Wegen in die Kreativität befassen. An dieser Stelle ist ein anderer Gesichtspunkt wichtig, nämlich der, dass solche Hindernisse unserem Feuer der Kreativität eine Richtung geben, denn dadurch wird die Kreativität auf ein Ziel gelenkt, anstatt ungenutzt zu verpuffen. Die Hindernisse spielen dabei eine ähnliche Rolle wie das Rohr bei der Pistolenkugel: Sie bündeln die Kraft der Ideen, um ein Ziel zu erreichen.

Gerd Binnig, Nobelpreisträger für Physik und Miterfinder des Raster-Tunnel-Mikroskops: »Wenn man versucht, kreativ zu sein, rennt man immer wieder gegen eine Wand. Man kommt oft einfach nicht weiter. Das ist jedoch normal. Man versucht, irgend etwas zu synthetisieren und zu analysieren, und es kommt nur Unsinn dabei heraus. Das kann manchmal über Wochen gehen oder über Jahre. Man sollte daraus nicht den Schluss ziehen, dass man es nicht kann. Das ist ein falscher Schluss, denn der Prozess des Gegen-die-Wand-Laufens ist normal. Es gehört eben Zeit und die Geduld und vielleicht ein bisschen Wahnsinn dazu, weiterzumachen. Ab und zu muss man auch einmal über das Ziel hinausschießen, eine Blamage in Kauf nehmen und auch ertragen können. Das ist eine Art Selbsterfahrung, und die gehört ja zur gesamten Persönlichkeitsentwicklung und wird sich sicherlich auch positiv auf die Kreativität auswirken.«

Kreative Menschen lassen sich durch Fehlschläge nicht entmutigen. Aber wir kennen alle diese Spinner, die sich in eine Idee »verbissen« haben und sie nicht mehr loslassen können. Auch die Größe und Entscheidungskraft, rechtzeitig aufzuhören und den besten Zeitpunkt dafür zu erkennen, sind nötig. Das Entscheidende bei kreativen Menschen ist, dass sie einen Weg gefunden haben, mit Fehlschlägen umzugehen – das zeigt das Ergebnis.

Ein weiterer wichtiger Aspekt der Hindernisse ist, dass sie uns in den Moment, in die Gegenwart katapultieren. Wenn wir uns wirklich etwas Neues einfallen lassen müssen, bedeutet dies, dass sich die alten Lösungen hier nicht eignen, dass wir also die Vergangenheit loslassen müssen, um zu einem frischen Ansatz zu kommen.

Es nützt uns auch nichts, darüber zu spekulieren, wie es ist, wenn wir die Lösung bereits haben – nur der Augenblick zählt, die Idee: Kommt sie, oder kommt sie nicht? Dieser Aspekt ist deshalb so interessant, weil wir eigentlich die meiste Zeit unseres Lebens damit verbringen, über unsere Vergangenheit oder unsere Zukunft nachzudenken, zu reden oder zu schreiben, während wir darüber die unmittelbare Gegenwart verpassen.

Das »Wenn-erst ...«-Syndrom besteht darin, unangenehme Situationen der Gegenwart auszublenden und davon zu träumen, was ist, wenn sie erst überwunden sind. Das ist der verderbliche Aspekt am »Prinzip Hoffnung«: auf eine glückliche Zukunft zu hoffen und den Schmerz einer unglücklichen Gegenwart damit zu betäuben. Ergebnis ist oft genug endloses Warten, bis es einem dann endlich zu dumm wird und man sich zum Handeln aufrafft. Extremes Beispiel für diese Denkweise ist das Versprechen des Paradieses als Ausgleich für die Mühlsal des irdischen Lebens. Mit diesem Trick gelang es jahrhundertelang, die Unterdrückung und Ausbeutung des gläubigen Kirchenvolkes zu tarnen – eine alte Strategie verschiedener Religionen.

Eigentlich ist es recht erstaunlich, dass es überhaupt noch kreative Menschen gibt, wenn wir uns einmal die mächtigen »Killer« anschauen, denen Kreativität zum Opfer fallen kann.

Erschöpfung

Einer der gefährlichsten Kreativitätsblocker ist Erschöpfung, Auslaugung durch Überforderung. Dagegen gibt es kein Patentrezept. Wichtig ist, sie überhaupt erst einmal zur Kenntnis zu nehmen – erst dann sind wirksame Maßnahmen dagegen möglich. Aber Wissen allein hilft noch nichts. Ich kenne viele Menschen, die total überlastet sind und das auch ganz genau wissen. Das ändert aber noch nichts an der Situation. Hier hilft nichts anderes als ein Crash-Kurs im Nein-Sagen. Aber wer setzt die Prioritäten? Der erste Akt der Kreativität wäre in dieser Situation, das Management der eigenen Zeit in die Hand zu nehmen. Ich weiß, das geht nicht überall. Aber wir sollten es wenigstens dort versuchen, wo es geht. Wir sollten uns nicht damit zufriedengeben, alles hinzunehmen und darüber zu klagen. In solchen Situationen ist die Hoffnung ein süßes Gift. Sie gaukelt vor, dass es schon irgendwann mal besser wird. Aber das tut es nur, wenn wir wirklich etwas in dieser Richtung unternehmen. Wenn wir uns umschauen, dann sind wir keineswegs die einzigen, die mit solch einem Problem zu kämpfen haben.

Auch hier gibt es kreative Lösungen; wir brauchen uns nur einmal die Bücher über Zeit-Management anzuschauen. Eine Erste-Hilfe-Maßnahme ist, Löcher in den lückenlosen Zeitplan zu stanzen, in die wir mit aller Entschlossenheit die Kreativität einpflanzen. Diese Entschlossenheit ist entscheidend. Wir können dort nämlich auch Fernsehen einpflanzen, Herumhängen, Entspannung – all das ist auch nötig -, aber dann kommen wir nicht weiter. Wer festsitzt, sollte sich nicht nur ausruhen und lediglich Kraft sammeln, um das weitere Festsitzen auszuhalten. Und wenn wir es allein nicht schaffen, dann ist es keine Schande, Hilfe anzunehmen. Solche Hilfe wird in Seminaren zum Zeit-Management angeboten. Wenn die Probleme aber tiefer sitzen, zum Beispiel in dem übermäßigen Bedürfnis, gebraucht zu werden, dann ist es gut, dies anzugehen. Dafür gibt es viele Hilfsmittel, vom Selbsterfahrungskurs bis zur professionellen Therapie.

Konzentrationsprobleme

Ein weiterer mächtiger Kreativitätskiller sind Konzentrationsprobleme: Wir können nicht mit den ganzen Ablenkungen fertig werden, die uns das Ziel vernebeln. Hier lässt sich ebenfalls kein allgemeiner Ratschlag geben, aber es hilft, Konzentrationsprobleme als Hauptschwierigkeit auszumachen. Auch damit sind wir nicht allein, und auch dagegen gibt es Hilfsmittel. Eines davon ist die Meditation, auf die im zweiten Teil dieses Buches näher eingegangen wird. Ein anderes Mittel ist, allein oder mit Hilfe herauszufinden zu versuchen, worauf es im eigenen Leben überhaupt ankommt. Wichtig ist es auch, nicht zu vergessen, dass körperliche Krankheiten, Medikamenten-Unverträglichkeit und Alkohol Konzentrationsschwierigkeiten verursachen können. In den meisten Fällen lässt sich gewöhnlich Abhilfe schaffen – vorausgesetzt, die Ursachen werden gesucht.

Bequemlichkeit

Der dritte gewaltige Kreativitätskiller ist die Bequemlichkeit. Sie macht auch vor kreativen Menschen nicht halt; interessanterweise regt sie kreative Lösungen an, die die Bequemlichkeit vergrößern. Dafür muss aber zumindest vorübergehend etwas mehr Unbequemlichkeit in Kauf genommen werden. Die Überwindung der eigenen Faulheit ist ein Kraftakt, den einem niemand abnimmt. Was dabei hilft, ist die Sehnsucht nach einem erfüllteren Leben. Der Satz »Das kann doch noch nicht alles gewesen sein« hat schon manche Sofa-Kartoffel in einen dynamischen Menschen verwandelt. Schließlich haben wir unseren Geist, unsere Muskeln und unsere Geschicklichkeit dafür, dass wir sie anwenden. Ich weiß, Appelle nützen hier nichts – ich habe selbst genügend davon wirkungslos verpuffen lassen. Aber die Lust am Leben hilft uns dann doch wieder, die Trägheit zu überwinden.

Opferrolle

Tiefer liegt und nagt ein anderer starker Killer: das Gefühl, Opfer zu sein, und die Hoffnung auf Erlösung von außen. Sicher gibt es viele äußere Umstände, die uns entgegenstehen, womöglich sogar sehr hart und geradezu unwiderstehlich. Das können äußere Bedingungen sein, etwa Hunger, Unterdrückung, Armut. In allen Gesellschaften haben sich dagegen jedoch immer wieder solidarische Gruppen gefunden, die für eine Verbesserung der Verhältnisse gekämpft und dabei sehr viel Kreativität entwickelt haben.

Gefährlicher sind die inneren Ursachen. Unsere Erziehung zielt darauf hin, uns zu funktionierenden Mitgliedern der jeweiligen Gesellschaft zu machen und die anarchistische Individualität so weit einzuschränken, dass sie uns nicht isoliert oder dass wir gar von der Gesellschaft ausgestoßen und bestraft werden.

So weit, so gut, aber manchmal funktioniert das zu gut. Was dann entsteht, ist Orientierungslosigkeit, Erbitterung und Hass. In dieser Lage kann es zu einer inneren Lähmung kommen, weil wir nur noch auf den Gegner – vielleicht die Eltern, die Lehrer, andere Autoritäten – fixiert sind. Und solange dieses Kraftfeld besteht, werden wir auch die Erlösung nur außen suchen und und selbst als Wesen, denen die Möglichkeit des freien Handelns offensteht, völlig vergessen.

Weitere Kreativitätskiller

Schlechter Arbeitsplatz

Wenn ein Arbeitsplatz nicht so beschaffen ist, dass man rationell und störungsfrei arbeiten kann, ist die kreative Entfaltung sehr schwierig. Kälte, Hitze, Zugluft, unbequemer Stuhl, grelle Beleuchtung, Lärm und so weiter behindern die Konzentrations- und Leistungsfähigkeit der Geistesarbeiter weit mehr als die der körperlich Arbeitenden. Der Arbeitgeber muss Verständnis dafür haben, dass sich Kreative hin und wieder von der Firma absetzen können müssen, um anspruchsvolle, innovative Denk- und Planungsarbeiten in störungsfreier Atmosphäre durchzuführen.

Das ist ein höchst heikler Punkt im Arbeitsverhältnis, denn natürlich befürchtet der Arbeitgeber, dass sein kreativer Mitarbeiter sich sogleich einen ruhigen Lenz auf seine Kosten machen wird. Dieses Problem löst sich jedoch schlagartig, wenn der Vertrauensvorschuss belohnt wird und tatsächlich kreative Ergebnisse zum Vorschein kommen. Auf diese Weise kann ein Kreativer sich sozusagen »unter Naturschutz« stellen lassen. Das ist ein doppelter Gewinn, weil er dann die eigenen Arbeitsumstände verbessert und kreative Resultate erbringt.

Erstaunlich ist aber immer wieder, welch kreative Leistungen auch unter höchst unkreativen Bedingungen zustande kommen können. Es scheint, dass manche Menschen tatsächlich erst unter großem Stress und Unbequemlichkeit Ideen hervorbringen, die unter weniger unangenehmen Umständen gar nicht erforderlich wären.

Tatsache ist, dass es in den meisten Fällen möglich ist, schlechte Bedingungen am Arbeitsplatz zu verbessern – man muss sie nur erkennen und Schritte dagegen unternehmen. Es ist erstaunlich, wie oft ungünstige Bedingungen einfach übersehen werden.

Fehlende Hilfsmittel

Kreativarbeit ist dem Gesetz der Rationalität ebenso unterworfen wie andere Arbeit. Rechner, Computer, Kopierer, Diktiergerät, Planungshilfe, Checklisten, Pinnwände, Bücher, Leinwände, Farben, eine Werkstatt und so weiter sind für die Umsetzung vieler kreativer Ideen äußerst hilfreich. Immer wieder aus geistigen Höhenflügen herausgerissen zu werden, nur weil die Weiterverarbeitung des bisher Gewonnenen mangels geeigneter Hilfsmittel stockt, ist für den kreativen Ideenfluss verheerend.

Und wieder die andere Seite: Wenn wir uns anschauen, unter welch ungünstigen Umständen ein Mechaniker in Nepal einen Motor reparieren kann oder was für Spielzeug die Kinder in Afrika aus Abfällen machen und welche Hilfsmittel ihnen dafür zur Verfügung stehen, dann müssen wir erkennen, dass Kreativität auch darin bestehen kann, mit unzureichenden Hilfsmitteln zurechtzukommen.

Zeitdruck

Wer die ganze Zeit beschäftigt ist, wird nur in sehr begrenztem Ausmaß kreativ. Es gibt zwar Menschen, die einen gewissen Zeitdruck brauchen, um überhaupt in Bewegung zu kommen und aktiv zu werden, aber im kreativen Arbeitsbereich unter Zeitdruck zu stehen, ist zumindest auf die Dauer ungesund. Das führt zum Beispiel zum Kokainkonsum von Filmemachern, die den Stoff nehmen, um dem enormen Zeit- und Kreativitätsdruck ihres Berufszweiges standzuhalten. Zeitdruck ist in der Regel kreativitätsfeindlich, aber eben oft nicht zu verhindern. Also richtet sich manche kreative Aktion gegen diesen Zeitdruck selbst, zum Beispiel durch Erfinden kreativer Ausreden, durch Verbesserung von Arbeitsabläufen oder dadurch, dass die ganze Situation in Frage gestellt und gegen eine erträglichere ausgetauscht wird.

Ablenkungen

Nach hektischen Zeiten des Gestaltens oder während des Ausbrütens kreativer Gedanken können Ablenkungen sehr wichtig und nützlich sein. Im Moment der konzentrierten Arbeit jedoch sind Ablenkungen von außen durch Personen oder »vordringliche« Sachaufgaben außerordentlich hinderlich, weil es viel Mühe kostet, wieder in den schöpferischen Fluss der Ideen zurückzufinden; meistens klappt das dann überhaupt nicht mehr. Häufige Ablenkung kann daher zu starker Frustration führen und die Lust an der Kreativität vergällen. Es gibt auch jene Situationen, in denen wir wissen, dass wir uns wirklich »etwas einfallen lassen müssen«, aber keine richtige Lust dazu haben und uns nicht auf diese Notwendigkeit einstimmen mögen. Hier sind uns Ablenkungen ebenso willkommen wie schädlich.

Auf der anderen Seite ist es interessant, welch kreative Wege unser Geist gehen kann, um Ablenkungen von Tätigkeiten zu erfinden, die wir vermeiden möchten. Denken Sie nur an Zeiten, in denen Sie auf Prüfungen lernen mussten – da gab es sicher mehr als einmal den Moment, in dem Ihnen etwas eingefallen ist, das »viel wichtiger« war als die Lernerei.

Kreativtechniken werden nicht genutzt

Kreative müssen das Instrumentarium schöpferischer Denktechniken kennen und nützen, sonst verschenken sie automatisch Erfolgschancen. Wer Mühe hat, das innerlich voll zu akzeptieren, sollte einmal an einem guten Seminar für Kreativitätstechniken teilnehmen; jeder wird sich dabei von deren praktischem Erfolg überzeugen lassen.

Müdigkeit, Lustlosigkeit

Müdigkeit und Lustlosigkeit sind Symptome. Wenn Sie mit diesen Symptomen leben wollen, dann sei Ihnen dies ohne weiteres belassen – Sie befinden sich in Gesellschaft der Mehrheit der Bevölkerung. Sie kapitulieren dann aber vor einem wirklich ernsthaften Hindernis, das Ihre Kreativität kurz- und langfristig blockiert. Symptome können uns etwas sagen; wenn solche Blokkaden lange anhalten, sind sie immer ein Zeichen dafür, dass Sie etwas in Ihrem Leben verändern sollten. An dieser Stelle wäre eine Checkliste möglich, die Ihnen helfen könnte, die Ursache dafür herauszufinden. Aber meine Erfahrung ist: Sie wissen es bereits. In den meisten Fällen ist uns sehr klar, worin die Blockade liegt, aber wir haben Angst, daran etwas zu verändern. Das ist der Ansatzpunkt. Hier brauchen wir vielleicht Hilfe, hier ist es wichtig, sich mit sich selbst zu beschäftigen, anstatt einen Dämmerzustand jahrein, jahraus hinzunehmen.

Verklemmtheit, Unsicherheit

Es ist sehr schwer, kreativ zu werden, wenn man sich innerlich verklemmt fühlt (noch schlimmer: die Verklemmung schon gar nicht mehr spürt) oder von Unsicherheit befallen ist. Wir alle kennen das Gefühl von innen wie von außen. Im innovativen Bereich sind solche Hindernisse ganz besonders wirkungsvoll, aber auch in Aufgaben, wo Kommunikation eine wichtige Rolle spielt. Und doch gibt es KünstlerInnen, SchriftstellerInnen und MusikerInnen, die gerade ihre Verklemmtheit, ihre Unsicherheit, ihre psychischen Verletzungen zum Gegenstand ihrer Kunst gemacht und auf diese Weise gewissermaßen kreativ verwandelt haben.

Angst vor Blamage und Misserfolg

Wir wollen alle gut dastehen und fürchten meistens nichts so sehr, wie uns zu blamieren. Deshalb imponieren uns auch Menschen, die sich über das Urteil der anderen hinwegsetzen und einfach so sind, wie sie sind. Der Mut, Fehlschläge zu riskieren, sich zu blamieren und trotzdem nicht entmutigen zu lassen, ist es, der manche große Leistung überhaupt erst möglich gemacht hat. Und die Angst vor der Blamage hat schon viele, viele kleine Leistungen verhindert (und vermutlich auch große). Offensichtlich ziehen wir das Gefühl, ernst genommen zu werden, oftmals den kreativen Eingebungen vor. Dabei hat jeder, der erfolgreich Neuerungen durchsetzen oder der sich künstlerische Leistungen abringen konnte, auch viele Misserfolge in Kauf nehmen müssen. Tom Watson, der Gründer von IBM, hat einmal gesagt: »Wer seinen Erfolg beschleunigen will, muss seine Versagensquote verdoppeln.« Wer es schafft und verantworten kann, gelegentliches Versagen als natürliche Begleiterscheinung der Kreativität anzusehen, hat es eindeutig leichter.

Die Angst vor der Blamage haben Clowns zum Beispiel auf kreative Weise überwunden: Sie zelebrieren die Blamage als Kunstform. Das erfordert allerdings beträchtlichen Abstand zum eigenen Ego, Sinn für Humor und innere Standfestigkeit.

Sorgen

Persönliche Krisen, finanzielle Sorgen, gesundheitliche Ängste oder andere schwarze Wolken am seelischen Horizont können das Licht der Kreativität völlig und lange verdunkeln. Wer kreativ sein will und auf solche Hindernisse stößt, wird zunächst einmal gezwungen sein, sich damit auseinanderzusetzen. Ordnung im eigenen Bereich ist für den schöpferischen Menschen eine lebenswichtige Voraussetzung. Nicht zuletzt sind es aber oft genug genau solche Sorgen, die einen dazu bringen können, das Problem künstlerisch auszudrücken. Ein gutes Hilfsmittel gegen psychische Probleme und auch ein Weg, mit schweren gesundheitlichen Störungen umzugehen, ist die Maltherapie.

Autoritäres Verhalten

Viele Vorgesetzte, die sich eigentlich die Kreativität ihrer Mitarbeiter wünschen, verhindern genau dieses, indem sie gleichzeitig versuchen, alles unter

Kontrolle zu halten. Autoritäres Verhalten setzt starre Regeln und belegt deren Übertretung gewöhnlich auch noch mit Strafen. Unter solchen Bedingungen erstickt die gewünschte Kreativität gewöhnlich – aber eine andere Spielart gedeiht: die der Subversion und Sabotage. Ein gutes Beispiel bieten die Verhältnisse in vielen Betrieben der früheren DDR. Es gab sehr viele Vorschriften und teilweise auch empfindliche Strafen, aber gleichzeitig eine wahre Kultur der Umgehung dieser Vorschriften. Diese Kultur wurde bei der deutschen Wiedervereinigung stark unterschätzt. Da kam mancher Westler in einen Betrieb und begann festzulegen, was nun alles anders zu werden habe. Viele von ihnen sind daran gescheitert, dass die Belegschaften derart geübt darin waren, Autoritäten zu unterlaufen, dass die neuen Herren ebenso wenig erreichten wie ihre Vorgänger.

Autoritäres Verhalten ist gefährlich; es kann sich eine Zeitlang halten, aber auf lange Sicht erstickt es die konstruktive Kreativität und erfordert immer mehr Druck, ohne zu Ergebnissen zu gelangen, die geradezu spielerisch zustande kämen, wenn Freiheit herrschen würde.

Negative Einstellung

Das chinesische Schriftzeichen für das Wort »Krise« besteht aus zwei Zeichen: das erste ist das Symbol für »Gefahr«, das zweite jenes für »Möglichkeit«. Der Pessimist richtet seine Aufmerksamkeit allein auf den negativen Aspekt eines Problems und verschwendet seine kreativen Kräfte, um zu überlegen, was für Nachteile sich aus einer Sache ergeben könnten. Ganz anders der Optimist: Er setzt seine Kreativität frei, indem er alle Möglichkeiten und Chancen erkennt, die sich durch die Krise eröffnen.

Strenge Vorschriftsgläubigkeit

Während gewisse Regeln zweifellos für unser Zusammenleben nötig sind (beispielsweise ist es gut, sich in Ländern mit Rechtsverkehr konsequent an diese Regel zu halten), gibt es auch welche, die jegliche Innovation behindern, weil sie zu mentaler Gleichgültigkeit und zu einem Beharren auf dem Status quo führen. Viele Erfindungen und Innovationen stammen von Menschen, die aus einer ganz anderen Sparte kommen, weil eben diese Leute in ihrem kreativen Schaffen nicht durch all die althergebrachten Vorschriften und Denkmuster behindert werden.

Überbewertung logischer Methoden

Jonas Salk, ein medizinischer Forscher, der die Polio-Schutzimpfung entwikkelt hat, soll gesagt haben: »Als ich Wissenschaftler wurde, stellte ich mir vor, ich sei ein Virus oder eine Krebszelle, und überlegte mir, wie man sich da fühlt.« Albert Einstein wiederum schrieb: »Die Phantasie ist stärker als das Wissen.«

Große und höchst kreative Menschen haben also erkannt, wie wichtig es ist, über die logischen Methoden der Problemlösung hinauszugehen und Phantasie, Intuition, Gefühle und Humor zum Zug kommen zu lassen.

Geistige Enge und Geiz

Kreativität braucht Mut, in die Zukunft zu investieren und Einengungen hinter sich zu lassen, auch wenn sie teuer waren. Das kann ein Haus sein, eine Beziehung, eine Ausbildung, ein Auto oder was auch immer. Und es kann bedeuten, größere Schritte zu riskieren, kühne Entscheidungen zu treffen oder einfach die Enge des eigenen Denkens zu überwinden. Geistige Enge ist ein mächtiger Killer der Kreativität; und der erste Schritt, sie zu überwinden, ist: Fragen Sie sich, wo Sie geistig eng sind! Solche Selbsterkenntnis ist wichtig, aber ebenso wichtig ist dabei, das Urteilen wegzulassen. Nur dann trauen sich auch die Schatten an die Oberfläche. Es ist aber sehr wichtig, sie zu kennen.

Killerphrasen

Kreativität ist also ein zartes Pflänzlein, aber letzten Endes ist sie nicht totzukriegen – das hat keine Gesellschaft geschafft. Tatsache ist, dass sie dort wächst, wo die Killer entweder nicht zum Zuge kommen oder im Gegenteil so stark sind, dass sie eine Gegenreaktion auslösen. Wir müssen die Kreativitätskiller als solche erkennen, damit wir etwas gegen sie unternehmen können. Das Fatale an diesen Killern ist, dass wir sie sehr gut kennen – sie kommen aus höchst verschiedenen Ecken, in unterschiedlichster Verkleidung, aber allen haftet der gleiche »Geruch« an.

Ich habe ein paar typische Killerphrasen zusammengestellt. Diese Phrasen sind nicht grundsätzlich dumm, falsch oder unberechtigt, sie sind nur fehl am Platz, wenn wir versuchen, die Kreativität hervorzulocken. Denken Sie ans Brainstorming: Es ist wichtig, keine Bewertung vorzunehmen, damit sich alle Ideen ans Licht trauen. Vielleicht ist die entscheidende gerade eine von denen, die von den Killerphrasen im Keim erstickt worden wäre.

- Daraus wird nie was!
- Das haben wir alles schon versucht!

- Das geht nicht, weil ...
- Die Experten denken aber ganz anders darüber.
- Was bildest du dir eigentlich ein?
- Wie wollen Sie das machen?
- Wer soll das bezahlen?
- Dazu ist die Zeit noch nicht reif.
- Meine Meinung steht fest.
- Das darf man nicht.
- Das schaffe ich doch nie.
- Dazu fehlt mir die Ausbildung.
- Mir fällt nichts ein.
- Ich habe keine Lust.
- Das ist mir zu anstrengend.
- Was soll das?
- Ich bin zu dumm dazu.
- Ich darf nicht.

Solange auch nur eine dieser Phrasen das Terrain beherrscht, wird jeder kreative Gedanke vom Rasenmäher der Resignation bedroht. Zwar sind viele dieser Phrasen wichtige Prüfsteine, wenn es erst einmal darum geht, kreative Gedanken umzusetzen und sozusagen wasserdicht zu machen, aber vorher sind sie nichts als tote Gewichte an den Flügeln. Es gibt mindestens vier wirksame Hilfsmittel gegen diese Killer.

Das erste ist die Wut – sich nicht unterkriegen zu lassen. Hier hat die Empörung eine kreative Rolle, denn sie ist ein Weg, sich von der Einengung des Denkens zu befreien, die durch die Killerphrasen geschaffen wird. Eine gesunde Wut hilft, sich von äußeren Zwängen freizumachen, die einen ansonsten blockieren.

Das zweite Hilfsmittel ist der Humor. Keine der Killerphrasen übersteht es, wenn über sie gelacht wird. Sie leben davon, dass sie ernst genommen werden, und der Humor schafft es, sie zeitweilig außer Kraft zu setzen – zumindest so lange, wie sie die Kreativität verhindern. Der volkstümliche Satz »Das wäre doch gelacht!« hat schon erstaunlich oft über Killerphrasen gesiegt.

Das dritte Hilfsmittel ist die Not. Nicht umsonst heißt es, Not mache erfinderisch. Killerphrasen haben nur eine begrenzte Reichweite, und wenn es erst einmal ums Überleben geht, können sie sehr schnell vergessen werden. Die einzige Killerphrase, die in der Not mächtiger anstatt ohnmächtiger werden kann, heißt: »Ich schaffe es ja doch nicht.« Sie steht unsichtbar schon auf vielen Grabsteinen und ist die gefährlichste. Es ist also der Wille zum Leben, der von der Not geweckt, verstärkt, aber eben auch gebrochen werden kann.

Das vierte Hilfsmittel ist innere Unabhängigkeit (oder Bewusstheit). Sie ist am schwersten zu erlangen, vor allem in kritischen Situationen. Sie ist tief in uns allen, auch im unsichersten Menschen, und das wichtigste ist, dass wir uns rechtzeitig an sie erinnern. Sie gehört zu den Eigenschaften, mit denen wir geboren werden und zu denen wir den Zugang verlieren können, aber sie gehört immer noch zur inneren »Grundausstattung«. Wenn sie wach ist, kann sie mit Killerphrasen so souverän umgehen, dass deren ganze Giftwirkung aufgehoben ist. Eine Möglichkeit, innere Unabhängigkeit wiederzufinden, ist die Meditation. Ihr Wesen ist es, Abhängigkeiten aufzudecken und wenigstens kurzzeitig abzulegen. Sie ist geeignet, Kreisläufe des bloßen Reagierens aufzubrechen.

Aus dem Nähkästchen geplaudert

Meine eigenen Kreativitätsblockaden

Es kann sein, dass ich während eines kreativen Prozesses immer mal wieder kapituliere. Oft geht es mir so, dass ich an einem Bild, an einem Text oder einer Idee verbissen festhalte, wie ein Hund an seinem Knochen, den man ihm mit Gewalt entreißen will. Das Verzwickte an dieser Situation ist, dass ich nie richtig weiß, ob ich nun festhalten oder loslassen soll. Denn ich habe auch schon die Erfahrung gemacht, dass mir ein unerwartet gutes Ergebnis gelang, wenn ich der Leinwand den Kampf angesagt hatte. Die Situation ist dann immer so, wie wenn ich auf einer Safari (der kreative Prozess ist ja immer eine Abenteuerreise) mit einem Land Rover in ein Sumpfgebiet gerate und steckenbleibe. Es wird immer aufregender und auswegloser. Anstatt nun einfach mal tief Luft zu holen und zu überlegen, trete ich um so mehr aufs Gas, was die Lage natürlich nur noch verschlimmert.

Dann ist es soweit: Ich kapituliere. Ich lasse die Pinsel fallen oder stehe vom Schreibtisch auf und fluche laut; meistens fallen mir dann besonders phantasievolle Flüche ein. Die anderen nicken dann schon: Jetzt hat er wieder »seinen Anfall«. Für sie ist das manchmal ganz lustig, nur leider für mich nicht. Sie lachen schon im voraus, denn sie wissen, was als nächstes kommt – Selbstanklagen, Selbstmitleid und der große Jammer. Und ich habe jedesmal das eindeutige Gefühl, dass ich nie wieder etwas zustande bringen werde. Ich bin am Ende.

Und genau diese Kapitulation ist es, die mich dann befreien kann. Ich löse mich von all meinen Vorstellungen, wie das Bild sein soll, an dem ich gerade gescheitert bin, übermale es vielfach und manchmal sogar richtig gewaltsam, schlage den Pinsel mit der Farbe auf die Leinwand, und es gibt eine regelrechte Schlacht. Ja, und dann kann es sein, dass sich plötzlich ein Ausweg auftut, dass ein ganz anderes Bild entsteht, eines, das unter Zorn und Verzweiflung geboren ist und daraus seine innere Kraft gewinnt. Auf einmal ist alles drin, was ich drinhaben wollte: Leben, Kontrast, Tiefe und Urwüchsigkeit, ohne jede intellektuelle Absicht und kontrollierte Gediegenheit. Dann wandelt sich meine Wut in ein Lachen, und ich komme mir selbst etwas albern vor, übertrieben dramatisch, aber ich habe das Bild, das ich machen wollte.

Ich gestehe aber, dass das nicht immer so funktioniert. In den anderen Fällen muss ich mich der Niederlage beugen und darauf hoffen, dass es doch irgendwie weitergeht. Zum Glück habe ich das nun oft genug erlebt, um eine gewisse Zuversicht zu entwickeln, dass ich auch diesmal nicht endgültig gestrandet bin, sondern wieder weiterkommen werde. Das ist der Vorteil der Erfahrung, ob Sie diese nun auf der Leinwand oder in irgendeinem anderen Lebensbereich machen.

Wut ist positives schöpferisches Potential – wenn Sie gelernt haben, diese Wut, diese Aggression kreativ zu nutzen, indem Sie Hindernisse aus dem Weg räumen.

Teil II

Das persönliche Sieben-Schritte-Programm

Im ersten Teil dieses Buches ging es darum, die Kreativität zu verstehen, es ging um Theorien und um Modelle. So weit, so gut – nun soll es um Ihre Kreativität, um die Tat gehen. Wir erforschen die beschriebenen sieben Phasen selbst, sozusagen am eigenen Leib. Wie sehen diese Stufen also nun ganz praktisch aus? Wie können wir sie beschreiten, ohne erst noch fünf Bücher zu lesen, zwei Kurse durchzustehen und einen Kreativitätsbaukasten zu kaufen? Es geht eigentlich ganz einfach. Um die Kreativität anzulocken, gibt es ein paar Tricks. Sie sind alle nicht neu, aber es ist gut, sich an sie zu erinnern und sie auch zu benutzen.

Spielen lernen

Wie finden wir die Kreativität wieder? So, wie wir sie auch zum ersten Mal gefunden haben: durch Spielen und Träumen. Das ist es ja, was uns durch den Ernst des Lebens als erstes verlorengegangen ist, denn Spielen »bringt« nichts, es ist zunächst unproduktiv, wird als Luxus angesehen und verfolgt von jenen, die in irgendeiner öden, mehr oder weniger ausweglos empfundenen Situation stecken und neidisch auf alles Leichte, Spielerische sind. Natürlich ist hier nicht Spielen als Sucht gemeint, sondern Spielen als Methode, den Geist zu lockern, eingefahrene Gleise zu verlassen, neue Horizonte zu erkennen, Grenzen zu überprüfen und vielleicht auch zu überschreiten. Manchmal reicht ein Spaziergang, ein Besuch im Kino, ein Nachmittag im Café oder ein Abend in der Kneipe, um aus festgefahrenen Situationen wieder herauszukommen. Es gibt Menschen, die schon ganz genau die Musikstücke kennen, die sie dazu brauchen; andere finden ihre Kreativität morgens beim Rasieren wieder, und es gibt viele, die deshalb rauchen, Kokain nehmen oder sich mit Tabletten aufputschen. Es gibt die verschiedensten Techniken, gesunde und ungesunde; oft werden sie ganz unbewusst eingesetzt, sind aber trotzdem wirksam.

Es ist aber auch möglich, diese Ausgrabungsarbeiten bewusster, systematischer und sogar noch gesundheitsfördernd zu betreiben. Es gibt Übungen, um die Kreativität unter Deckschichten unterschiedlicher Dicke und Zähigkeit wieder hervorzulocken. Voraussetzung dafür ist allerdings das Vertrauen darauf, dass sie darunter immer noch am Leben ist. Aber auch das finden wir nur heraus, indem wir es ausprobieren – sonst können wir einfach sitzen bleiben, alles so lassen, wie es ist, und auf unser Ende warten.

Wie gesagt, gibt es verschiedene Arten von Kreativität. Wirklich für jede(n) nützlich ist die Variante der kreativen Lebenskunst – hier geht es darum, sich selbst zu erschaffen. Das bedeutet, das eigene Leben zu gestalten, und zwar so, dass es Sie zufriedenstellt. Um diese Variante geht es im ersten Durchgang beim persönlichen Sieben-Schritte-Programm. Die meisten Menschen verbinden Kreativität vor allem mit Kunst, also mit der expressiven, gestalterischen Kreativität, wie sie sich in Malerei, Dichtung, Theater und Musik ausdrückt. Eine weitere Art von Kreativität ist intellektuell, erkenntnisorientiert, wie bei Wissenschaftlern, oder aber operational, wie bei HandwerkerInnen, Ingenieuren, Managern und Organisatoren.

Die Übungen sind sehr einfach und zunächst darauf angelegt, uns zum Spielen zu verlocken. Im Spiel können wir die Realität neu anordnen, wir können neue Regeln erfinden, uns für Momente aus Sachzwängen lösen, die wir für festgelegt ansehen. Im Spiel darf alles mal ganz anders sein. Und es darf Spaß machen, das soll es sogar, denn dort liegt der Schlüssel für die Tür zur Schöpferkraft in uns. Was wir auf diese Weise tun, ist, günstige Voraussetzungen zu schaffen, um kreative Einfälle einzuladen. Unsere These ist ja, dass alles, was wir brauchen, schon da ist – dass wir nur aufhören müssen, es zu verhindern. Natürlich gibt es keine Garantie dafür, dass es klappt – einen Versuch ist es aber allemal wert.

Also: auf zum Spielen und Träumen. Aber das ist manchmal leichter gesagt als getan. Auf irgendeine Weise ist vielen von uns die Fähigkeit zum Spielen und Träumen heimlich abhanden gekommen. Wir fragen uns: »Was soll ich spielen? Wen gehen meine Träume etwas an? Was denken die anderen? Mache ich mich lächerlich? Kann ich überhaupt zugeben, dass ich spielen will?« Die Liste ist endlos; wir haben über sie schon im Kapitel über die »Kreativitätskiller« gesprochen. Mit diesem Wissen allein kommen wir nicht weiter. Es ist wieder einmal soweit: Hier kann kein Buch helfen, kein Ratschlag und keine Ermunterung – entweder Sie tun es, oder Sie tun es nicht. Ich kann Sie nur locken, und vielleicht sind es die falschen Worte, die falschen Vorschläge – aber wenn Sie sich davon abhalten lassen, zu spielen, dann verpassen Sie etwas. Warten Sie nicht, bis alle Umstände optimal sind – sie werden es nie sein. Also, wie wär's? Das sind die Zauberworte:

Wer, wenn nicht ich?
Wann, wenn nicht jetzt?
Wo, wenn nicht hier?

1. Vorbereiten – Träumen – Visualisieren

In der Vorbereitungsphase geht es darum, den Geist zu lockern und die Sinne zu erwecken. Der kreative Funke bleibt eine Gnade und auch ein Geheimnis, aber er lässt sich anlocken. Wir schaffen Raum für den Wunsch, kreativ zu werden. Wir wählen uns Ort und Zeit, die wir diesem Wunsch gewähren, und wenn es möglich ist, schaffen wir uns eine Umgebung ohne Anforderungen, Hektik und Druck. Dieser Schritt ist sehr wichtig, um uns den Prozess angenehm und schön zu gestalten. Wir finden heraus, was uns hemmt, und versuchen, solche Hindernisse abzubauen. Wir bestimmen unseren Standort und machen uns klar, was wir eigentlich tun wollen: welche Frage wir beantworten, welche Ziele wir erreichen möchten oder was es ist, das durch Malen, Musik, Tanzen, Schreiben oder sonstige Formen ausgedrückt werden soll. So, wie der Fallschirmspringer sorgfältig seinen Fallschirm faltet, bevor er ins Flugzeug steigt und springt, bereiten wir uns zum Fliegen vor und halten nach günstigen »Landeplätzen« Ausschau.

Wir bringen uns in die notwendige Verfassung durch entspanntes Atmen und stimmen uns auf den Glauben an uns und unser Projekt ein. Finden Sie heraus, welche Vorbereitungen für Sie wichtig sind, um abzuheben. Diese müssen nicht unbedingt gesund sein, um zu funktionieren. Ein Freund von mir holt sich zum Beispiel ein Glas Whisky und raucht eine Pfeife, um sich in die kreative Phase des Schreibens einzustimmen.

Ein paar Tipps für die äussere Vorbereitung:

- Überblicken Sie im Geist den Prozess.
- Denken Sie vor bis zum Schluss und überlegen Sie sich, was Sie alles noch brauchen, was geschehen könnte, welches Material Sie benötigen, welche Termine gemacht oder abgesagt werden müssen.
- Stellen Sie sich die Fragen: »Was will vorher noch erledigt sein? Wie lange gebe ich mir Zeit? Bis wann will ich fertig sein? Was muss ich einkaufen?«
- Machen Sie sich einige Gedanken über Planung, Vorgehen, Zielbestimmung, Timing, Budgetierung, Zeit-Management.
- Ziehen Sie, wenn möglich, das Kabel von Ihrem Telefon aus der Steckdose.

Lassen Sie uns nun einige wichtige »Zutaten« durchgehen, die den kreativen Prozess stark beeinflussen – und nehmen Sie das jetzt alles mal ganz persönlich; es wird konkret. Schauen Sie, welche Gedanken Sie inspirieren (oder beunruhigen), und versuchen Sie, diese zu berücksichtigen. Und was Sie kaltlässt, ignorieren Sie einfach.

Freude

Es ist fast schon trivial, aber seltsamerweise auch beinahe tabu: Am besten fangen wir mit etwas an, das wir gerne tun, woran wir Freude haben. Irgendwie hat sich in manches Gehirn das Credo eingeschlichen »Du kannst machen, was du willst, solange es keinen Spaß macht«. Freude an der Arbeit ist verdächtig. Offensichtlich soll der finanzielle Lohn für eine Arbeit die Unlust an ihr kompensieren, weniger die Arbeitsleistung.

Kreativität wird jedoch von der Freude angelockt, das ist eines ihrer Grundgesetze. Mangel an Kreativität ist oft Mangel an Freude. Es ist herzlich nutzlos, nun die Schuldigen dafür zu identifizieren, zur Rede zu stellen und zu verurteilen. Es ist viel effektiver, sich jetzt einmal in Ruhe hinzusetzen und darüber nachzudenken, was Sie gerne tun, in welchem Bereich Sie gerne kreativ werden möchten.

Begabung

Wissen Sie, wofür Sie begabt sind? Kreativität macht natürlich dann besonders viel Spaß, wenn die Hilfsmittel dafür verfügbar sind. Dazu gehört, dass Sie einigermaßen begabt sind für das, was Sie ausdrücken möchten. Auch dies klingt trivial, aber es ist eine interessante Frage, die sich viele Menschen niemals stellen: »Wofür bin ich begabt?« Das heißt nicht, dass Sie sich stur daran halten müssen; ich kenne einen Amerikaner, der sehr begabt ist im Übersetzen aus dem Deutschen ins Englische, diese Tätigkeit aber hasst. Sängerinnen und Sänger, die mit Inbrunst, aber ohne Begabung singen, kennen Sie sicher auch. Zum Glück beschränken sich sehr viele davon auf Darbietungen in der Dusche. In den meisten Fällen gehört das aber zusammen: das, was Ihnen Freude macht, und das, wofür Sie begabt sind.

Mut, Fehler zu machen

Die Angst, etwas falsch zu machen, sich zu blamieren, bloßzustellen und zu »verlieren«, beherrscht uns meistens mehr, als wir zugeben. Sie gehört zu den großen Kreativitätskillern. Verlacht zu werden, ist eine der mächtigsten Ängste, von denen wir gesteuert werden. Sie kann uns starr machen, lässt uns gebannt auf die Reaktionen der Umgebung lauschen und erstickt die Freude am Spielen. Und prompt wird auch jemand in der Umgebung die entsprechenden Bemerkungen fallenlassen. Falls Sie solche Schwierigkeiten kennen, suchen Sie sich für die ersten Schritte bei der Entdeckung der eigenen Kreativität Bereiche aus, in denen man Sie in Ruhe lässt. Das kann auch erfordern, den Partner, der Rechtfertigungen fordert, in die Schranken zu weisen. Allein schon dieser Schritt mag das ganze Kreativitätsprogramm wert sein, denn die Eroberung eines persönlichen Freiraums verhilft zu einer kostbaren Lebensqualität.

Sex

Ja, auch Sex hat mit Kreativität zu tun. Sexuelle Kraft gehört zu den Grundenergien des Lebens. Sie ist schöpferisch, sozusagen ein nachwachsender Rohstoff, mit dem wir mehr tun können, als ihn zu unterdrücken, zu verurteilen oder einfach verpuffen zu lassen. Das hat schon Sigmund Freud ganz richtig erkannt, und das weiß jeder Künstler: Kreativität ist auch etwas Sexuelles. Da gibt es eine Verbindung, die wir kennen sollten. Der sexuelle Akt selbst kann schon kreativ sein, aber die Kraft, die ihm zugrunde liegt, reicht für noch mehr.

Sexuelle Spannung kann sich nicht nur in sexuellen Handlungen ausdrücken, sondern eben auch in künstlerischer Form. Manchmal ist das noch konkret zu erkennen, zum Beispiel in den Bildern von Georgia O'Keefe. Sie hat dies zwar zeitlebens abgestritten, aber die Bilder sprechen eine hinreichend deutliche Sprache. Östliche spirituelle Bewegungen haben die Kraft der Sexualität längst erkannt. Im Tantra, einer spirituellen Form der Sexualität, die in Indien entwickelt wurde, wird sie gepflegt und genutzt, um geistige Höhenflüge bis hin zur Erleuchtung zu ermöglichen.

Es gibt aber auch viel leichter zu erreichende Ziele. Eines davon ist, die eigene Sexualität als Kraft überhaupt einmal kennenzulernen. Es gibt schöne Bücher (einige davon sind im Anhang aufgeführt), die dabei helfen können. Ein Geheimnis der Verstärkung dieser Kraft und des Genusses liegt darin, sie wachsen zu lassen und auszuhalten. Sie bringt uns auf die interessantesten Ideen.

Liebe

Natürlich ist Liebe nicht etwas, das wir nach Bedarf an- und abschalten können. Aber mit ihr ist es ähnlich wie mit der Kreativität: Wir können aufhören, sie zu verhindern. Wir können lernen, wachsam zu sein, wenn sie in der Nähe ist, und erreichbar für sie zu sein. Mit »Liebe« ist hier nicht das gemeint, was wir normalerweise in Beziehungen suchen und dann häufig auch rasch verlieren. (Diese Art der Liebe hat mehr mit einem Handel zu tun: Sie ist abhängig von der Antwort und verwandelt sich rasch in ihr Gegenteil, wenn sie nicht erwidert, also zurückgezahlt wird.) Hier ist eine andere Art von Liebe gemeint. Sie ist bedingungslos, eine Liebe, die nicht nach einer Quittung fragt. Sie ist in der Lage, etwas zu verschenken (und das braucht eben nicht alles zu sein), sie entstammt einem inneren Überfluss und nimmt nicht ab, weil sie verschenkt wird; sie wächst dadurch viel eher. Dieser Überschuss ist praktisch in jedem Menschen immer wieder vorhanden; er taucht auf und ist da, wir werden selbst davon überrascht und überschüttet, unverhofft. Es kommt darauf an, ihn wahrzunehmen.

Von dieser Art der Liebe wird die Kreativität besonders stark angeregt. Sie ist nicht an Menschen, Tiere oder Dinge gebunden, sondern quillt im Innern hoch und sucht sich dann ihr Objekt. Bei dieser Art von Liebe geht es nicht darum, sie zu »machen«, sondern wach zu sein, um zu erkennen, wenn sie gerade von selbst auftaucht. Sie ist in jedem Menschen enthalten, aber sie bleibt meistens unbemerkt. Das ist schade und unnötig. Eine geschulte Wahrnehmung hilft, die Momente der unpersönlichen, sich verschenkenden Liebe nicht zu verpassen.

Wahrnehmung

Machen wir uns nichts vor: Unsere Wahrnehmung ist höchst selektiv. Wir übersehen alles, worauf wir nicht achten. Darauf beruhen alle Zauberkunststücke ebenso wie der Taschendiebstahl und viele andere Methoden des Schwindels. Andererseits hilft uns diese Auswahl, mit der Fülle der Reize fertig zu werden, die auf uns einströmen, und uns zu konzentrieren. Aber manchmal treiben wir es eben zu weit und merken nicht mehr, was wirklich wichtig für uns ist. Das ist der Moment, in dem wir unsere Wahrnehmung neu schulen müssen. Das menschliche Gehirn ist in der Lage, eine Vielzahl von Reizen gleichzeitig aufzunehmen und auch zu verarbeiten. Wir machen davon nur geringen Gebrauch. Mit ein bisschen Praxis lässt sich diese Vielfalt sehr stark erweitern. Das bedeutet erst einmal, dass wir mehr vom Leben mitbekommen.

Wir nehmen allerdings auch mehr von dem wahr, was wir möglicherweise vermeiden wollen. Es bedeutet aber auch, dass wir mehr Anregungen erhalten. Anregungen sind Futter für die Kreativität. Geschulte Wahrnehmung erlaubt es auch, den kreativen Prozess selbst bewusst zu verfolgen. Das macht ihn intensiver und schöner. Und es gibt ganz einfache Übungen, die Wahrnehmung zu schulen. Sie beruhen darauf, einen oder mehrere der Sinne auszuschalten und dadurch die anderen zu wecken. »Die linke Hand« (Seite 125) gehört zu diesen Übungen, ebenso »Mit geschlossenen Augen durch die Wohnung gehen« (Seite 126) und verschiedene Formen der Meditation (Seite 203ff.).

Neugier

Im ersten Teil dieses Buches haben wir uns bereits intensiv mit der Neugier befasst. Eine geschärfte Wahrnehmung ist das Schönste, was neugierigen Menschen zuteil werden kann. Manche sind in der Verfolgung ihrer Neugier, ihres Wunsches nach Wissen sehr konsequent. Das zeigt eine kleine Geschichte, die über den englischen Naturforscher Charles Darwin erzählt wird:

Eines Tages ging der junge Charles im Wald spazieren, als er einen großen Käfer entdeckte, der versuchte, sich unter der Rinde eines Baumes zu verstecken. Charles sammelte damals schon Insekten, und so einen Käfer hatte er noch nicht. Er brach die Rinde vom Baum und fing den Käfer. Dabei entdeckte er noch zwei weitere, aber mehr als einer passte nicht in seine Hand, weil die Tiere so groß waren. Da steckte er den dritten einfach in den Mund und rannte den ganzen Weg nach Hause, während dieser Käfer versuchte, aus seinem Gefängnis durch die einzige Öffnung, nämlich die Speiseröhre, zu entkommen.

Es gibt appetitlichere Möglichkeiten, die Neugier zu kultivieren. Eine davon ist, sich jeden Tag von etwas überraschen zu lassen. Tatsache ist, dass wir wirklich jeden Tag Überraschungen erleben – wir achten nur nicht mehr darauf, deshalb übersehen wir sie. Eine leichte Veränderung des Blickwinkels eröffnet uns diese Erkenntnis, und diese Erweiterung ist es, die kreative Funken einfangen kann. Aber alles hängt davon ab, ob wir die Entscheidung treffen, in solche Richtungen zu schauen und die Scheuklappen zu öffnen, mit denen wir den Alltag durchpflügen und Tage hinter uns bringen, an deren Ende wir uns fragen, was wir eigentlich gemacht haben. Das Führen eines Tagebuchs ist nützlich: Schreiben Sie auf, was Sie heute überrascht hat. So trainieren Sie Ihre Wahrnehmung.

Diese allgemeine Übung lässt sich ausweiten, indem wir versuchen, jeden Tag selbst einen anderen Menschen zu überraschen. Das ist ein leichtes, wirksames mentales Training, um dem Unerwarteten mehr Raum zu schenken. Gleichzeitig werden wir selbst dadurch vielfältiger, interessanter, produktiver, weniger voraussagbar und damit auch weniger manipulierbar. Andere zu überraschen gehört in eine Strategie, um das reine Reagieren, das Ferngesteuerte, das Roboterhafte aus unserem Leben zu verdrängen. »Andere überraschen« heißt auch, sich einmal Gedanken darüber zu machen, was andere eigentlich von einem erwarten. Nur dann können wir gezielt etwas anderes machen. Es ist buchstäblich bewusstseinserweiternd, sich von einigen dieser Erwartungen gelegentlich zu befreien. So schaffen wir uns auch selbst eine größere persönliche Freiheit. Genießen Sie es, neugierig zu sein, und schauen Sie, was Sie eigentlich neugierig macht. So entkommen Sie den mächtigen Gegenspielern der Neugier: Routine und Bequemlichkeit.

Humor

Hier geht es nicht um Blondinen-Witze oder die »Humor«-Ecke im Buchladen, sondern um die lebendigsten Formen von Humor. Eines der »Kinder« des Humors ist der Witz. Er lebt von der Überraschung, von der unerwarteten Pointe. Wenn ein Witz gut ist, macht er uns gespannt und neugierig auf die Pointe, sie ist unerwartet und eröffnet eine neue Perspektive.

Gleichzeitig lockert Humor den Geist und hilft, Distanz zu schaffen, wo wir uns festgebissen haben. Humor ist eines der größten Geschenke, die wir von der Schöpfung mitbekommen haben, wenn auch in unterschiedlichem Ausmaß und nicht immer dann verfügbar, wenn wir ihn brauchen. Sobald die persönliche Grundausstattung jedoch dazu ausreicht, auch über sich selbst lachen zu können, haben Sie gewonnen. Natürlich ist das nicht in allen Situationen möglich, aber Humor könnte sicherlich viel häufiger blühen, wenn wir uns nur daran erinnern könnten. Übrigens ist Humor kein menschliches Privileg; von Katzen, Hunden, Pferden, Affen, Elefanten und Delphinen ist bekannt, dass auch sie Späße machen können und manchmal ganz offensichtlich lachen.

Die Aufforderung, »wieder lustig zu sein«, ist in der Regel völlig nutzlos. Aber es gibt wirksame Möglichkeiten, den Humor wiederzufinden – hier eine kleine Übung, die gelegentlich funktioniert:

Das Absurde

Sie sitzen in einer Sitzung, im Zug, am Esstisch, im Büro, im Auto oder sonstwo in einer ungefährlichen Situation. Holen Sie dreimal tief Luft. Schließen Sie unauffällig kurz die Augen und stellen Sie sich vor, Sie kämen vom Mars. Nun schauen Sie sich um. Wenn das, was Sie sehen, nicht Ihren Sinn fürs Absurde stimuliert, dann ist es höchste Zeit, Urlaub zu machen. Versuchen Sie, vorauszusagen, wer was als nächstes sagen wird. Und dann überlegen Sie sich, was Sie erzählen werden, wenn Sie wieder zu Hause auf dem Mars sind, wo eine völlig andere Kultur herrscht, ausgeglichen, voller Humor, Gelassenheit und Freude.

Eine Variante dieser Übung: Stellen Sie sich vor, Sie seien wieder zurück auf dem Mars, und spielen Sie Ihren Freunden vor, wie sich die Menschen verhalten, die Sie angetroffen haben.

Den eigenen Freiraum kennenlernen, nutzen und erweitern

Wir nehmen uns bei weitem nicht die Freiheit und den Raum, die wir tatsächlich zur Verfügung haben. Den größten Teil dessen, was wir »gesellschaftliche Einengung« nennen, schaffen wir selbst – der Anteil unseres Lebens, den wir selbst gestalten können, ist viel größer, als wir glauben. Wir haben bereits »die Schere im Kopf«, wir zensieren unser eigenes Denken nach unreflektierten Maßstäben. Wir können die Freiheit nutzen, die schon da ist, die Grauzone, die bereits außerhalb des Durchschnitts liegt, aber immer noch im Bereich des »Erlaubten«. Dabei hilft uns die Kreativität ganz enorm. Und sie macht Spaß! Wir können dabei die »Zutaten« kennenlernen und ausprobieren, die der Kreativität die Würze und die Kraft geben. Aber das erfordert Mut, Kraft und Initiative – vor allem, sich von alten Denkmustern zu befreien.

Um manipulierbar zu sein, wird uns eingebleut: Wir sind klein und können nichts ändern – bis wir vergessen haben, dass wir zumindest in unserem unmittelbaren Bereich sehr viel ändern können und sogar mindestens teilweise dafür selbst verantwortlich sind, wenn uns dieser Bereich zu verdorren droht. Das gilt für einengende, ausweglose Beziehungen, für eine Berufstätigkeit, die uns auslaugt und abstumpft, sogar für das Land, in dem wir leben, und seine politischen Verhältnisse. Ich weiß: Es mag schwer sein, Kraft kosten, Schuldgefühle erzeugen und unter Umständen sogar gefährlich sein. Aber es ist eine ungeheure Verschwendung, ein Leben unter Bedingungen zu führen, unter denen alle Kreativität erlischt.

Erkennen Sie diese Not und nutzen Sie sie als Potential: Sie macht wirklich erfinderisch. Machen Sie Pläne, wie Sie eine solche Situation langfristig ändern können; Sie müssen nicht von heute auf morgen Ihr Leben umkrempeln. Das funktioniert viel besser, wenn Sie es langsam tun, in Ihrem individuellen Tempo – und: Suchen Sie sich Hilfe! Sie müssen nicht mit allem allein fertig werden. Ich weiß, es gibt immer Erklärungen dafür, warum Sie »nichts machen können«, es gibt »mildernde Umstände« und Entschuldigungen. Aber sie nützen alle nichts, außer dass sie helfen, untragbare Zustände noch länger zu ertragen.

Kontakt zu den eigenen Gefühlen

Finden Sie heraus, was Sie lieben und was Sie hassen. Dies kann etwas in Ihrem Innern, in Ihrem eigenen Leben oder außerhalb von Ihnen sein, wie zum Beispiel die Natur oder andere Menschen. Machen Sie eine Liste und tragen Sie ein, was Ihnen dazu spontan einfällt:

Schwarz-Weiß-Liste

Was liebe ich?	Was hasse ich?
...	...
...	...
...	...

Nun schauen Sie sich die Liste an und planen Sie ganz konkret, mehr von dem zu tun, das Sie mögen, und weniger von dem, was Sie hassen. Natürlich können Sie nicht alle Punkte auf der rechten Seite beseitigen, aber es tut schon gut, wenn Sie jetzt wenigstens einen einzigen finden. Diese Übung dient unmittelbar der Verbesserung der Lebensqualität.

Es ist kein Geheimnis, dass Männer eher Schwierigkeiten haben, ihre Gefühle zu erkennen, als Frauen. Es gibt eine ganz brauchbare und sehr einfache Methode, mehr über die Dynamik der eigenen Gefühle zu erfahren. Sie ist auch gut für Menschen, die bereits Erfahrung darin haben, ihre Gefühle wahrzunehmen. Sie werden überrascht sein, wie stark sie am Tag schwanken können und vielleicht auch, welche Regungen Sie übersehen. Sie brauchen dazu nur einen Wecker, ein Tagebuch und einen Stift.

Finden Sie heraus, was Sie den lieben langen Tag für Gefühle haben. Dabei hilft Ihnen diese Übung, die Ihnen sicher einige Überraschungen enthüllen wird, sogar wenn Sie glauben, Ihre Gefühle recht gut zu kennen:

Die Dynamik der Gefühle

- Nehmen Sie heute Ihr Tagebuch mit. Stecken Sie sich einen Wecker in die Tasche und lassen Sie ihn zu irgendwelchen Zeiten am Tag (leise) klingeln.
- Dann halten Sie inne und schreiben auf, was Sie gerade fühlen. Am besten machen Sie sich zuvor einen Fragebogen: Wo bin ich gerade? Wie fühle ich mich? Was habe ich gerade getan? Was werde ich als nächstes tun? Was würde ich in diesem Moment gerne tun?

Wichtig: Halten Sie sich an keine Moral!
Dieses Buch lesen nur Sie – da, wo die Moral zensiert, wird es meist erst spannend; dort fangen Sie an, wirklich etwas über sich selbst zu erfahren.

Experimentieren Sie! Gehen Sie spontan an Orte, in Umgebungen, die Sie für inspirierend halten. Machen Sie sich eine Liste und ordnen die Orte danach, wie realistisch es ist, dort hinzukommen. Denken Sie sich ein paar Orte aus, die Sie für sehr ungeeignet halten. Gehen Sie dort auch einmal hin. Vielleicht erleben Sie eine Überraschung? Sei es ein kalter Keller, das Amt für Öffentliche Ordnung, ein Aussichtsturm, das Hallenbad oder Ihre Garage – möglicherweise sehen Sie solche Orte unter diesem Gesichtswinkel ganz anders. Und darauf kommt es an, wie wir bereits gesehen haben: offen zu sein dafür, dass alles anders ist, als Sie gedacht haben. Die Ideen kommen manchmal genau von dort, wo wir sie am wenigsten erwarten.

Eine andere Übung, »Die linke Hand«, hat nicht nur psychologische Wirkung, sondern auch einen physiologischen Hintergrund. Die linke Hälfte unseres Körpers wird von der rechten Gehirnhälfte gesteuert. Wie bereits weiter vorn beschrieben, ist die rechte Gehirnhälfte der Sitz unserer Emotion, Intuition und ist speziell mit der Kreativität verbunden.

All das aktivieren wir, indem wir die linke Hand benutzen; für Linkshänder gilt natürlich das Umgekehrte.

Die linke Hand

Diese Übung besteht darin, zunächst einmal den eigenen Namen mit der linken Hand zu schreiben. Wer das ausprobiert, entdeckt auf einmal die Buchstaben neu; oft tauchen auch schon Erinnerungen aus jener fernen Zeit auf, in der man diese Buchstaben lernte. Die Übung kann fortgesetzt werden, indem man einfach einmal alles, was man sonst mit der rechten Hand tut, auf die linke verlagert.

Benutzen Sie die linke Hand zum Zähneputzen, Anziehen, Kämmen, Essen, Auf- und Zuschließen, Streicheln und was Ihnen noch einfällt. Sie werden staunen, was Sie alles neu sehen und daraufhin entweder schätzen lernen oder verändern werden.

Geeignete Umgebung

Der amerikanische Kreativitätsforscher Csikszentmihalyi zitiert in seinem neuesten Buch den Informatiker Alan Kay, dessen Erfindungen die Entwicklung der Personalcomputer entscheidend vorangetrieben hat. Dieser behauptet, seine Firma habe Millionen von Dollar verloren, weil sie sich geweigert habe, ihm für 14 000 Dollar eine Duschzelle an seinem Arbeitsplatz einzurichten, denn seine besten Ideen habe er immer unter der Dusche.

Welche Bedingungen brauchen Sie? Es ist hilfreich, eine Umgebung zu suchen, in der die Ideen angelockt werden und blühen können. Und natürlich ist nichts dafür stimulierender als ein sachkundiges Publikum, das eine gute Idee auch als eine solche erkennt. Das »Abenteuer Kreativität« ist gemeinsam viel lustiger, interessanter und oft auch leichter als allein. Und wenn die Idee nicht so gut war, hat man wenigstens Spaß gehabt. Spannende Erkenntnisse tun sich auch bei Ideen auf, die sich letztlich als nicht haltbar erweisen, bei Bildern, an denen man gescheitert ist, bei Texten, die im Papierkorb landen. Es ist ein bisschen wie beim Training fürs Gewichtheben: Die Muskeln wachsen auch an den Fehlversuchen.

Wichtig ist vor allem, es überhaupt zu versuchen. Sie können die Kultivierung Ihrer Kreativität aber auch im engsten Umkreis verbessern, indem Sie dafür sorgen, dass Ihre Arbeitsmittel gut sind, dass Sie den Raum, in dem Sie tätig sind, gern haben, dass es nicht zu hell und nicht zu düster ist, dass die Unterlagen, die Sie brauchen, leicht zugänglich sind und dass es Ihnen gutgeht. Nein, nicht zu gut, weil Sie dann vielleicht einschlafen; mir geht das jedenfalls so. Eine gewisse Unbequemlichkeit lasse ich immer bestehen, sozusagen als Stachel im Fleisch.

Ein Freund von mir erzählt, er sei ein richtiger Kaffeehaus-Literat. Er braucht keinen ordentlichen Schreibtisch, sondern das Gefühl, unter Menschen zu sein, am liebsten im Strafencafé. Er schaut sich das bunte Treiben an, macht sich Gedanken über die Menschen, die er um sich herum sieht, und kann sich dann wieder völlig aufs Schreiben konzentrieren, kritzelt Seite um Seite voll, bis er hängenbleibt. Dann hilft es ihm, wieder herumzuschauen und seine Gedanken schweifen zu lassen. Manchmal verabredet er sich mit anderen, dann lesen sie sich gegenseitig ihre Texte vor, lassen sie wirken oder zerreißen sie in der Luft, und der Fluss der Ideen kann ungehindert weiterfließen.

Andere wiederum müssen sich in völlige Abgeschiedenheit zurückziehen, alle Arbeitsmittel sorgfältig um sich herum anordnen – was mit zum Ritual gehört – und kommen erst wieder heraus, wenn sie steckenbleiben oder wenn sie fertig sind.

Wer langfristig kreativ sein muss, wird sich mit der Zeit eigene Rituale, eigene magische Umgebungen schaffen, die dabei helfen, immer wieder in Kontakt mit der kreativen Ur-Energie zu kommen. Oft ist es so, dass man erst am Steckenbleiben feststellt, dass man einige dieser Rituale nicht eingehalten hat.

Mit anderen Augen schauen

Unser dominantester Sinn ist das Sehen. Darunter können andere Künste der Wahrnehmung geradezu verkümmern. Also schalten wir das Sehen einfach einmal aus. Setzen Sie sich entspannt hin, schließen Sie die Augen und lassen Sie sich auf Ihre anderen Sinne ein. Fühlen Sie den Stuhl an Gesäß und Rücken, tasten Sie die Umgebung ab, lauschen Sie auf die Geräusche. Atmen Sie tief und ruhig, das verstärkt die Empfindungen. Und nun bereiten Sie sich darauf vor, einmal ohne Augen zu schauen.

Gehen Sie mit geschlossenen Augen durch Ihre Wohnung

Tasten Sie sich voran – wie fühlen sich die Gegenstände an, die Sie berühren? Fallen Ihnen Gerüche auf? Welche Geräusche nehmen Sie wahr? Machen Sie einen Rundgang. Neben der Sensibilisierung der Sinne werden Sie auch psychische Effekte bemerken: Fürchten Sie, anzuecken, zu stolpern, etwas umzuwerfen? Das hängt alles davon ab, wie Sie sich bewegen. Je langsamer Sie das tun, desto geringer sind die Gefahren und desto mehr erleben Sie. Vielleicht finden Sie die Küche auf diesem Weg. Suchen Sie sich etwas zum Essen. Ertasten Sie es, versuchen Sie, es zu identifizieren und möglichst auch zu kosten – alles mit geschlossenen Augen. Früchte sind gut geeignet für diese Art von Experimenten. Sie schärfen dabei gleichzeitig die Sinne für das Tasten, Riechen und Schmecken.

Besonders interessant wird es, wenn Sie unterwegs auf Ihre(n) Partner(in) treffen. (Aus naheliegenden Gründen ist es gut, sich vorher abzusprechen, denn möglicherweise wecken Sie sonst Zweifel an Ihrem Geisteszustand.) Nun können Sie sich mit geschlossenen Augen erfahren. Wie fühlt er/sie sich an, die Kleider und das, was darunter ist? Reden Sie möglichst wenig und lassen Sie sich auf die Empfindungen ein, ohne sie zu kommentieren. Dieser Teil der Übung kann besonders vergnüglich werden.

Wie das Sehen können Sie sich auch das Hören bewusstmachen, indem Sie es ausschalten. Stecken Sie sich Stöpsel in die Ohren und schauen Sie sich die Welt einmal ohne Gehör an. Sie werden möglicherweise überrascht sein, wie stark Sie sich sonst unbewusst am Gehör orientieren.

Die Standort-Collage

Wir befinden uns immer noch in der Vorbereitungsphase – da ist es nützlich, sich darüber klarzuwerden, wo Sie eigentlich gerade stehen im Leben. Dafür eignet sich eine Übung aus dem Kreativitätstraining besonders gut: die Standort-Collage. Sie zeigt auch das Umfeld der ebenso simplen wie komplizierten Fragen: »Wo stehe ich? Wie ist meine gegenwärtige Situation, mein jetziger Ausgangspunkt? Wo komme ich her, und wo will ich hin?« Die Antworten sind nützlich, um uns selbst zu verstehen. Sie sind bereits in uns gespeichert. Und um sie abzurufen, eignet sich die Standort-Collage.

Requisiten: ein oder mehrere große Bogen weißes Papier, Idealmaß: ca. 75 x 105 cm (Alternative: zusammengeklebtes weißes Kopierpapier A3), viele Illustrierte, Schere, Papiermesser, Karton oder Zeitungspapier und Klebstoff, am besten Sprühkleber für ablösbare Verbindungen (ohne FCKW), Pinsel, Farben, Stifte.

Vorbereitung: Nehmen Sie sich Zeit. Machen Sie es sich gemütlich. Vielleicht ein bisschen Musik für den Hintergrund, aber jedenfalls kein Telefon, kein Fernseher und keine Besucher. Sie haben nun alles beisammen. Falls Sie dazu Lust haben, können Sie sich einstimmen – auf sich selbst. Strekken Sie sich bequem aus, legen die Hände auf die Mitte der Brust, schließen die Augen und atmen ganz ruhig. Spüren Sie Ihren Körper, die Lebendigkeit, die »unbewohnten Bereiche«, nehmen Sie einfach all das zur Kenntnis und schauen sich die Sequenzen aus Ihrem Leben an, die gerade vor Ihrem inneren Auge auftauchen. Bleiben Sie nirgends hängen, sondern versetzen Sie sich in die Lage eines distanzierten Zuschauers, der Ausschnitte aus Ihrem Leben auf einer imaginären Leinwand erlebt. Lassen Sie sich Zeit, wie gesagt. Achten Sie darauf, welche Ausschnitte besonders intensiv sind, und schenken Sie ihnen besondere Aufmerksamkeit.

Bereiten Sie sich in Gedanken darauf vor, Ihre Standort-Collage herzustellen. Es geht hier nicht darum, einen Kunst-Wettbewerb zu gewinnen, sondern durch dieses Herumspielen mehr über sich zu erfahren – und vielleicht sogar einige der Hindernisse zu erkennen, mit denen Sie sich gelegentlich selbst im Wege stehen. Und: ATMEN Sie! Das Atmen ist so einfach, und wir vergessen es doch immer wieder, atmen flach und vorsichtig. HOLEN SIE TIEF LUFT – Sie fühlen viel mehr! Wenn Sie bereit sind, öffnen Sie die Augen wieder. Nun ist es Zeit, anzufangen. Sie haben das ganze Material beisammen und das weiße Papier vor sich – das ist ein Moment, der manche Künstlerin und manchen Künstler schon zur Verzweiflung gebracht hat. Nun geht es los.

Blättern Sie in den Illustrierten herum, bis Sie Bilder finden, die Sie interessant finden – irgendwelche, von Menschen, Tieren, Landschaften, von allem möglichen. Die schneiden Sie aus. Sie sammeln einfach alles, was Sie anregt. Falls etwas nicht ganz passt, können Sie auch mit Stift, Pinsel und Farbe nachhelfen. Wenn Sie mögen, verwenden Sie auch einfach nur Farbflächen und abstrakte Formen. Versuchen Sie, so viel wie möglich in diesen Bildern auszudrücken. Worte sind meistens weiter von der Empfindung entfernt als Bilder.

Erster Bereich: »Das bin ich.« Suchen Sie Bilder, Menschentypen, die Ihnen Ihrer Ansicht nach am ähnlichsten sehen (keine anderen fragen; passbildähnliche Identität ist nicht erforderlich, sondern es kommt darauf an, was Sie darin an Übereinstimmung erkennen). Schneiden Sie diese Bilder aus und kleben sie in die Mitte des Blattes. Ändern Sie die Anordnung so lange, bis sie so ist, wie Sie sie richtig finden.

Zweiter Bereich: »Meine Vergangenheit.« Diesmal verwenden Sie Bilder, die Sie in irgendeiner Weise an Ihre Vergangenheit erinnern. Versuchen Sie, herauszuarbeiten, was für Ihre Vergangenheit wichtig war. Falls es notwendig ist, können Sie auch ein Stichwort dazu aufschreiben, aber – wie gesagt – keinen Text! Ordnen Sie diese Bilder senkrecht unter dem ersten Bereich an.

Dritter Bereich: »Meine Zukunft« – die Vision, die Richtung, in die Sie sich entwickeln wollen. Auch das können Sie durch Auswahl der geeigneten Bilder ausdrücken. Diese ordnen Sie genau senkrecht über dem ersten Bereich an.

Vierter Bereich: »Meine Schattenseiten« – also das, was Sie an sich selbst kritisch betrachten, nicht mögen, vielleicht sogar hassen. Garantiert finden Sie auch hierfür geeignete Fotos. Das Drama des Lebens braucht eindrucksvolle Bösewichte. In diesen Bereich gehören auch unterdrückte kriminelle Regungen, verleugnete Sexualität, schwarze Magie und anderes Zeug aus den innerlichen Schauerkammern. Auch Beziehungen zu Feinden, zerstörerische, lähmende, unerfreuliche Beziehungen sind im vierten Bereich zu Hause. Ihn ordnen Sie links von der Mitte an.

Fünfter Bereich: »Meine positiven Seiten« – die Qualitäten, auf die Sie stolz sind, über die Sie sich an sich selbst freuen können; auch Beziehungen, die Ihnen wichtig sind, Kraft geben und Ihnen helfen. Nicht zuletzt gehört hier auch die Verbindung zur spirituellen Welt hinein, zu Kräften, denen Sie vertrauen und denen Sie sich möglicherweise hingeben können. Diesen Bereich ordnen Sie rechts von der Mitte an.

Machen Sie immer wieder eine Pause. Sie können auch einfach aufhören, wenn nichts mehr kommt, und später weitermachen. Aber lassen Sie Ihre Standort-Collage nicht einfach liegen. Merken Sie sich vielmehr, an welchen Stellen die Inspiration versiegte – vielleicht sind Sie dann gerade an etwas Heikles geraten, etwas, was Sie überfordert, wo Sie möglicherweise nicht gern hinschauen oder was Ihnen Angst macht.

Wenn Sie fertig sind, schauen Sie sich das Bild an – es repräsentiert bereits viele Seiten Ihrer selbst. Und weil das Unterbewusstsein daran mitgearbeitet hat, werden Sie auch Überraschungen erleben, wenn Sie genau hinsehen. Oft sind schon die Bilder die Antwort, oder Einzelheiten davon. Befragen Sie Ihre Collage, aber ohne Urteil, Inquisition und Moral – möglichst nüchtern; es geht darum, sie auszuwerten. Sie haben ein Dokument über sich selbst geschaffen, das Ihnen helfen kann, sich genauer zu erkennen, etwas über sich selbst zu erfahren:

- Wie sehen Sie sich?
- Welche Bilder haben Sie ausgewählt, von denen Sie dargestellt werden?
- Was zeigt, wie Sie gerne sein wollen?
- Was zeigt, wie Sie tatsächlich gerade sind?
- Welchen Teil Ihrer Vergangenheit haben Sie ausgespart?
- Was sind das für Eltern, die Sie sich ausgesucht haben?
- Welche Partner hatten Sie?

Würden Sie die nochmals auswählen?
- Finden Sie Ihre kühnsten Träume und Wünsche wieder?
- Erkennen Sie, was Sie im Leben zu tun haben?
- Haben Sie tatsächlich Ihre Schattenseiten eingefangen?
- Wovor haben Sie noch Angst?
- Was haben Sie vermieden?
- Was ist Ihnen gelungen?
- Kennen Sie Ihre positiven Seiten?
- Was sind Ihre Stärken – finden Sie diese in der Collage?
- Die wichtigste Frage: Was lässt sich heute schon oder zumindest in absehbarer Zeit auf Ihr Leben übertragen?

Es ist außerordentlich nützlich, die Collage auch anderen Menschen zu zeigen, denen Sie vertrauen, ihnen das System zu erklären und sie zu befragen, was sie dazu meinen – was stimmt, was sie anders sehen oder gar falsch finden und was fehlt. Und dann ändern Sie die Collage so lange, bis sie tatsächlich Ihr Gefühl trifft und bis Sie die Antworten haben, die Sie suchen. Viele weitere Fragen stellen sich erst, wenn Sie genau hingeschaut haben. Vergessen Sie jedoch nicht: Diese Collage machen Sie nur für sich selber – für niemand anders. Sie sind keinem Menschen Rechenschaft dafür schuldig. Sie können es auch völlig für sich behalten, wie ein Tagebuch. Es ist auf jeden Fall ein Stück von Ihnen, das Sie selbst geschaffen haben und das Sie sozusagen in einer vielschichtigen Momentaufnahme zeigt – so, wie Sie sich selbst in diesem Augenblick gerade sehen. Vielschichtig ist es deshalb, weil verschiedene Ebenen dargestellt werden und weil es auch mehr ist als ein Bild. Es enthält ja einen Prozess: Während Sie es machen, ändert es sich nämlich. Sie werden feststellen, wie viele und welch unterschiedliche Seiten Sie haben.

Eine innere Landkarte

Nun haben Sie eine vollständige, symbolische Landkarte von sich selbst. Sie können sich darin wiederfinden und das, was Sie vermissen, noch einfügen. Auch das gehört zur Kreativität: Die Regeln bestimmen Sie selber. Beim zweiten Mal können Sie alles anders machen. Schauen Sie, wo Sie sich selbst auf einem leeren Blatt Papier platzieren, wo Sie die anderen Bereiche unterbringen und welche noch dazukommen. Ich mache hier nur Vorschläge.

Die Standort-Collage ist eine Methode, mit der Sie auch »Detailkarten« anfertigen können, sozusagen als psychisches Vergrößerungsglas, indem Sie sich gezielt auf ganz bestimmte Aspekte Ihrer selbst konzentrieren. Einige Vorschläge für Detail-Standort-Collagen nach dem gleichen Prinzip:

- Wo stehe ich in meinem Berufsleben (Vision und Wirklichkeit)?
- Wer bin ich in meinen Beziehungen (Partner, Kinder, Eltern, FreundInnen, KollegInnen und so fort)?
- Wie ist mein derzeitiges Verhältnis zu meiner Gesundheit?
- Wo stehe ich mit meiner Sexualität/Moral/Unmoral?
- Was heißt für mich »Spiritualität« und »Sinn des Lebens«?
- Was sind zurzeit meine Süchte und Sehnsüchte?

Ordnen Sie das Ganze wieder in Form der fünf Bereiche an. Das hat den Vorteil, dass Sie die »Schattenseiten« nicht vergessen. Interessant ist es aber auch, daraus eine Bildergeschichte zu machen, die chronologisch links oben beginnt, von der Vergangenheit über die Gegenwart in die Zukunft führt, mit allen möglichen Verzweigungen. Sie können die komplizierte Geschichte Ihres Lebens wie ein Netz von Spazierwegen anlegen. Wenn Sie einmal angefangen haben, fallen Ihnen noch viel mehr Möglichkeiten ein.

Sie müssen es nur tun. Das heißt: Sie müssen sich selbst so wichtig nehmen, dass Sie für sich selbst Zeit haben. Zeit ist nämlich immer da, es ist nur eine Frage der Priorität, wofür man sie nutzt – und wer darüber entscheidet.

Noch einmal – es geht hier nicht um Kunst, um Leistung oder darum, jemand anderen zu beeindrucken. Es geht einzig und allein darum, wieder zu spielen. Als »Nebenwirkungen« können dabei auftreten: Wiederentdeckung der Kreativität und einige Erkenntnisse über sich selbst. Auch dafür sind die Antworten bereits vorhanden; vielleicht sind es nur nicht die, die Sie haben wollen. Möglicherweise stecken Sie in einer Beziehung, in der Sie nicht mehr wachsen können oder die Sie zuviel Kraft kostet. Möglicherweise gehen Sie einer Arbeit nach, die Sie nicht tun wollen, oder Sie tun sie auf eine Weise, die Ihnen schadet. Solche Erkenntnisse riskieren Sie bei dieser Form des kreativen Prozesses. Das ist immer so: Je mehr Sie über sich selbst wissen, desto mehr erkennen Sie, dass Sie sich verändern und vielleicht nicht mehr in Formen passen, die noch vor kurzem aktuell waren.

Es gibt noch eine interessante Möglichkeit, Ihre Collage weitergehend zu nutzen: Zerstören Sie Ihre Collage! Wenn Sie dies ganz langsam und bewusst tun, können Sie überraschend viel daraus erkennen. Wählen Sie die Art der Zerstörung: Zerreißen, Zerschneiden, Zerschlagen, Zerknüllen oder alles miteinander oder noch etwas anderes ... Hier kommt es wesentlich darauf an, was Sie fühlen. Wie fühlt sich allein schon der Gedanke an, das Bild zu zerstören? Wie reagieren Sie darauf? Hängen Sie an dem Bild, stellen Sie die Gefühle ab, weigern Sie sich oder freuen Sie sich darauf? Wollen Sie es überhaupt?

Achten Sie darauf, wo Sie damit anfangen. An dieser Stelle ist besondere Energie gebunden, auf die Sie dieses Spiel aufmerksam macht. Schauen Sie, wo es Sie schmerzt, um was es schade ist (und überlegen Sie, ob Sie es dann auch wirklich zerstören); achten Sie darauf, wo es gleichgültig ist (das sind entweder überwundene, örtlich betäubte oder bislang übersehene Bereiche). Je langsamer und bewusster Sie dieses Experiment durchführen, desto mehr erzählt es Ihnen.

Kreativitätskiller in der Vorbereitungsphase

Neben den allgemeinen Kreativitätskillern gibt es solche, die in bestimmten Phasen besonders wirksam sind; das gilt auch für die Vorbereitungsphase:

»Das bringt doch nichts«

Wir sind sehr daran gewöhnt, zielgerichtet zu arbeiten. Bei Problemen, die eine kreative Lösung verlangen, und ganz besonders bei künstlerischen Arbeiten ist es aber notwendig, eine Zeitlang das Ziel zu vergessen und den Geist schweifen zu lassen. Für Leute, die nie Zeit haben, ist das eine sehr schwere Übung. Sie ist aber unabdingbar, wenn wir wirklich etwas Neues schaffen wollen. Je stärker wir auf das Ziel orientiert bleiben, desto stärker bleiben wir auch auf alte Rezepte fixiert.

»Was sollen die andern denken?«

Diese »Krankheit« ist sehr weit verbreitet; sie ist einer der schlimmsten Feinde der Kreativität. Es ist geradezu unglaublich, wie stark wir uns danach richten, was andere von uns denken können, und wie tief dieser Mechanismus im Unterbewussten steckt. Scham, Angst vor Blamage, vor dem Ausgelacht-Werden, Furcht, nicht ernst genommen zu werden – das sind mächtige Wälle, die viele Menschen nur selten überwinden können und zwischen denen es ganz schön eng werden kann. Hier gilt ganz besonders, dass wir selbst in der Regel die Grenzen viel enger ziehen als notwendig. Tief innen haben wir alle Angst vor der Isolation, und genau sie riskieren wir, wenn wir ausgelacht – und damit auch ausgegrenzt – werden. Wir selbst sind dabei aber unsere erbarmungslosesten Kritiker.

Eine Studie des Edinburgh Royal Hospital hat ergeben, dass ExzentrikerInnen nicht nur ein bunteres Leben führen, sondern auch gesünder leben, weil sie glücklicher sind. Sie sind weniger negativem Stress ausgesetzt, weil sie sich dem Anpassungszwang entziehen. Weniger Stress – natürlich nicht seine völlige Abwesenheit – heißt: Ihr Immunsystem kann effektiver arbeiten. Sie vergleichen sich nicht mit anderen, sondern verlassen sich voll auf den eigenen Kopf. Spott ist ihnen egal, nicht peinlich.

Mut brauchen wir hier, Mut zu »spinnen« – nur so finden wir Wege, die außerhalb der unkreativen, allgemein anerkannten und erlaubten Trampelpfade verlaufen. Eine Hilfe bietet hier die »Spinn-Liste«. Selbst wenn sie nicht zum unmittelbaren Erfolg führt, haben Sie wenigstens etwas zum Lachen. Außerdem brauchen Sie diese Liste auch niemandem zu zeigen – sie ist ein Mittel zum Zweck, wie das Schmierpapier, auf dem Sie ausprobieren, ob Ihre Feder richtig funktioniert. Diese Übung hilft, einige Kreativitätskiller auszuschalten. Die Anfertigung dieser Liste wird Sie entspannen und kann festgefressene Gedanken wieder flottmachen.

Die Spinn-Liste

Die Spinn-Liste ist ein Suchinstrument für ausgefallene Ideen. Sie dient dazu, geistige Begrenzungen zu überwinden. Sie brauchen Papier und Schreibzeug (es geht natürlich auch mit dem Computer). Setzen Sie sich entspannt hin, atmen Sie ein paarmal tief ein und stimmen Sie sich ein auf das Ungewöhnliche. Schauen Sie Ihren Schreibtisch an und beginnen Sie konkret: Hängen Sie den Telefonhörer verkehrtherum ein, stellen Sie das gerahmte Foto auf den Kopf, drehen Sie den Stuhl so um, dass die Lehne vorn ist, und verändern einmal alles, was Sie sehen. Dann verändern Sie es noch einmal.

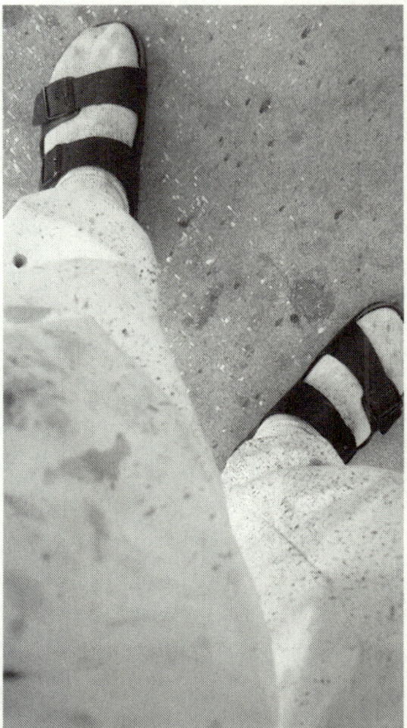

Schreiben Sie jetzt Dinge auf, die es Ihrer Meinung nach nicht geben kann, stellen Sie unsinnige, absurde, skurrile, paradoxe Behauptungen auf, zum Beispiel:

- »Der Himmel ist eigentlich grün
  und wird jeden Morgen grau angestrichen.«
- »Häuser pflanzen sich durch Erker fort.«
- »Meine Zahnbürste ist ein Tiger.«
- »Mein Kopfkissen heißt Anton und ist Skilehrer.«
- »Meine Steuererklärung wird auf lateinisch gesungen.«
- »Ich esse am liebsten gelbe Telefonkarten.«
- »Wolken sind viereckig, damit man die
  Regenfässer besser stapeln kann.«
- »Menschen mit viereckigen Köpfen
  spielen mit gelben Kühen Schach.«

Werden Sie kühn, verrückt, und gönnen Sie sich den Spaß, den das macht. Diese Übung ist erheblich lustiger und geht viel weiter, wenn Sie sie nicht allein machen, sondern mit anderen Menschen, die Sinn fürs Absurde haben. Kinder sind hier ideale Lehrmeister, sie arbeiten täglich an »Spinn-Listen« und lachen sich halbtot darüber. Deshalb sind sie auch kreativer als Erwachsene.

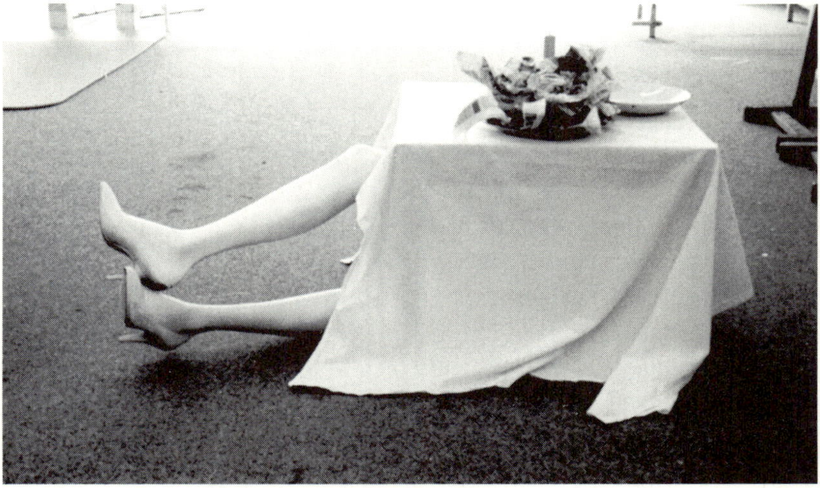

2. Sammelphase

In der Vorbereitungsphase fragten Sie sich, in welcher Richtung Sie kreativ werden möchten. Sie haben dort so lange herumgespielt, bis eine Antwort gekommen ist. Damit geht es nun in die nächste Phase: die Sammelphase. Sie sammeln, bis Sie mit Informationen gesättigt sind (»Saturation«).

Die W-Liste

Jetzt geht es wirklich an die Arbeit, möglichst systematisch, gründlich und methodisch. Sie versorgen sich nun mit Treibstoff – nichts wäre unangenehmer, als mitten im kreativen Höhenflug aus Materialmangel abzustürzen. Analysieren Sie Ihr Vorhaben unter verschiedenen Aspekten. Formulieren Sie es nochmals neu – das kann helfen, es besser auf den Punkt zu bringen. Ganz brauchbar ist auch die sogenannte W-Liste. Sie stammt aus dem Journalismus und hilft dabei, die Vielzahl von Gedanken und Informationen zu systematisieren und zu vervollständigen. Außerdem ist sie leicht zu behalten, denn sie besteht aus lauter Fragewörtern, die mit dem Buchstaben »W« beginnen. Dabei stellen Sie sich Ihr Projekt vor und beginnen zu fragen:
Was? Wer? Wo? Warum? Wie? Wieviel? Wann? Wie oft? Womit? Wohin?

Die Reihe kann bei Bedarf noch verlängert werden, aber die Beantwortung der hier genannten »W's« kann schon eine ganze Menge von Fragen klären. Nehmen wir einmal an, Ihr Projekt wäre, ein paar Kilo abzunehmen, und gehen wir die W-Liste damit durch:

Was will ich? Ich will abnehmen, und zwar auf die Dauer und ohne mich ständig zu quälen.

Wer kann mir dabei helfen? Zum Beispiel mein Partner, meine Hausärztin, eine Selbsthilfegruppe.

Wo will ich abnehmen? Am Bauch, an den Schenkeln. Also muss ich Sport machen, sonst bleibt die Muskulatur unterfordert und unterentwickelt.

Warum will ich abnehmen? Weil ich mich nicht mehr im Spiegel mag, weil meine Kleider nicht mehr passen und weil ich fürchte, immer weiter zuzunehmen und in ein paar Jahren nicht mehr zwischen den Regalen der Supermärkte durchzupassen.

Wie will ich abnehmen? Fasten habe ich schon ausprobiert, es war keine dauerhafte Lösung. Also muss ich meine ganze Ernährung umstellen. Wie soll die dann aussehen? Ich muss ein paar Bücher lesen und mich über Ernährung informieren. Kalorien zählen allein tut es nicht. Es kommt auch auf die Kombination der Nahrungsmittel an und wie sie aufgenommen werden (zurück zu Wer: Es gibt auch eine Gruppe von Büchern zu diesem Thema).

Wieviel will ich abnehmen? Ich schaue in der Tabelle nach, was mein Idealgewicht wäre – demnach muss ich sechs Kilo abnehmen.

Wann will ich anfangen? Ich trage die Entscheidung bereits ein Jahr lang mit mir herum. Ich muss mir einen Termin setzen. Also, ich vereinbare einen Arztbesuch. Heute rufe ich an.

Wie oft will ich das noch machen? Ich möchte, dass dies auf lange Zeit der letzte Versuch ist und dass er funktioniert.

Womit kann ich mich motivieren, damit ich durchhalte? Ich brauche Leidensgenossen, ich muss zusehen, dass ich nicht alles allein machen muss. Vielleicht schaue ich mir mal die »Weight Watchers« an; vielleicht gibt es auch eine Selbsthilfegruppe.

Wohin orientiere ich mich? Wann ist genug? Ich habe mir ein Ziel gesetzt, danach schaue ich, ob es mir reicht. Sonst orientiere ich mich noch weiter nach unten.

Die W-Wörter können aber auch in völlig andere Richtungen führen. Sie sind dazu da, Haken an geistige Kletterwände zu schlagen. An ihnen können wir Wände erklimmen, die wir ohne sie vielleicht nur mühsam oder gar nicht bezwingen würden. Wo wir sie einschlagen, ist jedoch ganz verschieden. Mit der gleichen Liste können Sie das Konzept für einen Artikel erarbeiten, ein Produkt marktreif machen oder Ihr Liebesleben durchforschen. Vielleicht fallen Ihnen dann noch eine ganze Reihe weiterer W-Wörter ein. Das Prinzip ist einfach und wirkungsvoll.

Vorbereitung für ein Bild

Ein anderes Beispiel für ein kreatives Vorhaben könnte ein Bild sein. Ich empfehle Ihnen, für die Malübungen große Papierbogen zu benutzen. Druckereien geben oft Probedrucke von Plakaten ab, deren Rückseite sich hervorragend eignet. Diese können Sie in größeren Mengen und oft umsonst kriegen. Sie können auch einfach auf einer Wand malen. Wenn Sie immer mal wieder malen möchten, ist auf jeden Fall eine Staffelei sehr nützlich, die standfest ist, Stöße verträgt und lange hält. Hier handelt es sich nicht um die klassische Staffelei für Leinwände mit verstellbarer Höheneinstellung, sondern um eine Staffelei zur Befestigung großer Papierbogen. Diese Staffelei ist denkbar einfach gebaut: Sie besteht aus einem großen Brett mit ausklappbaren Beinen und sieht aus wie ein A.

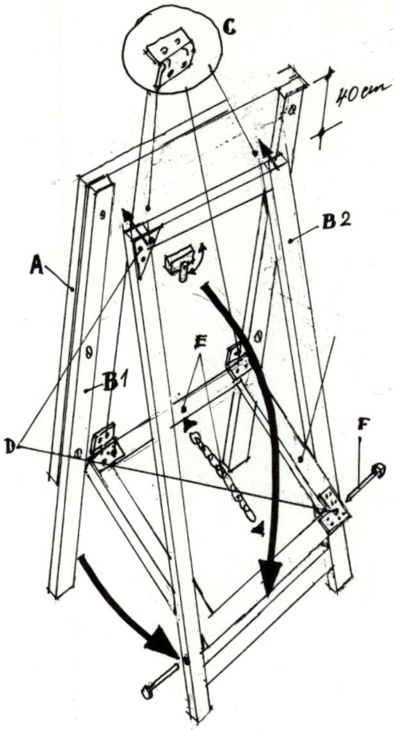

Sie brauchen dafür:

- eine Pressspanplatte A (Tischlerplatte, Dicke: 12-19 mm
  Maße: 110x150 cm)
- 6 Vierkant-Holzleisten B (Normaldachlatten, Profil: 45x25 mm)
- 4 Scharniere C
- nach Belieben Winkelverstärker D
- Klappbügel oder Kette E
- einige lange Nägel, 100 mm, F
- Holzleim, Schrauben, Nägel

Legen Sie das Material vor sich hin. Schließen Sie die Augen, atmen Sie ein paarmal tief ein und fassen Sie die Gegenstände an. Fühlen Sie das Holz, das Metall, die Strukturen. Lassen Sie sich Zeit und machen Sie eine sinnliche Erfahrung aus dieser Übung.

1. Legen Sie die Platte mit der Vorderseite nach unten auf einen Tisch oder auf den Boden. Sie können so am besten und genauesten alle Teile zusammensetzen.
2. Befestigen Sie zwei Dachlatten B1 à 2 m auf der Rückseite und den Längskanten der Platte. Geben Sie etwas Holzleim dazwischen, bevor Sie diese von hinten anschrauben. So, die Platte hat schon zwei Füße.
3. Jetzt kommt der innenliegende, vierseitige Rahmen B2, die Füße zum Ausklappen. Befestigen Sie diese 40 cm unterhalb der Platten-Oberkante mit zwei Scharnieren C. Dieser Rahmen sollte ca. 2 cm kürzer sein als die fest montierten Beine. Wenn Sie wollen, können Sie die Rahmenekken mit einem Metalldreieck D verstärken. Die Maße des Rahmens B2 sind nun ca. 158 x 100 cm. Achten Sie darauf, dass er beim Ausklappen nicht klemmt. Lassen Sie deshalb Luft zwischen B1 und B2.
4. Nun kommt noch der dritte und kleinste Rahmen E, ca. 77 x 90 cm, mit dem die ausklappbaren Beine festgehalten werden. Das gibt der Staffelei die nötige Standfestigkeit. Sie können statt dessen allerdings auch eine Kette nehmen. Montieren Sie ebenfalls die Scharniere, und zwar an die untere Kante des Brettes.
5. Zum Schluss können Sie noch ein bewegliches Stück Metall anschrauben, das dann beim Transport den kleinsten Rahmen E festhält.
6. Stellen Sie Ihr Kunstwerk auf – wenn alles richtig lief, sollte das Ding nun nicht mehr umzuwerfen sein.

Die Größe der Staffelei erlaubt Ihnen, mit großen Papierbogen (75 x 105 cm, sowohl Hoch- als auch Breitformat) zu experimentieren. Große Papierbogen eignen sich besser dazu, »aus dem Bauch heraus« zu malen. Am besten immer gleich drei bis vier Bogen mit dem Tacker übereinander befestigen. Ist ein Bild fertig, lösen Sie das oberste Blatt sorgfältig ab, zuerst unten und dann oben, und schon haben Sie ein neues weißes Papier. Die restlichen Klammern sollten Sie immer mal wieder mit einem feinen Schraubenzieher und einer Zange vom Brett entfernen.

Zum Malen empfehle ich Ihnen günstige, wasserlösliche Gouache-Farben, zum Beispiel in 500-ml-Flaschen, wie sie in Schulen und Kindergärten verwendet werden (Echtgelb, Ultramarinblau, Karminrot, Weiß und Schwarz). Sie lässt sich gut von den Händen abwaschen, so dass Sie getrost drauflos schmieren können. Experimentieren Sie auch mit billigen, kleinen, mittleren und großen Flachpinseln, Kohlenstiften und Schwämmen und allem,

was Ihnen in die Finger gerät.
Was Sie sonst noch brauchen: Lappen, Wassereimer, Malgläser. Ordnen Sie Ihre Werkzeuge und Ihr Material schön um sich herum an.
Und: Lassen Sie sich Zeit!

Kreativitätskiller in der Sammelphase

Wo können Sie in dieser Phase stolpern? Es gibt natürlich wieder viele Möglichkeiten, aber einige der häufigsten habe ich hier zusammengestellt.

»Ich finde kein geeignetes Material«
Wir haben bereits gesehen, dass der kreative Prozess beide Hälften des Gehirns braucht, beide Aspekte menschlichen Tuns: den irrationalen und den rationalen. In der Sammelphase brauchen wir den Rohstoff für die kreative Idee. Wir müssen uns vielleicht Informationen beschaffen – und wenn wir heutzutage etwas im wahren Überfluss besitzen, dann sind das Informationen! Sie können in Bibliotheken gehen, in Informationszentren, Sie können den Computer anschalten und ins Internet eintauchen (aber kommen Sie wieder zurück, sonst vergessen Sie, was Sie eigentlich vorhatten!), und vor allem: Sie können andere Menschen fragen. Wenn Sie eine konkrete Frage haben, dann ist das immer eine gute Voraussetzung, die Antwort zu finden.

Bei Materialien ist die Situation ähnlich – niemals in der Geschichte der Menschheit gab es so viele verschiedene Materialien, seien es Farben, Leinwand, Werkstoffe oder anderes, und niemals waren sie so leicht zugänglich. Stellen Sie sich vor, wie ein Maler im Mittelalter malen musste: Er baute seine Rahmen selbst, spannte die Leinwand darauf, mischte sich eine Grundierung (falls er wusste, dass man eine braucht), und anschließend mischte er sich auch noch alle Farben, nach den Rezepten, die gerade greifbar waren. Sie waren sehr unterschiedlich und nicht alle besonders gut. Deshalb sind einige Kunstwerke erstaunlich gut erhalten geblieben, während andere, vielleicht nicht weniger große, bereits zerfallen sind.

»Ich habe viel zuviel Stoff, das kriege ich nie unter einen Hut«
Sie müssen keine Enzyklopädie schreiben, Sie müssen auch überhaupt nicht alles unter einen Hut bringen – Sie sind einfach wieder einmal zu ernst geworden. Spielen Sie mit dem Stoff, mit der Fülle, und lassen Sie sich von Ihrer Intuition leiten. Vielleicht ist genau das darin, was Sie suchen! Immer dann, wenn Sie bemerken, dass Sie sich verkrampfen, sollten Sie die Sache

fallen lassen und erst den Geist lockern, bevor Sie weitermachen.

»Ich weiß nicht weiter«

Hier können Sie, wie schon erwähnt, auf eine uralte Methode zurückgreifen: Sie können andere Menschen fragen. Wen finden Sie kreativ in Ihrem Bekanntenkreis? Gehen Sie hin und führen Sie ein »Werkstattgespräch«. Jeder kreative Mensch kennt dieses Problem. Oftmals ist es schon eine große Hilfe, sich darüber nur mal auszuweinen. Sie können aber auch ganz wertvolle Tipps bekommen. Und hier noch drei ganz wichtige Punkte:

- Bereits die Entscheidung, sich helfen zu lassen, kann den Geist lockern.
- Formulieren Sie Ihre Frage, Ihr Problem möglichst genau.
- Wenn Sie in Ihrem Freundeskreis niemanden finden, dann schauen Sie sich in größerem Rahmen um. Schreiben Sie auch einfach mal an Menschen, die Sie für kreativ halten.
- Nutzen Sie die Angebote von Kreativitäts-Workshops.

»Ich bringe ja doch nichts hin«

Auch dieser Satz ist ein wirkungsvoller Killer kreativer Aktivitäten. Schauen Sie ihn sich mal genauer an – möglicherweise hat sich dahinter wieder einmal der große, mächtige Feind der Kreativität versteckt: die Bequemlichkeit. Wenn das der Fall ist, dann lassen Sie am besten die Finger von der ganzen Sache, setzen sich in einen Sessel und schauen sich eine Reportage über kreative Menschen an.

Künstlerinnen und Künstler, MusikerInnen sowie andere kreative Menschen kennen dieses Gefühl allerdings durchaus. Durch dieses Tal sind sie praktisch alle gegangen, und mit ihnen alle Wissenschaftler, Manager und Unternehmer und die meisten anderen, die jemals kreativ geworden sind – von jenen seltenen Menschen abgesehen, denen die Leistung einfach als Geschenk in den Schoß fiel. KünstlerInnen zeichnen sich nicht nur durch Talent aus, sondern auch dadurch, dass sie es aushalten, auf dem Weg zu einem Ziel durch einen Sumpf unzulänglicher Versuche waten zu müssen. Aber sie hören nicht auf, weiterzugehen. Und je größer und klarer die Vision dessen ist, was sie erreichen wollen, desto schmerzlicher ist der Abstand, den unzulängliche Versuche verraten. Sie lassen sich davon aber nicht entmutigen, sondern halten durch.

Also: Richten Sie sich auf einen »langen Marsch« ein, kalkulieren Sie Fehlversuche von vornherein mit ein! Das ist gemeint, wenn von »95 Prozent Transpiration« gesprochen wird. Deshalb macht ein Maler Skizzen, deshalb muss ein Wissenschaftler viele Ideen produzieren und verwerfen, um nur einige wenige zu verfolgen, deshalb müssen Erfinder Versuche machen. Was hier helfen kann, ist: durchhalten. Machen Sie es sich so schön wie möglich, suchen Sie sich eine angenehme Umgebung und nehmen Sie sich Zeit!

3. Inkubationsphase

Wir sind an einem Punkt angekommen, wo wir genügend gesammelt haben – Material, Werkzeuge, Techniken, Informationen. Jetzt muss das Ganze verbunden und dem Unterbewussten überlassen werden – ein irrationaler, geradezu paradoxer Schritt: Wir entfernen uns von unserem Vorhaben und versuchen, den Prozess möglichst wenig durch unser Bewusstsein – vor allem durch unsere Wünsche und Vorstellungen – zu stören. Einen ungeduldigen Auftraggeber, der auf das Ergebnis unserer Kreativität drängt, kann dieser Schritt recht nervös machen, deshalb ist es gut, in dieser Phase »abzutauchen«. Denn wir gehen nun auf Umwegen mit dem Projekt um, lösen uns aus dem rationalen, begrifflichen Denken, das wir in der Sammelphase benutzt haben, und gehen tief in visuelle Vorstellungen hinein, bildhafte Gedankenspielereien, halbbewusste Träumereien. Jetzt geht es um Phantasien, Gefühle, Visionen, die aktiviert werden. Diese Phase wird von vielen Kreativitätstechniken besonders gefördert, weil hier der Ausbruch aus gewohnten Denkmustern stattfindet und der Bezug auf Bilder schöpferische Impulse auslöst; sie ist mit der Vorbereitungsphase verwandt, denn dort wie jetzt ist es nötig, den Geist zu lockern und nicht am Schwingen zu hindern.

In der Inkubationsphase machen wir uns also für die Inspiration zugänglich. Gut ist es, herumzuspielen nach den Motto: Alles ist möglich. Was uns hilft, aus der Enge unseres Weltbilds, unseres vermeintlichen Wissens und unserer Sorgen herauszukommen, ist hier hilfreich – also Meditation, Atemtechniken, Bewegung, oder einfach etwas ganz anderes tun ... Richtig ist, was funktioniert. In dieser Phase findet die Zeugung des kreativen Gedankens statt. Das gilt für die Malerei wie für Wissenschaft, Musik, Bildhauerei, Mathematik oder das Programmieren von Computern.

Jetzt ist es nützlich, sich vorzustellen, es gebe einen inneren Helfer, eine Muse, die Kraft des Kosmos oder was uns auch sonst beistehen mag. Hier ist Geduld nötig, für den Zeitraum zwischen diesem Gefühl »Ja, jetzt ist etwas da« und dem Wissen, was daraus wird und wie wir es in die Realität umsetzen können. Jetzt wird es Zeit, die Hilfsmittel hervorzuholen, die bereits im ersten Teil des Buches genannt worden sind – jetzt kann sich zeigen, ob sie wirklich helfen:

- Meditation
- Malen
- Massage

- Spaziergänge, Wandern, Segeln, Schwimmen
- Joggen, Boxen, Klettern, Radfahren
- Musizieren
- Schlafen
- Angeln

Die Dauer einer solchen Phase kann höchst unterschiedlich sein, zwischen Minuten und Monaten. Es ist die Zeit, in der wir buchstäblich etwas »ausbrüten«, in der dieses Etwas sich entwickelt und wir es noch nicht richtig zu fassen bekommen. Es ist eine Zeit des Wartens. Es kann gut sein, darüber zu reden, oder auch ganz unmöglich.

In dieser Phase ist es von Vorteil, die Verbindung zwischen der rechten und der linken Gehirnhälfte anzuregen. Eine gute Möglichkeit bietet die bereits eingeführte Übung »Die linke Hand« (Seite 125), denn sie schärft nicht nur die Wahrnehmung, sondern sie ist auch eine Entdeckungsreise in Ihre eigene Ganzheit. Hier noch einige Abwandlungen:

Variante 1: Schreiben Sie mit der linken Hand mit offenen, dann mit geschlossenen Augen Ihren Namen auf ein Papier.

Variante 2: Zeichnen und malen Sie mit der linken Hand auf große Papierbogen auf dem Tisch oder an der Wand.

Variante 3 (auch als Kreativitätstechnik zur Ideenfindung geeignet):

1. Formulieren und vergegenwärtigen Sie sich Ihre Idee, Aufgabenstellung oder Ihr Problem.
2. Fragen Sie sich innerlich: Wie fühlt sich der Gegenstand, die Idee, das Problem, das gesuchte Ziel an? Wie sieht es aus? Wie riecht es? Wie schmeckt es? Geben Sie nun wie ein Seismograph die sensorischen Impulse durch Skizzieren, kritzeln Sie diese Impulse mit der linken Hand unmittelbar hin; das braucht keinen Sinn zu ergeben.
3. Reden Sie mit Ihrer neuentdeckten Hand wie mit einem Kind. Fragen Sie sie nach allem, was sie über die Idee, das Problem fühlt und denkt. Notieren Sie Ihre Antworten ebenfalls auf das Papier. Hängen Sie alle Zeichnungen und Notizen an die Wand Ihres Arbeitsraumes.

Tipp für Mutige: Besorgen Sie sich leere Postkarten und malen Sie mit der linken Hand Männer, Frauen, Häuser, Bäume, Sonne und Tiere bunt und froh, so wie es die Kinder machen – und verschicken sie an Freunde und Bekannte. Kümmern Sie sich nicht um die Richtigkeit der Figuren, besinnen Sie sich auf den »naiven Stil«. Werden Sie wieder das Kind, das Sie waren. Nebenbei ist das eine lustige Alternative für Neujahrs- und Glückwunschkarten. Dieses Spiel ist auch für die ganze Familie geeignet. Sie werden Ihren Spaß haben.

Farbe bekennen

Spontanes Malen

Treten Sie ein in das magische Land der Farben. Die Eintrittskarte sind Sie selbst. Ihr Mut, Ihre Neugierde und Ihre Bereitschaft, all die Farben aus dem Malkasten Ihres Innern auszupacken, um mit sich selbst zu experimentieren. Auf dem weißen Papier können Sie ganz einfach Sie selbst sein, und das Schöne dabei ist: Sie können dies ohne Konsequenzen und Kompromisse tun. Das weiße Papier urteilt nicht, es ist nur ein Spiegel, in dem Sie sich selbst erkennen können. Denn plötzlich ist sie da, die unbeschränkte Freiheit, die Unschuld, vor Ihnen auf dem Papier. Wie reagieren Sie? Freuen Sie sich? Spüren Sie Angst? Was geschieht? Um diese Erfahrung geht es, wenn Sie einmal vor einem weißen Papier oder einer Leinwand stehen.

Der Ausdruck über Farbe und Form ist ein geeignetes Mittel, um den eigenen schöpferischen Willen, das, was Sie wirklich sind und wollen, zu entdecken und zu trainieren. Beim Malen erfahren Sie am unmittelbarsten, was Kreativität ist. Sie betreten Neuland. Sie erfahren das leichte Unbehagen angesichts der unermesslichen Leere und Freiheit dieser weißen Fläche.

Sie spüren die Angst vor soviel Entscheidungsfreiheit. Die Angst zu versagen, den Wunsch, dass Ihr Werk gelingen und Anerkennung erfahren möge. Sie werden nicht nur mit dem Handwerk, den Farben und Pinseln konfrontiert, sondern gleichzeitig mit sich selbst, mit Ihren Träumen und Wünschen, Ihrer Frustration, Ihrer Wut und Ihrem Glück, bis Ihr wirkliches

Wesen zutage tritt, bis Sie Ihre Form gefunden haben, natürlich sich selbst treu sind und Farbe bekennen.

Fangen Sie an zu üben. Zunächst sollten Sie dies ziellos tun, ohne sich gleich in ein bestimmtes Thema zu verbeißen. Ein bisschen ist das, wie wenn Sportler vor dem Start hin und her tänzeln – sie rennen auch nicht schon los, sondern lockern die Muskeln. Mit dem Gehirn ist das nicht viel anders.

1. Stellen Sie sich vor das Papier, zuerst einmal mit leeren Händen, ohne Pinsel. Berühren Sie das Papier, gehen Sie um die Staffelei herum. Seien Sie mit all Ihren Sinnen ganz hier und jetzt. Versuchen Sie äußerste Präsenz, indem Sie die Füße auf dem Boden spüren und tief atmen, beobachten Sie intensiv die Farben, versuchen Sie sich vorzustellen, dass Sie die Farben mit der Zunge schmecken, wie ein Koch die Gewürze. Versuchen Sie die Farben mit den Ohren zu hören. Welchen Klang hat Rot, welches Lied singt Gelb, welchen Akkord hat Schwarz? Lassen Sie sich für dieses Vorspiel Zeit.
2. Fixieren Sie jetzt die Mitte des Papiers und atmen Sie tief ein und entspannt aus. Weiten Sie Ihren Blick immer mehr aus, bis sich Ihr Blickfeld über das Bild hinaus erweitert, und atmen Sie dabei tief und entspannt.
3. Nehmen Sie jetzt einen Pinsel, der Sie anspricht, in die Hand. Stellen Sie sich vor das Papier. Atmen Sie! Spielen Sie mit den Borsten des Pinsels. Merken Sie, wie sich das sinnlich und lustvoll anfühlt? Warten Sie, bis sich ein angeregter Zustand in Ihnen ergibt. Bis Sie plötzlich eine Farbe sehen und eine Bewegung fühlen. Zögern Sie nicht: Malen Sie jetzt!

Machen Sie ruhig Töne oder Grimassen dabei. Reden, brabbeln Sie dazu, wenn Sie mögen. Alles ist erlaubt. Sie schaden niemandem. Sie machen sich nicht lächerlich – außer vielleicht vor Ihrem Verstand, der Ihnen weismachen will, was richtig und was falsch ist und wie sich ein richtiger Künstler zu benehmen hat. Sagen Sie ihm, dass er Sie jetzt in Ruhe lassen soll.

Betrachten Sie einfach das Papier in diesem erweiterten Wahrnehmungskreis, offen, empfänglich, so dass Ihnen Empfindungen, Impulse, und Formen zufallen, von innen heraus entstehen und einfach geschehen.

Vorschläge: Malen zu einem Thema

- Meine Stärken
- Meine Schwächen

- Was liegt mir wirklich am Herzen? Meine Vision
- Die Hindernisse
- Wie kann ich diese Hindernisse überwinden?
- Gegensätze wie Liebe–Hass, Mann–Frau, Tag–Nacht
- Malen und zeichen Sie innere Stimmen und Wesensanteile: Dämonen, Engel, Teufel, Nörgler, Kritiker, Perfektionist, Mörder, Nervensäge, Angsthase, Nonne, Mönch und so weiter.
- Malen Sie sich als Baum.

Synchronzeichnen

Diese Übung ist nützlich, damit die beiden Gehirnhälften besser miteinander kommunizieren können: Zeichnen oder malen Sie mit beiden Händen zugleich.

Befestigen Sie ein großes Blatt auf Ihrer neuen Staffelei, mindestens DIN A3. Nun malen Sie beliebige Muster mit beiden Händen, synchron. Sie können alle Arten von Stiften und Pinseln benutzen. Am besten sind Fingerfarben, weil sie die Übung noch intensiver machen.

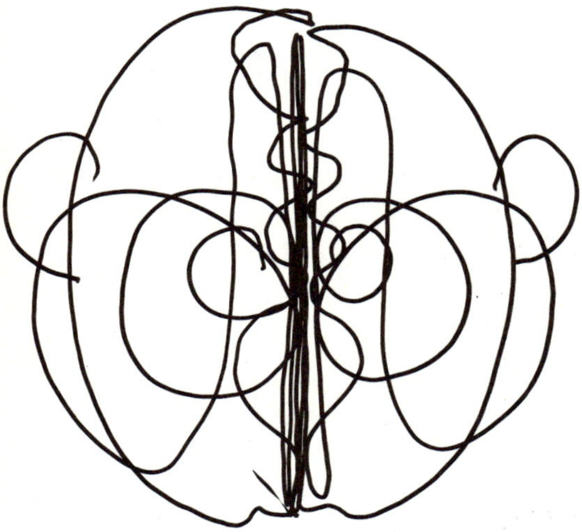

Erste Stufe: symmetrische Formen. Zweite Stufe: verschiedene Formen mit der linken und rechten Hand gleichzeitig. Denken Sie daran: Es geht nicht darum, ein Kunstwerk zu schaffen, sondern Ihrem Geist zu helfen, lockerer zu werden.

Modellieren

Nehmen Sie Ton oder Knetmasse. Vergegenwärtigen Sie sich Absicht, Idee, Ziel, Problem und Aufgabenstellung. Nehmen Sie den Klumpen Modelliermasse in beide Hände. Schließen Sie Ihre Augen und stimmen Sie sich auf das sich langsam in ihrem Inneren entstehende Bild ein. Stellen Sie sich auf Ihr Projekt, Ihren Wunsch, Ihre Aufgabenstellung, Ihr Problem innerlich ein.

Und nun kneten Sie los. Lassen Sie Ihre Hände entscheiden und überlassen Sie sich dem Unbewussten, das auf diese Weise hervorkommt. Es kann zunächst völlig ungezielt und zufällig wirken, aber wenn Sie ein wenig geduldig sind und einfach abwarten, dann kommt immer etwas, womit Sie nicht gerechnet haben, was Sie vielleicht ignoriert oder übersehen haben – auf jeden Fall eine Überraschung. Folgende Punkte sind wichtig:

- Modellieren zu Musik.
- Kneten Sie Gefühle wie Wut, Sinnlichkeit, Sexualität, Traurigkeit, Freude, Humor in das Material ein. Es nimmt alles auf. Werden Sie es los, durch Ihre Hände, und wandeln Sie es in Formen um.
- Kneten Sie immer mit beiden Händen gleichzeitig. So halten Sie die linke Gehirnhälfte beschäftigt, während sich Ihre rechte ungestört auf die Gefühle, Bilder und Formen einlassen kann.
- Stellen Sie alles zusammen mit Skizzen und Notizen im Zimmer auf und schauen Sie es in den nächsten Tagen und Wochen immer wieder an.

Kreativitätskiller in der Inkubationsphase

Diese Phase ist schwierig für alle Menschen, die gewöhnt sind, rational, zielstrebig und effektiv zu arbeiten, also solche, die sich vorwiegend auf die linke Hälfte ihres Gehirns verlassen. Sie müssen lernen, ihrem Unterbewussten zu vertrauen.

Beim Anlocken des kreativen Funkens können wir uns auch das Träumen zu Hilfe holen – Träumen ist sozusagen die Telefonleitung zur Kreativität. Damit ist nicht nur der engere Sinn des Träumens gemeint, diese Welt, die wir uns im Schlaf schaffen, sondern besonders auch das Tagträumen. Hier ein kleiner Ausflug:

»Wer dreht den Film meines Lebens?«

Gewissermaßen ist jede(r) AutorIn des Drehbuchs für das eigene Leben. Es gibt daneben noch jede Menge Co-Autoren – unerwünschte, wie etwa die sprichwörtlichen Schwiegermütter oder andere Autoritäten, und erwünschte, wie Freunde, Mentoren, Partner. Wir lassen sie an diesem Drehbuch mitschreiben, meistens, ohne dass wir uns dessen bewusst sind. Aber zumindest jenen Teil, den Sie selbst schreiben, können Sie auch umschreiben. Und Sie können bis zu einem gewissen Grad auch bestimmen, wie groß der Einfluss der Co-Autoren sein soll. Wir haben zwar oft das Gefühl, Opfer der Ereignisse und äußerer Kräfte zu sein, und manchmal stimmt das sicherlich auch. Aber wir vernachlässigen dabei den entscheidenden Teil unseres

Lebens, den wir tatsächlich selbst gestalten können.

Hier können Sie das Träumen zu Hilfe nehmen. Stellen Sie sich vor, Ihr Leben sei ein Film, der »Film meines Lebens«. Dies ist eine mentale Übung. Sie brauchen dazu nicht viel Zeit und keinerlei Requisiten. Sie eignet sich besonders gut, wenn das Fernsehprogramm wieder mal nichts hergibt, an faulen Nachmittagen, oder wenn Sie vielleicht irgendwie feststecken. Stellen Sie sich vor, Sie möchten einen Film drehen, über sich selbst. Natürlich tun Sie das nicht ganz alleine – die verschiedenen Aufgaben beim Filmen werden von unterschiedlichen Personen wahrgenommen. Schauen Sie sich die einmal an.

Autor sind Sie natürlich selber. Ihre Vorstellungen von sich, Ihren Möglichkeiten, Ihren Grenzen sind es, von denen der Rahmen Ihrer Realität abgesteckt wird. Kreativität bedeutet, diesen Rahmen zu erkennen und damit zu spielen. Besonders interessant ist es, zu überlegen, wer sich sonst noch als Autor in Ihrem Drehbuch betätigt, ob Sie das wollen und was Sie hier gegebenenfalls ändern können. Werfen Sie einfach ein paar ungewünschte Co-Autoren hinaus.

Schauspieler sind wiederum einmal Sie selbst, im Plural: die verschiedenen Rollen, die Sie spielen, Ihre Identitäten, auch Ihre Schattenseiten – erst mit allen zusammen kommt Spannung und Bewegung ins Drehbuch. Schließen Sie auch Aspekte ein, die Sie sich vielleicht nicht zu spielen getrauen: Dämonen, Zerstörer, Superman und Superwoman ...

Weitere Schauspieler sind natürlich Ihre Mitmenschen, sowohl jene in Ihrer Nähe als auch alle anderen, die Sie in Ihrem Drehbuch mit drinhaben wollen. Vergessen Sie nicht: Sie können das bestimmen. Keiner kann gegen Ihren Willen in Ihr Drehbuch eindringen. Genießen Sie es, jemanden durch einen Federstrich rauszuwerfen oder gnädig aufzunehmen.

Die Kamera ist Ihre Blickrichtung, die Sie ändern, Ihr Standpunkt, den Sie neu positionieren können. Um ein klares Bild zu bekommen und bestimmte Einzelheiten deutlicher zu erkennen, sind manchmal Filter notwendig. Sie blenden einen Teil der Realität aus, fügen vielleicht eine neue Farbe hinzu. Wichtig ist nur, zu wissen, dass Sie das tun, und die ausgeblendeten Teile nicht zu vergessen.

Die Beleuchtung gibt einem Film den Zauber, den das Drehbuch nur ahnen lassen kann. Unter dem Licht der Liebe sieht alles völlig anders aus als unter dem Licht des Neides oder der Eifersucht – obwohl alle äußeren Umstände identisch sein können. Das Licht der Langeweile, der Überforderung, des Glücks oder der Angst verleiht der Realität jeweils eine andere Wirkung.

Spielen Sie ein wenig mit der Beleuchtung: Sie können andere Menschen in ganz verschiedenes Licht setzen, zum Beispiel, sie liebevoll oder gnadenlos betrachten, moralisch oder unmoralisch, humorvoll oder verbissen, respektlos oder andächtig – das können Sie! Und niemand kann es Ihnen verbieten. Diese Freiheit ist köstlich und erfrischend.

Die Musik ist sozusagen die Beleuchtung im Inneren der Hauptdarsteller und geht am tiefsten. Sie symbolisiert die Gemütslage, Stimmung und Gefühle. In Ihrem Drehbuch können Sie auch mit der Musik experimentieren. Vor allem können Sie herausfinden, welche Musik tatsächlich stimmt. Es wird keine einheitlich durchgehende Musik sein, sondern sie verändert sich. Das ist eines der Elemente, aus denen die Spannung in Ihrem Film entsteht.

Die Regie koordiniert dieses ganze komplexe Geflecht und bringt es in einen stimmigen Ablauf. Sie kennt alle Elemente Ihres Filmes, behält den Überblick, kennt die richtigen Zeitpunkte für die verschiedenen Auftritte und symbolisiert den harmonischen Ablauf. Die Regie kennt das Drehbuch genau; sie ändert nichts mehr daran, sondern versucht, es so wirkungsvoll, intensiv, schön und perfekt wie möglich umzusetzen. Sie ordnet an, bestimmte Szenen so oft zu wiederholen, bis sie stimmen. Ihr Geheimnis ist es, im Hintergrund zu bleiben und von dort aus zu wirken. Eine gute Regie vermag es, Schauspieler, Kameraleute, Beleuchter und alle anderen Beteiligten über sich selbst hinauswachsen zu lassen.

Nicht zu vergessen ist der Produzent, der an die praktische Durchführbarkeit des Projekts denkt, die finanziellen Mittel herbeischafft und beurteilt, ob das Ganze eine Chance hat. Wenn er sich irrt, wird der Film ein Flop. Er bringt die »Realität« in das Projekt. Wird er zu stark, erstickt er die Kreativität. Ist er schwach, schwebt das Projekt davon wie ein Luftballon.

Und der Film? Der hat schon begonnen. Jetzt liegt es an Ihnen, dramatische Höhepunkte, Gefahren und Rettungen, Liebe und Hass, Gut und Böse einzubauen und zu einer Geschichte zu verweben. Das Erstaunliche an dieser Übung ist, dass Glück und Unglück plötzlich einen anderen Charakter gewinnen: Sie gehören beide zum Leben, aus ihnen entsteht die Spannung in Ihrem Film. Und wenn Sie wach genug sind, können Sie die Verteilung beeinflussen, denn ein Happy-End wäre ja doch schön ...

Träumen Sie weiter. Seien Sie Zuschauer in Ihrem eigenen Kino, behalten Sie den Abstand zur Leinwand und machen Sie das Drama möglichst spannend. Sie können jede Sequenz ändern, so oft Sie wollen, bis Sie damit zufrieden sind. Vielleicht macht es sogar Spaß, sie aufzuschreiben. Auf jeden Fall haben Sie alle Zeit, die Sie brauchen, und alle Freiheit, die Balance zu stören und wiederherzustellen. Vielleicht kommen Sie dabei sogar sich selbst auf die Schliche – etwa jener unseligen Technik, mit der man sich seine Schwierigkeiten manchmal selbst schafft. Finden Sie neue Lösungen – der Abstand, den diese Übung zum persönlichen Drama schafft, ist dabei sehr nützlich. Und ganz nebenbei kommen Sie mit dem kreativen Funken in Berührung.

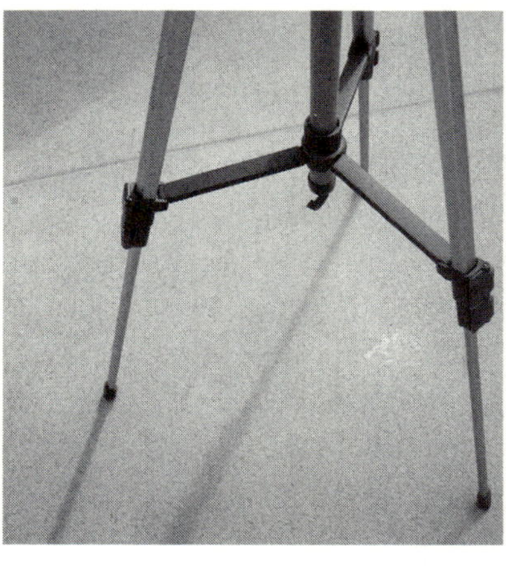

4. Illumination – der kreative Funke

In dieser Phase wird die Idee geboren, sie wird sichtbar und kommt ans Licht. Wir nehmen sie wahr und sind damit beschenkt worden. Sie wartet nun darauf, von uns aufgenommen und großgezogen zu werden. Vielleicht ist dies der weiblichste Teil im Prozess der Kreativität: Wir müssen empfänglich sein und warten lernen, wach bleiben und den richtigen Moment erkennen. Erzwingen lässt sich hier überhaupt nichts – im Gegenteil: Zwang tötet den größten Teil Kreativität recht zuverlässig. Berechenbar ist die Illumination, der Lichtblick, die Inspiration, die Idee nicht. Das ist wie mit dem Glück: Wenn wir es berechnen könnten, würden wir es manipulieren. Es wäre kein Glück mehr, weil die Verbindung zum Göttlichen, das Beschenkt-Sein, verlorengegangen wäre. Da wird man demütig, bescheiden und weich.

Trotzdem wird es immer wieder versucht, es ist, als ob das im Menschen eingebaut sei: Was einmal funktioniert hat, versucht man immer wieder. So entstehen rituelle, sinnlose Handlungen, die einst nur Kulisse eines kreativen Moments gewesen sind. Die Kulisse können wir herstellen, und wir wünschen uns, dass mit der Kulisse die Erleuchtung mitgeliefert wird. Aber wir verstehen dabei nicht, worauf es tatsächlich ankommt: nicht auf die äußeren Umstände, sondern auf die inneren. Nichtsdestotrotz habe ich es natürlich auch immer wieder so versucht und tue es gelegentlich immer noch. Die Verlokkung ist zu groß. Aber die Muse lacht darüber. Und unberechenbar wie sie ist, küsst sie einen manchmal trotzdem, aber meistens wendet sie sich ab, wenn wir versuchen, den Kuss zu formalisieren und vorhersagbar zu machen.

Der Blitz kommt oft erst dann, wenn man ihn nicht mehr erwartet, aufgegeben hat und den Scheinwerfer der Hoffnung abschaltet. Das ist anderen Kreativen auch so gegangen. Wo hat man seine Ideen? »Ich will nichts wollen« ist die Zwickmühle, die das Dilemma am deutlichsten macht. Hier hilft nur Sinn für Humor, Distanz zum Wunsch und Vertrauen. Hier gibt es keinen Trick und kein Lehrbuch. Wir fühlen: Etwas in uns hat begonnen, zu leben und eine eigene Gestalt anzunehmen. Wir tragen etwas in uns herum, von dem wir wissen, dass es hinaus will, wenn es reif ist, und dass wir es schützen und behüten müssen, bis es soweit ist. Das Unbewusste arbeitet im Dunkeln am Unbekannten. In dieser Phase müssen wir auf Kräfte vertrauen, die wir nicht nach unserem Willen beeinflussen können – wir können nur darauf achten, sie nicht zu stören.

Kreativitätskiller in der Illuminationsphase

Der inspirierende Funke ist ein zartes Gebilde. Er fliegt ungenutzt vorbei, wenn wir uns nicht von ihm entzünden lassen. Wir müssen uns also öffnen, damit er sozusagen die »entzündbaren Bereiche« in uns erreicht.

Urteilen

Wie die Idee aussieht, die uns geschenkt wird, wissen wir nicht vorher. Und manchmal sieht sie anders aus, als wir uns das vorgestellt haben. Vielleicht ist sie radikaler, umfassender, oder sie geht in eine andere Richtung, als wir erwartet haben. Wichtig ist also, nicht zu urteilen. Der Hauptfehler, der immer wieder geschieht, ist, eine Idee zu verwerfen, weil sie zu anders ist als das, was wir gedacht hatten.

Wir unterschätzen gewöhnlich das Ausmaß unserer Vorurteile. Was Kreativität betrifft, sind sie auf keinen Fall hilfreich. Also versuchen Sie einmal, sie zu finden und darüber hinwegzukommen. Nun ist das auch wieder schwierig, denn wenn Sie auf der Suche nach Vorurteilen sind, urteilen Sie natürlich auch wieder. Also lieber ein paar spielerische Versuche:

- Ziehen Sie all Ihre Kleidungsstücke, die Sie anhaben, aus und wenden sie auf die linke Seite. Ziehen Sie das ganze Zeug verkehrt wieder an und bewundern Sie sich im Spiegel.
- Suchen Sie sich ein paar Grundsätze in Ihrem Leben aus, an denen Sie sich orientieren – zum Beispiel: aufrichtig sein, Versprechen einhalten, gesund leben oder was auch immer. Und nun denken Sie sich einmal das Gegenteil. Hier ist die »Janus-Übung« recht unterhaltsam. Sie erinnern sich sicher: Janus war ein griechischer Gott, der zwei Gesichter hatte. Als Symbol steht er für die Tatsache, dass alles zwei Seiten hat, von verschiedenen Standpunkten aus gesehen werden kann und dann immer wieder anders aussieht. Er ist der Gott der Schwelle, der Gegensätze, der Gott des Anfangs und des Beginnens. Damit ist er prädestiniert als Symbol beider Gehirnhälften.

1. Suchen Sie eine Vertrauensperson, einen Freund oder eine Freundin.
2. Vergegenwärtigen, besprechen und definieren Sie so genau wie möglich Ihre Aufgabenstellung – vielleicht mit großen Buchstaben gut sichtbar zusammen mit anderem Anschauungsmaterial an eine Pinnwand heften oder schreiben.
3. Bestimmen Sie nun, wer von Ihnen beiden in die Rolle der linken

und wer in die Rolle der rechten Gehirnhälfte schlüpft und so echt wie möglich aus den jeweiligen Denkeigenschaften dieser Hälfte heraus argumentiert und agiert. Einer spielt also die Rolle des Logisch-Analytischen, der andere benimmt sich tunlichst unlogisch und agiert ausschließlich aus Bauch und Gefühl heraus. Er kann auch in Form von Skizzen, Gekritzel, Tönen, Theater oder sonstwie antworten.

4. Beginnen Sie jetzt mit der Diskussion und Argumentation.
5. Nach einer Weile wechseln Sie die Rollen.
   So denken Sie praktisch mit vier Gehirnhälften.
6. Machen Sie eine längere Pause und reden Sie kein Wort mehr darüber.
7. Verwerten Sie das Material und schauen Sie zusammen, ob sich brauchbare Impulse, Ideen, Anregungen oder Kombination daraus ergeben haben.

Wichtig: Machen Sie keinen Konkurrenzkampf daraus, vermeiden Sie Beziehungsspiele und bleiben Sie konsequent in der Rolle der jeweiligen Gehirnhälfte.

Eine weitere nützliche Übung, über die eigene geistige Enge und die Vorurteile hinauszukommen, ist der »Daumen-Dynamo«:

Ausgangslage: Sie sitzen oder stehen bequem. Während der ganzen Übung halten Sie beide Arme angewinkelt und parallel, so als würden Sie das Steuerrad eines Autos umklammern. Ballen Sie die Fäuste. Nun geht es los:

1. Linke Hand: Daumen nach oben ausstrecken, die anderen Finger bilden weiter die Faust. Rechte Hand: Daumen wird von den anderen Fingern umfasst, liegt innerhalb der Faust.
2. Das Ganze umkehren – nun liegt der Daumen der linken Hand innen und jener der rechten Hand wird nach oben ausgestreckt.
3. wie 1. Wiederholen Sie diese Übung zwanzigmal.

Sie werden überrascht sein, wie oft Sie sich verhaspeln und welche geistige Konzentration diese simple Übung erfordert. In der Zeit, bis die Bewegungen automatisch erfolgen, ist Ihr Gehirn beschäftigt und von Ihren Urteilen, Hoffnungen, Befürchtungen und Erwartungen ungestört. Genau das braucht es.

Zu beschäftigt sein

Ein anderer großer Killer in der Illumination (wie in allen anderen Phasen) ist, zu beschäftigt zu sein. Das ist das Verrückte: Wir sind oft so sehr von der Bewältigung des Tagesgeschäfts absorbiert, dass für kreative Ideen einfach keine Zeit bleibt. Die Muse ignoriert uns dann – oder sie küsst uns, und wir merken es nicht.

Gegen diesen Killer gibt es kein Patentrezept. Wichtig ist nur, sich hin und wieder daran zu erinnern, dass es sich um einen Killer handelt. Da hilft kein Jammern. Aber was hilft, ist: ATMEN. Holen Sie mal Luft. Bricht die Welt zusammen, wenn Sie sich so viel Zeit nehmen, dass Sie tief atmen? Wenn ja, dann können Sie es darauf ankommen lassen. Dann hat die Welt das verdient. Wenn nicht, dann können Sie ja mal Luft holen. Es ist ein allgemeines Problem, dass wir viel mehr reagieren als selbstbestimmt agieren (die Amerikaner nennen das »proagieren«). Das Ergebnis ist, dass wir wie Automaten funktionieren – und jemand anders bedient die Knöpfe. Also, jetzt gleich, ohne weitere Vorbereitung:

- Lassen Sie das Buch sinken.
- Schließen Sie die Augen.
- Atmen Sie tief ein und aus.
- Tun Sie dies zwanzig Atemzüge lang.
- Beobachten Sie Ihre Gedanken, aber lassen Sie sich nicht von ihnen ablenken, sondern halten Sie wenigstens die zwanzig Atemzüge durch.
- Konzentrieren Sie sich auf die Gefühle, Wahrnehmungen und verhalten Sie sich, als ob Sie ein Theaterstück besuchen. Zufällig spielen Sie selbst darin die Hauptrolle. Schauen Sie sich zu.
- Nehmen Sie ein original-tibetanisches Doppel-Mantra zu Hilfe – es heißt: Einatmen – Ausatmen.

Diese Übung ist kein Wundermittel gegen Hektik und Stress, aber sie ist sozusagen eine Hilfe, aus eigener Kraft wieder daraus zu entkommen. Die Entscheidung kann Ihnen aber niemand abnehmen. Und hier sind wir bei einem ganz wichtigen Punkt: Wer entscheidet eigentlich in Ihrem Leben? Natürlich möchten wir alle selbstbestimmt sein und keine Automaten, die von anderen gesteuert werden. Die Realität sieht aber oft genug anders aus. Eine einfache Übung, um herauszufinden, wer Sie möglicherweise manipuliert, ist das »Lotto-Spiel«:

Stellen Sie sich vor, Sie haben den Hauptgewinn gemacht! Sie haben 20 Millionen Mark gewonnen, steuerfrei, und die werden auf Ihr Konto überwiesen. Nun können Sie sich ein paar interessante Fragen stellen:

- Würden Sie Ihren Beruf beibehalten?
- Würden Sie an Ihrer Arbeitsstelle bleiben?
- Würden Sie bei Ihrem Partner/Ihrer Partnerin bleiben?
- Würden Sie etwas von Ihrem Geld verschenken? Wenn ja – an wen und wieviel und warum?
- Was würden Sie auf keinen Fall mehr tun?
- Wovon würde das Geld Sie befreien?
- Welche Menschen können Sie nun aus Ihrem Leben streichen?
- Wie würden Sie Ihr Leben jetzt gestalten?

Schreiben Sie sich auf, was herausgekommen ist. Und dann fragen Sie sich, was Sie davon bereits ohne Lottogewinn verwirklichen können. Ganz nebenbei werden Sie herausfinden, wer Ihnen eventuell im Genick sitzt – Sie sehen es daran, wen Sie als Besitzer von 20 Millionen aus Ihrem Leben werfen würden.

Bequemlichkeit

Die Muse der Kreativität richtet sich nicht nach Ihrem Terminplan und auch nicht danach, wann Sie sie bestellen. Sie küsst Sie unvermittelt, und das kann mitten in der Nacht sein. Sie wachen davon auf, das verspreche ich Ihnen. Aber dann dürfen Sie sich nicht umdrehen und ihr sagen, sie solle morgen nach dem Frühstück noch mal vorbeikommen – das tut sie bestimmt nicht. Also: Geben Sie sich einen Stoß, stehen Sie auf und schreiben, erzählen, malen, basteln, formen, singen oder tanzen Sie. Es ist wie bei einem Traum: Wenn Sie ihn nicht unmittelbar aufschreiben (oder trainiert sind, ihn zu behalten), dann vergessen Sie ihn. Sie erinnern sich vielleicht nur noch, dass Sie in der Nacht eine brillante Idee hatten, aber leider wissen Sie nicht mehr, worin sie bestand. In solch einem Fall handelt es sich um ein fahrlässiges Versäumnis. Das können Sie leicht ändern:

1. Nehmen Sie sich vor, der Inspiration Vorrang einzuräumen, wann auch immer sie kommt – das ist eine Entscheidung.
2. Für die Nacht legen Sie sich Stift und Papier bereit. Wachen Sie auf, schreiben Sie zumindest nieder, was Ihnen eingefallen ist – wenn Sie nicht ganz aufstehen und es umsetzen wollen.
   Tipp: Ich schneide mir A6-Zettel aus einseitig kopiertem oder bedrucktem Papier zurecht, die ich immer und überall dabeihabe. Wenn ich dann zu Hause bin, habe ich für jedes Projekt Karteikästen

aus Holz, in die ich die Ideen, Einfälle und Skizzen ordne, sammle und aufbewahre. Wenn ich dann an dem Projekt arbeite, ein Training vorbereite oder einen Text schreibe, habe ich mit einem Griff alles Material zur Verfügung. Es ist erstaunlich, was da alles zusammenkommt, das ich schon wieder vergessen habe.

3. Für den Tag nehmen Sie sich vor, Ihre Arbeit, Ihr Gespräch oder sonstige Tätigkeiten zu unterbrechen und die Idee ebenfalls aufzuschreiben. Das dauert nicht lange, und die meisten Menschen werden Verständnis haben, wenn Sie wie vom Blitz getroffen sagen: »Mir ist etwas Wichtiges eingefallen, das muss ich gerade mal aufschreiben!«

5. Formgebung

Nun gilt es, der kreativen Idee eine Form zu geben, etwa, das Bild zu malen, den Gedanken aufzuschreiben, die Musik zu spielen, die Lösung, den Plan umzusetzen! Wir müssen sie schützen und wachsen lassen. Planung, Mut, Durchhaltewillen, Selbstmanagement und persönliche Kraft sind hier gefragt. Die menschliche Hand muss sich jetzt schmutzig machen mit der Materie. Die Kunst zu landen beginnt.

In dieser Phase spielen Zeit und Raum eine entscheidende Rolle, vorher nicht. Jetzt ist Schluss mit dem Träumen in der Vielfalt von Möglichkeiten, jetzt ist die Entscheidung gefallen. Die Materie schwingt viel träger als eine Idee. Im Kopf und im Geist hat man alle Varianten, aber wenn man sie verwirklicht, muss man sich für eine entscheiden. Das ist die männliche Seite des Prozesses, jetzt ist Handeln angesagt. Für mich ist das immer wieder schmerzlich. Ich bade viel lieber im unendlichen Meer des Möglichen, als mich so einzuengen, wie es in dieser Phase notwendig ist. Aber diese Ausschließlichkeit ist notwendig, um etwas zustande zu bringen. Formgeben ist ein Abtrennen von anderen Dingen, weil man nicht alles auf einmal machen kann.

Diese Phase ist eine Bündelung der Energie, eine Verdichtung, im Gegensatz zur Erweiterung, Ausdehnung im ersten Teil. Diese Phase fällt Menschen schwer, die eher gefühlsmäßig bestimmt sind, die Angst vor Entscheidungen haben. Jetzt müssen die Kompromisse eingegangen werden, die von der Realität gefordert werden. Hier ist es wichtig, dass man das Handwerk kann, denn die Idee alleine reicht nicht aus.

Jetzt sind alle Fertigkeiten, die uns in der Schule, in der Lehre, im Studium beigebracht worden sind, von Nutzen. Das ist ja der immense Vorteil dieser ganzen Büffelei – sie kann uns zwar nicht die Idee bescheren, aber sie gibt uns Möglichkeiten an die Hand, etwas mit der Idee anzufangen, sie so gut wie möglich umzusetzen. Nützlich ist in dieser Phase auch eine sinnvolle Zeitplanung. Falls Sie Schwierigkeiten damit haben, gibt es eine Menge Bücher, die Ihnen helfen, HerrIn Ihrer eigenen Zeit zu werden und sie dann für die Umsetzung kreativer Ideen zu nutzen. Einige dieser Bücher sind im Anhang aufgeführt.

Menschen, die lieber im Geiste aktiv sind, die Schwierigkeiten mit den Taten haben – solche also, die eher von der rechten Seite des Gehirns dominiert werden – können sich in dieser Phase von Übungen unterstützen lassen, die sie in den Körper, auf den Boden zurückbringen. Zu diesem Zweck gibt es ausgezeichnete Meditationen; am bekanntesten dürfte die »Dynamische Meditation« sein, die der indische Mystiker Osho entwickelt hat.

Die Dynamische Meditation ist in fünf Phasen aufgeteilt. In ihrer Originalform ist sie ziemlich laut, deshalb kann sie nur in Räumen ausgeführt werden, die einigermaßen schalldicht sind, oder in einer Umgebung, die Lärm verträgt. Es gibt aber auch eine leise Version, bei der Sie nur ein Zimmer, einen Kassettenrekorder, ein paar Kissen und eine Stunde Zeit brauchen.

Die Phasen der Meditation lassen sich, entsprechend der Musik auf der Kassette, leicht erkennen. Es ist hilfreich, diese Meditation zunächst in einem Meditationszentrum durchzuführen; davon gibt es eine ganze Menge. Die wichtigsten sind im Anhang aufgeführt, auch die Bestelladresse für die Meditationskassette.

1. Phase: Energie tanken. Sie stehen leicht bekleidet fest auf dem Boden, die Füße sind schulterbreit voneinander entfernt, parallel. Sie haben die Knie leicht gebeugt (niemals durchdrücken) und atmen, so fest und stark Sie können, durch die Nase. Zunächst kommt Schleim, den können Sie mit einem Papiertaschentuch bewältigen: das hört bald auf. Wenn es Ihnen bei der Übung schwindlig wird, atmen Sie einfach weiter.
2. Phase: Chaotische Phase. Die Musik wechselt. Sie können jetzt verrückt spielen, also schreien, auf den Boden schlagen, sich wälzen, weinen, was auch immer Ihnen in den Sinn kommt. Hier geht es darum, Gefühle hochkommen zu lassen, ohne sie zu zensieren. Anfangs mag Ihnen diese Phase etwas künstlich vorkommen, aber es ist sehr nützlich, wenn Sie sich hineinsteigern können. Vergessen Sie, ob Sie lächerlich aussehen – das sind alles Urteile, die von außen kommen. Sie meditieren jetzt nur für sich allein, für niemand anders. Wenn Sie keinen Lärm machen wollen, dann können sie doch herumhüpfen, auf Kissen eindre-

schen und in Kissen hineinbrüllen. Es tut wirklich sehr gut!

3. Phase: HU-Phase. Die Musik wechselt wieder, und Sie springen jetzt rhythmisch auf den Boden, mit gebeugten Knien, die Arme nach oben gereckt, und rufen »HU! HU! HU!« Wenn Sie keinen Lärm machen können, dann keuchen Sie das »HU!« einfach. Dieser Teil der Übung soll die Energie stimulieren, die im unteren Teil des Rückgrats gebunden ist – durch das Springen wird sie gelockert und durch die Silbe HU angeregt, weil nach Erkenntnissen der indischen Mystiker diese Silbe bis in das untere Rückgrat dringt. Bleiben Sie beim HU, auch wenn im Lauf der Übung oft genug ein HO oder HA draus wird.
4. Phase: »STOP« – Einfrieren, Stille. Die Musik stoppt. Sie bleiben genau so stehen, wie Ihre Position war, als das »Stop« erklang. Im Körper ist die Energie noch in voller Bewegung, Sie schwitzen, es juckt, aber Sie rühren sich nicht. Dies ist die eigentliche Meditationsphase in dieser Übung: Sie beobachten nur noch. Lassen Sie Ihre Gedanken vorüberziehen, schauen Sie sich das Karussell an, das da kreist, und steigen Sie nicht ein. Bleiben Sie so, wie Sie sind.
5. Phase: Die Stille wird von Musik durchdrungen. Nun können Sie sich wieder bewegen; die Stille wird von der Musik aufgelöst. Tanzen Sie, wie es Ihnen in den Sinn kommt, bis die Musik zu Ende ist. Danach ruhen Sie sich aus.

Es gibt noch eine ganze Anzahl ähnlicher Meditationen. Sie dienen alle dazu, Gefühle hervorkommen zu lassen, die Energien binden und möglicherweise die Umsetzung kreativer Ideen behindern.

Affirmationen

Erfolg heißt das, was auf Ihre Gedanken,
die Sie denken erfolgt. Denken Sie also positiv.
Affirmationen (firmus = fest, affirmare = festigen) sind Gedanken, die Ihr Unterbewusstes neu programmieren und Ihre Visionen, die Sie visualisiert haben, mit positver Energie aufladen. So wie Sie vielleicht in gewissen Bereichen Ihres Lebens negativ programmiert wurden, können Sie sich nun selber positv programmieren. Indem Sie sich entscheiden, dies zu tun, sind Sie in höchstem Maße kreativ. Sie versuchen etwas Neues. Wenn Sie dies unermüdlich tun, können Sie Wunder erleben, Ihre Wünsche werden wahr.

Ein Beispiel: Das Negativ-Programm lautet: »Ich verdiene nie genug Geld.« Positive Neuprogrammierung: Formulieren Sie die Sätze jeweils in der ersten, der zweiten und der dritten Person. Verstärken Sie die Wirkung Ihrer Affimationen mit »Jetzt« und hängen Sie am Schluss immer ein vertrauensvolles »So ist es!« an.

Beispiel: »Ich, Martin, habe jetzt mit allem, was ich erschaffe, mühelos finanziellen Erfolg. So ist es!« – »Du, Martin, hast jetzt mit allem, was du erschaffst, mühelos finanziellen Erfolg. So ist es!« – »Martin hat jetzt mit allem, was er erschafft, mühelos finanziellen Erfolg. So ist es!«

Wiederholen Sie diese Positiv-Sätze täglich mindestens zehnmal vor dem Schlafengehen, aber nie mehr als fünf Glaubenssätze gleichzeitig. Sie können die Affirmationen auch vor einem Spiegel oder auf einen Kassettenrekorder sprechen und sie sich allabendlich anhören.

Nehmen Sie jetzt gleich einmal einen Ihnen bekannten, negativen Gedanken, von dem Sie das Gefühl haben, dass er Ihnen die Umsetzung Ihrer Ideen und Ziele vermasselt. Formulieren Sie ihn positiv!

Sie können sich Ihre Affirmationen auch auf Kärtchen schreiben und gut sichtbar in Kartenhaltern aufstellen.

Kritik suchen

In der Phase der Formgebung brauchen wir immer wieder auch die Kritik von außen. Das ist eine heikle Sache, denn nur wenige Menschen vertragen Kritik. Sie schmerzt das Ego, und ein Ego brauchen Sie, um Ihre Idee bis zum Ende zu verfolgen. Der erste Schritt in diese Richtung besteht darin, zu erkennen, dass wir ja auch andere kritisieren, ohne sie deswegen zu verdammen, zu verurteilen oder zu verachten. Oft ist nur noch ein kleiner Anstoß von irgendwoher nötig, um den Durchbruch zu erzielen, um einem Werk den entscheidenden Schliff zu geben. Das kann auch für unsere eigene Idee gelten. Also müssen wir diese Kritik, diese Auseinandersetzung mit außen suchen. Dafür müssen wir uns aber vorbereiten. Einige Regeln sind hier recht hilfreich. Hier sind fünf Gebote:

1. Überlegen Sie, wessen Meinung Ihnen wichtig ist. Stellen Sie eine Hitliste auf und fragen Sie sich, welchen Aspekt Ihrer Arbeit der- oder diejenige ausleuchten kann.
2. Suchen Sie sich TrösterInnen und bauen Sie sich ein Auffangnetz: Überlegen Sie, wer Sie gut findet, bewundert, unterstützt und auf jeden Fall konstruktiv ist – auch, wenn dessen oder deren Meinung Ihnen vielleicht nicht besonders viel nützt. Manchmal ist es gut und nötig, sich trösten zu lassen, um den Mut nicht zu verlieren.
3. Vergessen Sie nicht, dass die Kritik immer subjektiv ist und dass Sie ja etwas erfahren wollen – wenn das Ergebnis vielleicht auch nicht gerade schmeichelhaft sein mag.
4. Wenn Sie nun die Meinung erfahren: Holen Sie immer erst dreimal Luft, bevor Sie reagieren. Das ist der schwerste Teil der Übung. Aber nur so kommt die Botschaft wirklich an. Denn Sie wollen ja etwas erfahren, Sie stehen nicht vor Gericht und müssen sich nicht verteidigen.
5. Wählen Sie aus, was für Sie stimmt, womit Sie etwas anfangen können – und ignorieren Sie den Rest einfach.

Kreativitätskiller in der Formgebungsphase

Diese Phase ist meistens die anstrengendste. Hier kann es am ehesten passieren, dass Ihnen »der Saft ausgeht«. Der Weg von der Idee zur Verwirklichung ist von Skeletten guter Ansätze gesäumt. Es hat schon seinen Grund, dass hier so viel auf der Strecke geblieben ist. Durchhaltevermögen ist eine wichtige Gabe, und auch sie können wir schulen, wenn auch nicht ersetzen. Eine Übung hilft: der »Power-Atem«. Sie geht auf die Stärkung der sogenannten Chakren zurück. Die Chakren sind gewissermaßen Kraftzentren unseres psychischen Energiesystems. Sie wurden vor allem von Yogis und MeditiererInnen entdeckt. Sieben solcher Hauptzentren werden normalerweise genannt; hier eine Übersicht:

1. **Wurzel-Chakra** – es sitzt am Ende des Rückgrats, zwischen Kreuzbein und Steißbein. Hier ist die Basis-Energie des Lebens zu Hause, die sexuelle Energie, die nicht nur für Sex gebraucht werden kann, sondern sich auch in andere Zentren leiten lässt. Sie zu wecken ist aber die Voraussetzung dafür, dass die anderen Zentren »Treibstoff« bekommen. Von hier aus findet die »Erdung« statt.
2. **Das Chakra der Gegensätze** – es sitzt etwa eine Handbreit unter dem Nabel, zwischen dem fünften Lendenwirbel und dem Kreuzbein. Nach der östlichen Medizin regelt und harmonisiert es den Flüssigkeitshaushalt des Körpers.
3. **Im Hara, auch Nabel-Chakra genannt,** ist der Umgang mit Macht, Ehrgeiz und persönlicher Stärke zu Hause. Wer sich energetisch im Hara befindet, den kann nichts umwerfen. Die ehrenvollste Art der Japaner, Selbstmord zu begehen, besteht darin, das Hara zu zerstören.
4. **Das Herz-Chakra** – es liegt auf der Mitte der Brust, etwa zwischen dem vierten und fünften Brustwirbel. Es ist für Offenheit, Liebe und Sensibilität verantwortlich.
5. **Im Hals-Chakra,** etwa am Kehlkopf, ist vor allem der verbale Ausdruck, aber auch alle seine übertragenen Formen, wie sie als Künste auftreten, lokalisiert. Es heißt, dass hier der Mensch die Fähigkeit gewinnnt, geistige Konsequenzen zu sehen und seine Entschlüsse in den Widrigkeiten des Lebens beizubehalten.
6. **Das Dritte Auge** – zwischen den beiden sichtbaren Augen, am oberen Ende der Nasenwurzel gelegen. Imagination und Konzentration sowie Einblick in übernatürliche, kosmische Zusammenhänge werden hier gewonnen.
7. **Das Kronen-Chakra** – auf der Scheitelmitte in Höhe der Fontanellen. Es ist die Öffnung für kosmische Energien, die Verbindung mit Kräften, die größer sind als wir selbst und in denen wir ruhen können.

»Power-Atem«: Setzen Sie sich bequem hin und nehmen Sie eine Uhr mit Sekundenzeiger zu Hilfe. Die Übung dauert knapp zehn Minuten – ist also für HektikerInnen durchaus tragbar und hilfreich.

1. Stellen Sie sich vor, Sie können mit jedem Atemzug Verbindung zu den einzelnen Chakren aufnehmen. Fangen Sie beim Wurzel-Chakra an. Legen Sie eine Hand an diese Stelle; das hilft Ihnen, sich zu konzentrieren. Atmen Sie durch die Nase kräftig aus und ein, eine Minute lang, kurz und stark. Nach einer Minute tun Sie einen tiefen Atemzug und halten die Luft für 20 Sekunden an. Atmen Sie einige Züge im gewöhnlichen Rhythmus ein und aus. Dann legen Sie die Hand auf das nächste Chakra.
2. Fahren Sie nach diesem Schema fort und verbinden Sie sich über den Atem mit jedem der sieben Chakren.

Diese Art des Atmens basiert auf der Abwandlung alter indischer Yoga-Methoden und ist ein Reinigungs- und Stärkungsritual. Natürlich können Sie die Übung während des gesamten Prozesses der Kreativität gebrauchen, aber als Hilfe zum Durchhalten ist sie besonders gut geeignet.

Eine weitere Möglichkeit, Selbstüberwindung zu üben, ohne in Masochismus zu verfallen, ist ähnlich einfach: Sellen Sie sich einen Wecker und stehen Sie auf, um den Sonnenaufgang zu beobachten. Natürlich sind alle Tätigkeiten, die den Körper in Bewegung bringen, nützlich. Das kann Joggen sein, Tanzen oder Sex, aber auch alles mögliche andere.

Es gibt auch Menschen, die mit dieser Phase des kreativen Prozesses keinerlei Schwierigkeiten haben – sie sind ohnehin in der linken Hälfte ihres Gehirns »zu Hause«. Sie brauchen andere Übungen, denn sie müssen lokker werden. Dafür können Sie die Übungen, die wir bereits bei der Vorbereitung aufgeführt haben, bestens gebrauchen. Zuviel Disziplin kann eine kreative Idee auch zu Fall bringen. Alles, was solchen Menschen hilft, die weibliche Seite ihres Wesens zu entwickeln, wird die Härte und zielgerichtete Kompromisslosigkeit lockerer machen, weniger spröde und damit auch weniger zerbrechlich. Hier eine kleine Liste von Möglichkeiten:

- jonglieren
- Klavier, Geige, Gitarre, Trompete etc. spielen
- stricken
- weben
- töpfern
- nähen
- Gartenarbeit
- schwimmen

- Shopping
- sich mit verbundenen Augen führen lassen
- ins Blaue fahren
- sich verlieben
- Alkohol in geringen Mengen
- Meditation

6. Vollendung

Wenn unser Projekt so weit gediehen ist, wird es Zeit, es zu überprüfen, in größerem Rahmen der Kritik auszusetzen, zu verbessern, zu verfeinern und womöglich zu perfektionieren. In dieser Phase gewähren wir der Idee, was ihr zusteht: unsere gesamte Kraft, Kunstfertigkeit und Aufmerksamkeit, damit sie so schön, stark und wirksam wird, wie wir uns das wünschen.

Kreative Produkte, von denen wir unseren Lebensunterhalt bestreiten wollen – also zum Beispiel Bilder, Musik- oder Theaterstücke, technische oder wissenschaftliche Leistungen –, bekommen nun den Schliff, den Schutz, mit dem wir sie »nach draußen« entlassen und dafür auch Geld bekommen können. Dies ist eine ausgesprochen rationale Phase im Prozess, aber sie kann für den Erfolg ganz entscheidend sein. Sehr gute Ideen, Ansätze und Kunstwerke sind in dieser Phase gestrandet.

Nehmen wir als Beispiel Bilder: Jetzt geht es darum, sie in eine Ausstellung zu bringen, sie zu präsentieren. Oder eine technische Idee: Jetzt muss sie geschützt werden, es gilt, ihre Patentfähigkeit zu prüfen. Texte brauchen jetzt das Copyright, Markenzeichen den ideellen Schutz. All dies sind ganz profane Anforderungen, aber es rächt sich, wenn wir sie ignorieren. Wir müssen schauen, in welches Umfeld das Ergebnis unseres kreativen Prozesses gehört. Eine unterhaltsame Übung, die ich in meine Kreativitätskurse eingebaut habe, ist die »Vernissage«:

1. Geben Sie eine Anzeige auf oder suchen Sie sich ein paar Freunde und Freundinnen, die Sie zur Vernissage einladen.
2. Verteilen Sie Rollen: Galeristin, Kritiker der Lokalzeitung, Politiker, Künstler, Künstlerin, kunstbeflissene Chefärztin, Putzmann, Touristen und wer Ihnen noch so einfällt.
3. Bereiten Sie die Vernissage vor; nehmen Sie Ihre eigenen Bilder, fremde Bilder oder einfach leere Leinwände, »spielen« Sie Galerie.

4. Richten Sie Speisen und Getränke her, kleiden Sie sich so, wie Sie bei einer Vernissage aussehen wollen.
5. Nun lassen Sie den Dingen ihren Lauf – die Vernissage spielt sich selbst.

Eine weitere, höchst sinnvolle Übung ist die »Patentrecherche«:

1. Finden Sie heraus, wo das nächste Patentamt ist. Rufen Sie an und lassen sich erklären, wie man ein Patent anmeldet – welche Angaben Sie machen müssen, welche Formulare dazugehören, ob Gutachten erforderlich sind und ob Sie einen Patentanwalt brauchen.
2. Behalten Sie Ihre Idee möglichst für sich – andere Leute sind nicht dumm und manche davon sehr schnell; sie könnten die Idee klauen und vor Ihnen patentieren. Meistens können Sie dann nicht mehr nachweisen, dass sie von Ihnen stammt, und entsprechende Prozesse sind nicht billig.
3. Stöbern Sie die Patent-Datenbanken nach ähnlichen Ideen durch! Es gibt eine gewisse Wahrscheinlichkeit, dass jemand anders Ihre Idee bereits schon gehabt und sie auch noch gleich patentiert hat.
4. Wenn ja, dann beginnen Sie wieder bei Phase 1 des kreativen Prozesses – oder überlegen Sie sich, wie Sie das Patent umgehen können. Auch auf diesem Gebiet wurde schon viel Kreativität entwickelt. Aber: Wenn Sie auf diesem Gebiet nicht erfahren sind, suchen Sie sich Unterstützung. Hier ist nicht Gerechtigkeit, sondern Cleverness gefragt.

Kreativitätskiller in der Vollendungsphase

Wie schon angedeutet, gehören Unkenntnis und Nachlässigkeit zu den Killern in dieser Phase. Nehmen Sie diese Warnung ernst, sie kommt aus Erfahrung. Nichts ist frustrierender, als auf diese Weise um die Früchte des kreativen Prozesses gebracht zu werden. Ein weiterer Kreativitätskiller, der zwar nicht nur in dieser Phase zuschlägt, aber hier ganz besonders unangenehm sein kann, ist die Hektik. Auch dagegen gibt es Übungen, wobei ich mir aber klar darüber bin, dass die Übung allein die Hektik nicht beseitigt – Sie können auch hektisch üben. Aber Sie müssen nicht ...

Magische Zauber-Übung von einem New Yorker Börsen-Schamanen gegen Hektik, speziell für Männer entworfen:
Setzen Sie sich zum Pinkeln hin, anstatt ans Pissoir zu gehen. Diese Übung

bringt zwangsweise eine Verlangsamung des ganzen Ablaufes mit sich. Nutzen Sie diesen Effekt, holen Sie tief Atem (auch, wenn die Luft vielleicht nicht ganz rein ist) und entspannen Sie sich, achten Sie dabei auf die Oberschenkel und den Schließmuskel. Vielleicht finden Sie auch noch witzige Sprüche an den Wänden, die Sie in Ruhe lesen.

Als nützlicher Nebeneffekt ergibt sich, dass die Toilette nicht so riecht, denn beim Pinkeln im Stehen sprühen immer kleine Tropfen nach außen, werden nicht abgespült und zersetzen sich unter Bildung von Ammoniak und anderen geruchsintensiven Stoffen. Wer auch immer Toiletten zu reinigen hat, wird es Ihnen danken.

Ein weiterer Killer ist die Angst, alles könnte schiefgehen, etwa so, als sei die Torte jetzt gebacken und könnte vom Blech fallen. Auch dafür gibt es eine Übung, »Das Schlimmste«:

1. Setzen Sie sich auf die vorderste Kante Ihres Stuhles, gerade so, dass Sie nicht herunterfallen.
2. Halten Sie die Luft an, so lange es geht, und wenn Sie atmen müssen, dann möglichst flach.
3. Jetzt stellen Sie sich vor, was alles schiefgehen kann mit dem Ergebnis Ihrer Kreativität (vergessen Sie nicht: Sie sind schon in der Vollendungsphase).
4. Stellen Sie sich vor, es sei bereits schiefgegangen, und fürchten oder ärgern Sie sich, sosehr Sie können; finden Sie heraus, wer schuld gewesen ist. Schreiben Sie das alles auf.
5. Wenn Ihnen nichts mehr einfällt, hören Sie auf, schließen die Augen und atmen Sie tief ein und aus, zwanzigmal.
6. Öffnen Sie die Augen und freuen sich daran, dass es nicht so gekommen ist, wie Sie befürchtet haben.

Es gibt eine weitere Möglichkeit, die tatsächlich magisch ist. Nehmen wir wiederum ein Bild als Beispiel, das »Opfer-Bild«:

Dies ist ein magischer, abergläubischer, aber wirksamer Trick, um Unglück abzuwenden: Opfern Sie ein Stück Ihrer Kreativität dem Pech. Der Trick ist den nordamerikanischen Indianern abgelauscht, die großen Erfindungsgeist aufbrachten, um den Göttern das Glück abzuluchsen.

1. Malen Sie ein zweites Bild, parallel zum ersten, auf einer zweiten Staffelei.

2. Es sollte ähnlich sein wie das zu schützende Bild, aber geben Sie sich nicht allzuviel Mühe – die Götter des Unglücks schauen nicht so genau hin, deshalb treffen sie ja so oft die Falschen.
3. Stellen Sie dieses Bild möglichst offen und gut sichtbar hin.
4. Egal, ob es wirkt – Sie haben auf jeden Fall noch Ihren Spaß dabei.
5. Wenn das Projekt zu Ende ist, zerstören Sie das Opfer-Bild und widmen Sie es den Göttern des Unglücks. Sie brauchen eine Menge Futter.

7. Feiern

Wir haben eine kreative Inspiration geschenkt bekommen, es ist uns gelungen, sie aufzunehmen, umzusetzen und ihr die gewünschte Form zu geben. Das ist keineswegs selbstverständlich, sondern verdient, gefeiert zu werden. Das wird vernachlässigt und kann als scheinbar sinnlose Phase missachtet werden. Wir können ausruhen, genießen und uns freuen. Und schließlich müssen wir das Geschenk wieder loslassen, es freigeben, damit wir selbst wieder frei werden, um zu einer anderen Gelegenheit wieder beim ersten Schritt anfangen zu können. Dies ist sehr wichtig, damit wir nicht auf unseren Lorbeeren verdorren und die Furcht überwinden, unser jüngster kreativer Gedanke könnte vielleicht der letzte gewesen sein. Fragen Sie sich:
Welche Errungenschaft oder Idee, welches erfolgreich durchgeführte Projekt in Ihrem Leben könnten Sie bei Gelegenheit einmal feiern? Mit wem, wann, wie?

Für mich gehört zum Feiern, mein Atelier aufzuräumen, zu putzen, mich daran zu freuen, dass mir in diesem Raum etwas geschenkt worden ist, aus dem sich das Glück meines Lebens zusammensetzt. Zu diesem Ritual gehört auch, meine Werkzeuge zu ehren, sie zu säubern und mich sozusagen bei ihnen zu bedanken, denn sie haben mir geholfen, meine Ideen umzusetzen. Ich lüfte, gebe meine Kleider zum Waschen. Ich erinnere mich an die Phasen, in denen ich das Werk erschaffen habe, und lebe noch einmal die Momente durch, in denen ich nicht mehr weiterwusste. Das ist wie ein spannender Roman, bei dem ich schon weiß, dass er gut ausgeht. Ich brauche diese Zeit; das ist wie bei einem Wein, den ich nicht hinunterschütten, sondern kosten möchte. Jetzt ist es angebracht, mir selbst etwas Gutes zu tun – zum Beispiel, mich zu duschen, schön anzukleiden, gepflegt essen zu gehen, alleine oder am liebsten in weiblicher Begleitung. Ich feiere mich dann auch selbst, weil ich nicht aufgegeben habe, obwohl ich zwischendurch manchmal wirklich keine Ahnung hatte, ob jemals etwas wird aus dem, was ich da angefangen habe. Manchmal wird ein richtiges Fest daraus, mit vielen Leuten, die ich teilnehmen lassen möchte an meiner Freude, mit denen ich ausgelassen sein und auch mal über die Stränge schlagen kann.

Der eigentliche Sinn dieser Phase liegt tatsächlich in der Pause. Wichtig ist mir, mich nicht gleich ins nächste Abenteuer zu stürzen, sondern zu würdigen, dass ich das letzte erfolgreich durchgestanden habe. Jetzt kann ich mich treiben lassen; das ist praktisch angewandte Meditation für Kreative.

Kreativitätskiller beim Feiern

Der mächtigste Killer in dieser Phase ist jene untergründige Einstellung, dass es eigentlich sündhaft sei, sich zu freuen und es sich gutgehen zu lassen. Dahinter steckt oft auch noch eine unbewusste magische Bilanz-Rechnung: Wenn ich mich nicht zu sehr freue, muss ich wann anders auch nicht zu sehr leiden. Das klingt vielleicht etwas trivial und abergläubisch, aber diese Regungen sind erstaunlich weit verbreitet und sehr wirksam. Erkennen können wir sie meistens an der Vorsicht, sich zu freuen. Die Betroffenen vermeiden es, ihr Glück offen zu zeigen. Als ob einen dann die Götter besser sehen könnten. Die griechische Sagenwelt ist voll mit Geschichten, in denen die Götter neidisch auf das Glück der Menschen waren und es daraufhin vernichteten. Der Trick der Menschen bestand dann darin, den Göttern das Glück nicht zu zeigen, und von dieser Taktik ist bis auf den heutigen Tag eine ganze Menge geblieben, einschließlich des flauen Gefühls beim Genießen.

Wenn wir uns aber darüber im klaren sind, dass nichts konstanter im Leben ist als die Veränderung, können wir auch anders an diesen Fluch herangehen. Dann sind es nicht die Götter, sondern das Rad des Lebens, das sich weiterdreht. Und dann sollten wir die Momente würdigen, in denen uns dieses Rad ins Glück dreht. Dies zu missachten wird uns nicht damit verschonen, dass es sich auch wieder wegdrehen wird, in andere, vielleicht unerfreuliche Bereiche. Alles hat seine Zeit, und die sollten wir nicht mit angehaltenem Atem absitzen, sondern voll durchleben. Auch das Feiern.

Und dann fassen Sie Mut – folgen Sie dieser Stimme. Es kann sein, dass vielleicht ein Groll hochkommt, dass Sie das Papier mit ein paar kräftigen Strichen fast (oder ganz) durchtrennen, oder dass Sie den Impuls fühlen, darauf einzuschlagen. Tun Sie es. Wer kreativ werden möchte, muss gerade die Kontrolle loswerden, die einen sonst daran hindert. »Controlletti« nannte Udo Lindenberg diesen Dämon und nahm ihm viel von seiner Macht, indem er seine Existenz anerkannte, aber ihn ins Lächerliche zog. So ist das mit vielen Dämonen: Sie verlieren viel von ihrer Kraft, wenn wir sie anschauen, sie nicht mehr verleugnen, sondern uns ihnen stellen. Wenn Jammer hochkommt, dann geben Sie dem eben nach, wenn es Freude ist, dann folgen Sie ihr. Und wenn alles innerhalb kürzester Zeit wechselt, gehen Sie mit durch alle Kurven. Sparen Sie nicht am Papier – es steht Ihnen frei, Hunderte von Blättern zu benutzen für diese Erfahrung, und niemand hindert Sie daran, wenn nicht Sie selbst.

Sie können mit dem Ergebnis machen, was Sie wollen. Um aber im Fluss zu bleiben, kümmern Sie sich am besten zunächst überhaupt nicht um diese Ergebnisse – die sind später dran. Machen Sie weiter, solange der Fluss rauscht. Lernen Sie dabei zugleich, sich in dieser Phase nicht ablenken oder hemmen zu lassen. Sie ziehen sozusagen am Brunnenseil Ihres Unbewussten, und das Unbewusste brauchen Sie als Verbündeten bei dieser Entdeckungsreise. Solche Brunnen fangen oft erst dann an zu fließen, wenn aus ihnen getrunken wird.

Schattenbilder

Ein weiterer Grund für Kreativitätsblockaden sind innere Ängste, Schatten, die unbewusste Furcht erzeugen. Hier sind manchmal tückische, primitive und höchst wirksame Steuerbefehle verborgen, etwa »Ich habe ja doch keinen Erfolg« oder »Mich unterstützt niemand, ich bin immer allein« oder »Wenn ich Glück habe, folgt darauf nur noch größeres Unglück als zuvor« – um nur einige dieser Bremsblöcke zu nennen.

Lernen Sie also Ihr inneres Schattenkabinett kennen – dort ist viel Kraft gebunden. Es ist die Kraft, die wir brauchen, um Aspekte vor uns selbst zu verbergen, die nicht in unser Selbstbild passen, zum Beispiel Hass, Eifersucht, Feigheit, Betrug, Verrat. Diese Wesensanteile sind in jedem Menschen vorhanden; es ist immer nur die Frage, ob andere Anteile die Oberhand gewinnen und behalten können. Es sind sehr energiereiche Schattengestalten, die da eingesperrt werden müssen, und jeder Psychologe weiß, wieviel Kraft sie tatsächlich binden. Je besser Sie diese Gestalten kennen, desto eher können Sie sie in Schach halten – und desto mehr Kraft wird dann für andere Zwecke frei. Und oft ist es so, dass die Angst vor den Schatten viel größer ist als ihre Macht. Sie sind Dämonen, die zu handlichen Gartenzwergen schrumpfen können, wenn Sie sie einmal wirklich anschauen. Dann können Sie vielleicht sogar mit ihnen spielen. Menschen, die keine Angst vor ihrer eigenen Wut haben und sie unter Kontrolle haben, sind gelassener. Probieren Sie es aus:

Gehen Sie in Ihr Atelier. Dunkeln Sie den Raum ab. Suchen Sie sich Musik aus, die Spannung erzeugt; vielleicht Hardrock, düsterste Klassik, Techno, Film- oder Experimentalmusik. Sie wissen selbst am besten, was Sie in den Keller Ihrer Seele bringt, wo hinter den Türen die Schrecknisse warten.

Sie brauchen bemalbare Flächen, wasserlösliche Farben, Platz, die Möglichkeit, Lärm zu machen. Was nicht beschmutzt werden darf, decken Sie mit Folie ab.

Nun stellen Sie Ihre Staffelei mit einem oder mehreren großen Papierbogen auf. Vielleicht können Sie die Papierfläche auch an einer Wand befestigen. Mischen Sie sich flüssige schwarze Farbe und nehmen Sie einen großen, alten, ausgefransten Pinsel, der gut in der Hand liegt. Es kommt nicht darauf an, dass er gut malt, sondern dass er sich gut anfühlt.

Stellen Sie sich vor die Staffelei, gehen Sie leicht federnd in die Knie, und atmen Sie tief ein und aus, eine Minute lang mindestens. Fassen Sie Ihre Projektionswand ins Auge wie einen lang erwarteten und endlich gestellten Feind – hier geht es nicht um Frieden und Harmonie, sondern darum, Aggressionen loszuwerden, ohne dazu Streit mit anderen Menschen anzufangen. Sie können sich auf diese Entladung freuen! Wenn vielleicht auch kein kreativer Akt daraus wird, wird zumindest Ihre Laune danach wesentlich besser sein, das kann ich Ihnen versichern.

Tauchen Sie den Pinsel in die Farbe, streichen Sie ihn ab. Halten Sie ihn nun wie einen Dolch in der geschlossenen Faust, zählen Sie rückwärts von fünf bis null, und bei null knallen Sie den Pinsel mit voller Wucht auf die Leinwand. Schreien Sie dabei wie verrückt und so laut Sie können. Lassen Sie die Faust einen Moment an der Stelle, wo Sie zugeschlagen haben. Spüren Sie bewusst diese Kraft, die in Wut, Aggression und Hass gestaut ist. Streichen Sie dann auf und ab, wild und mit der ganzen Energie. Fluchen und schreien Sie weiter, wenn Ihnen danach ist. Es kann sein, dass Sie die Wut noch gar nicht richtig fühlen. Lassen Sie sich davon nicht einschränken, machen Sie weiter – wenn Sie nicht aufgeben, kommt sie bestimmt. Und auf sie kommt es an! Sie bahnt dem Fluss der Kreativität den Weg.

Genießen Sie die Sauerei, die Sie auf diese Weise veranstalten, denken Sie nicht an die Qualität des Bildes, die ist völlig unerheblich, sondern steigern Sie sich in diesen Rausch hinein. Es ist gut, die eigene Verrücktheit zu kennen, und in diesem Rahmen sind Sie geschützt, es kann Ihnen nicht mehr passieren, als dass Sie duschen und Ihr Atelier reinigen müssen. Sie können dabei eine sehr wichtige Erfahrung machen: dass »zerstörerische« Energie sehr fruchtbar sein kann. Manchmal müssen wir erst einmal etwas Altes beseitigen, um Neues schaffen zu können. In meinen Workshops bin ich immer wieder hingerissen, wie sich die Gesichter durch diese Übung verändern, welche Entspannung sich ausbreitet und wieviel Spaß das Ganze macht.

Wenn Sie mit der Übung Schwierigkeiten haben, dann fragen Sie sich: Was hindert mich eigentlich? In vielen Fällen sind es alte Verbote, sich nicht schmutzig zu machen, sich nicht gehenzulassen, nicht aufzufallen. Dazu kommt das Gefühl, sich lächerlich zu machen. All das ist alter Schutt – genau von solchen Gedanken wird die Kreativität erstickt. Manchmal ist es eben wichtig, sich gehenzulassen, besonders dann, wenn vor lauter Kontrolle die ganze Kreativität verschwunden ist.

Die Schriftstellerin Erica Jong schreibt in ihrem Buch »Keine Angst vor Fünfzig«: »Kreativität verlangt nichts außer allem, was man besitzt. Sie bedeutet, dass wir den Scharfschützen hinter dem Schreibtisch hervorlocken und die inneren Dämonen, die uns alle verwirren, enthüllen. Wie kann Kreativität etwas anderes sein als eine erschreckende Kraft voll unerwarteter Wendungen? Wenn Sie der Kreativität Ihr Leben widmen, geben Sie für immer das Versprechen auf, ein braves Mädchen zu sein. Kreativität wird Sie unvermeidlich dazu führen, dunkle Familiengeheimnisse preiszugeben. Sie wird Sie in das Labyrinth führen, wo Sie sich dem Minotauros stellen müssen.«

Silvia Müller, eine Teilnehmerin eines meiner Kreativitätstrainings, beschreibt ihre Erfahrung sehr eindrücklich: »Eine große weiße Papierfläche hängt vor mir an der Wand – ich hingegen bin ganz in Schwarz gekleidet, was zur äußeren Bedingung dieses Wochenendes gehört. Unser heutiges Thema in der Kreativitätstrainings-Gruppe lautet: ›Mein Schatten.‹ Gespräche, Diskussionen, Übungen gingen dem Malen voraus, bis es dann hieß: ›Male dein Schattenbild.‹

Nun stehe ich also vor der weißen Papierfläche und warte geduldig auf den Startimpuls, der von innen heraus kommen wird. Wie aus dem Nichts ist er da – ES beginnt zu malen. Wie liebe ich diesen Moment, wo Körper und Seele die Regie übernehmen und der Kopf einmal in den Hintergrund tritt...

Wie von fremder Hand geführt, greife ich zur Farbflasche mit Schwarz. Genüsslich gieße ich mir die sämige Flüssigkeit in die linke Hand und beginne die Papierfläche damit zu massieren. Bald sind beide Hände schwarz und fühlen sich sehr lebendig an. Die Regieanweisungen von irgendwo scheinen klar genug zu sein, da meine Hände wie von alleine die Anweisungen sicher und prompt ausführen. So, als ob sie nie etwas anderes tun würden als malen...

Dieses Streichen, Kneten, Verreiben der Farbe bewirkt, dass plötzlich Worte und ganze Sätze in mir laut werden. Woher kommen die? Immer mehr, immer deutlicher. Ich nehme noch Rot hinzu. Es verstärkt das Suchen und Finden und gibt mir Kraft und Licht in der Schwärze. Weich, warm und sehr sinnlich fühle ich mich, während meine Hände einfach malen. Ich bin ganz bei mir.

Da – plötzlich wieder ein Einfall: Ich drehe mich von der Wand weg und beschreibe ein anderes Stück Papier mit den laut gewordenen ›Schattensätzen‹, wie zum Beispiel: ›Du kannst das nicht, du wirst versagen.‹ Dann greife ich zum Messer und schlitze das auf dem Gemälde sichtbar gewordene Herz einfach auf. Das Papierstück mit den Schattensätzen rolle ich zusammen und stoße es kurzerhand durch den Schnitt im Herz. Entspannt und zutiefst zufrieden trete ich zurück und betrachte mein Werk.

Jetzt schaltet sich mein Kopf ein. Beim Betrachten denke ich: Ja, genau so ist es. Diese verborgenen ›Schattensätze‹ zerschneiden mir das Herz und trennen mich vom Puls des Lebens. Betroffen, nachdenklich und auch glücklich beginne ich aufzuräumen.«

Die Kreativität lebendig erhalten

Nun sind wir soweit, uns Gedanken über die »Haltbarkeit« der Kreativität zu machen. Wir haben sie in Gang gebracht, einige ihrer geheimnisvollen Wege kennengelernt, Landkarten an die Hand bekommen, auf denen wir sie suchen können, und Tricks gelernt, wie wir sie wiederfinden können, wenn sie verlorengegangen ist. Aber Kreativität kann, wie alles Lebendige, wieder verkümmern. Wenn sie einmal geweckt ist, müssen wir lernen, sie zu schützen. Sie kann tatsächlich genauso verschwinden, wie sie gekommen ist, wenn wir sie nicht pflegen. Es ist nötig, Ablenkungen zu verhindern, Kanäle zu schaffen, in denen sie freier fließen kann, Möglichkeiten zu finden, Unterbrechungen und äußerlichen Versuchungen zu entkommen. Mit der Kreativität ist es ebenso wie mit den Muskeln oder der sexuellen Kraft: Wir pflegen sie am besten, indem wir sie benutzen. Die buchhalterische Denkweise, dass wir nur ein begrenztes Quantum an Kreativität zur Verfügung haben und das nicht verschleudern dürfen, führt hier zum Versiegen. Zum Schutz der Kreativität ist also nichts besser, als sie zu üben, sie zu nutzen, zu strapazieren, denn daran wächst sie.

In diesem Buch haben Sie eine ganze Anzahl verschiedener Übungen hierzu gefunden. Aber es gibt noch viel, viel mehr, und die besten können Sie selbst erfinden. Wichtig ist, das ganze Leben so einzurichten, dass kreative Prozesse stattfinden können – Gewohnheiten zu entwickeln, in denen sie Platz bekommen. Gewohnheiten haben große Kraft; warum sollten wir sie nicht nützen, um ein so wichtiges Gut zu schützen wie die Kreativität? Das bedeutet nicht, jeden Tag eine Erfindung zu machen oder ein Kunstwerk zu schaffen. Es bedeutet vielmehr, den Geist locker zu halten, die »Verbindung nach oben« zu polieren und offen zu bleiben. Das heißt, dass Sie in Ihr Leben – genauer gesagt: in Ihren Alltag – sozusagen neue Türen einbauen müssen. Die führen vielleicht nicht direkt in kreative Bereiche, aber sie sorgen dafür, dass Sie sich nicht stumpf einsperren lassen. Dafür gibt es ein paar Regeln der Lebenskunst, die recht hilfreich sind.

Schutzschild für die Kreativität

Zeit

Schauen Sie sich Ihren Alltag an: Können Sie täglich eine halbe Stunde für die Kreativität erübrigen? Falls nicht, planen Sie Ihre Zeit so, dass diese halbe Stunde übrigbleibt. Eine halbe Stunde muss sich erübrigen lassen, dafür können Sie sorgen. Achten Sie auf entspannende Momente – sei es in der Badewanne, unter der Dusche, auf der Toilette, beim Frühstück oder sonstwo – und kultivieren Sie sie.

Fernsehentzug

Nichts gegen Fernsehen, aber jeden Abend vor der Glotze zu hängen, kommt einer Sucht gleich. Die Symptome sind deutlich: Entzugserscheinungen, wenn das Ding nicht funktioniert; die erforderliche Dosis wird immer höher; und bei langem Gebrauch treten gesundheitliche Schäden auf. Also: Lesen Sie das Fernsehprogramm und suchen Sie sich gezielt bestimmte Sendungen oder Filme aus. Ansonsten lassen Sie den Apparat ausgeschaltet.

Neue Gewohnheiten

Bauen Sie sich einen kleinen Hausaltar, mit Gegenständen, die magisch kreativ für Sie sind – vielleicht postive Affirmationen, etwas, das Sie geschaffen haben, vielleicht eine Feder, ein Stein, Bilder; und auf jeden Fall ein Spiegel und eine Kerze.

Wenn Sie es irgendwie schaffen, verbringen Sie die oben angesprochene halbe Stunde vor diesem Hausaltar, besonders während kreativer Pausen. Sie können ebensogut rituelle Spaziergänge, Mahlzeiten oder Begegnungen erfinden und dafür benutzen.

Unterstützung von außen

Machen Sie nicht alles allein – Sie können sich unterstützen lassen. Gründen Sie eine Schreibgruppe, ein gemeinsames Malatelier, eine Musikband oder ähnliches.

Die Gemeinsamkeit mit anderen Menschen, die das gleiche wollen und mit denen Sie sich auseinandersetzen können, ist eine große Hilfe dabei, kreativ zu bleiben. Sie können auch Kreativitäts-Workshops besuchen (siehe Anhang) – probieren Sie aus, was Sie anspricht.

Meditation

In diesem Buch gibt es eine Anzahl von Meditationsübungen, und im Anhang finden Sie mehrere sehr brauchbare Bücher über Meditationstechniken und darüber, wie sie praktisch umgesetzt werden können.

Die Kreativität mit all ihren Blüten ist nichts anderes als eine Verlockung jene Kräfte zu erkennen, die größer sind als wir selbst, und sich mit ihnen zu verbinden.

Ein neues Projekt
Das hilft immer, wenn Sie sich von der Kreativität abgeschnitten fühlen: Nehmen Sie sich ein neues Projekt vor. Es ist, als ob Sie außer Form geraten sind und endlich auf den Sportplatz zurückkehren. Zuerst kostet es Überwindung, alle Knochen tun weh, aber bald erinnert sich der Körper wieder, und die Freude kehrt zurück.

Wann bin ich kreativ?

Natürlich, werden Sie auf diese Frage antworten, im Urlaub, ohne Druck. Stimmt das wirklich? Vermutlich wären Sie dann am liebsten kreativ, aber wenn Sie mal richtig hinschauen, werden Sie vielleicht feststellen, dass Sie ein Mensch sind, der am ehesten unter Druck kreativ ist, wenn´s hart auf hart geht und die Termine sich überschlagen. Obwohl Sie es hassen mögen, kann dies genau die Situation sein, die Ihre Kreativität hervorlockt. Es gibt genug Menschen, die so funktionieren. Manche davon wissen es auch ganz genau; sie setzen sich dann oft selbst unter Druck, indem sie Terminarbeiten bis zur letzten Minute hinauszögern. Erst dann öffnen sich die Schleusen. Leider bleibt dann oft keine Zeit mehr für die Feinarbeit. Ein alter Lektoren-Trick besteht darin, dass den Autoren gnadenlose Termine gesetzt werden, die so liegen, dass eine Überarbeitung noch möglich ist – das dürfen die Autoren dann aber nicht wissen. Manchmal funktioniert das. Und manche Autoren sind sogar dankbar dafür, weil auf diese Weise gewissermaßen das Beste aus ihnen herausgeholt wird. Manche kennen den Trick allerdings und rechnen diese Zeit noch mit ein ...

Wie sieht es ohne solche Hilfskonstruktionen aus? Um herauszufinden, wann ich kreativ bin, muss ich mich fragen, zu welcher Tageszeit ich überhaupt das Bedürfnis habe, kreativ zu sein. Es ist nützlich, zu wissen, wie man selbst funktioniert, also den eigenen Rhythmus zu kennen. Bei mir weiß ich genau: Ich bin Frühaufsteher, bin morgens hellwach und freue mich auf die Welt. Meine kreativen Leistungen finden überwiegend morgens statt. Aber das ist kein Naturgesetz, manchmal fällt mir auch am Ende eines langen Tages, tief in der Nacht, der rettende Gedanke ein, und manchmal kann ich mich zu jeder Stunde fragen, ohne eine Antwort zu bekommen. Der Mensch ist keine Maschine. Aber trotzdem bilden sich mit der Zeit Muster heraus.

Also: Sind Sie ein Morgen- oder ein Abendmensch? Brauchen Sie eine »Anlaufzeit« oder eine »Auslaufzeit»? Menschen mit niedrigem Blutdruck haben normalerweise am Morgen größere Schwierigkeiten als am Abend. Sie stellen sich dem jungen Tag nicht mit einem Lachen, sondern brauchen erst mal einen Kaffee, die Zeitung, eine Stunde im Bad, bevor sie – ganz vorsichtig – angesprochen werden dürfen.

Das »Wann« bezieht sich natürlich nicht nur auf die Tageszeit, sondern auch auf die Jahreszeit und auf Lebensphasen. Möglicherweise haben Sie noch niemals ernsthaft darüber nachgedacht, ob Sie eher ein Frühlings-, Sommer-, Herbst- oder Wintermensch sind. Und möglicherweise haben Sie sich vor zehn Jahren wesentlich kreativer gefühlt als heute – oder umgekehrt. Finden Sie es heraus, nehmen Sie Tagebücher zu Hilfe oder fragen Sie Freunde.

Der wichtigste Schlüssel aber, um herauszufinden, wann Sie kreativ sind, ist das Experimentieren. Probieren Sie es einfach aus. Nehmen Sie sich etwas vor, das Ihre Kreativität erfordert – sei es, einen Text über Ihre schönste/schlimmste/witzigste Erfahrung im Leben zu schreiben, sei es, ein Bild zu malen, ein Musikstück zu komponieren, eine Plastik zu gestalten, ein ganz besonderes Menü zu kochen oder irgend etwas anderes. Versuchen Sie es zu verschiedenen Tageszeiten und schreiben Sie sich auf, wie es geklappt hat. Mit der Zeit finden Sie es ganz schnell heraus. Und: Benutzen Sie Ihren Terminkalender kreativ. Überlegen Sie, wie Sie sich am Tag freie Zeit verschaffen können, welche Spannen Sie selbstbestimmt verbringen oder qualitativ besser nutzen können.

Ich habe Ihnen einige Vorschläge gemacht, wie Sie sich Ihrer Kreativität nähern oder sie weiterentwickeln können. Es ist vielleicht wie bei einem Kochbuch: Sie haben die Küche, ich verrate Ihnen ein paar Rezepte – aber einkaufen und kochen müssen Sie selber. Vielleicht wird manches anbrennen, aber wenn Sie es wagen, werden leckere Kompositionen entstehen. Lassen Sie mich wissen, wie es Ihnen gegangen ist. Tun Sie, was Sie können – der Rest ist Schicksal.

Die Lebenskunst-Akademie

Im Laufe meiner Beschäftigung mit dem Thema Kreativität und besonders anhand der Kreativitätskurse, die ich seit Jahren durchführe, wurde mir langsam klar, dass es für alles mögliche Schulen gibt, Akademien sogar, aber nicht für die Kunst des Lebens. Sie aber ist die Mutter aller Künste. Sie ist es, die uns hilft, das Leben selbst zu gestalten, lohnenswert zu machen und zu genießen. Deshalb habe ich die Lebenskunst-Akademie gegründet. Hier ein paar Einzelheiten zu diesem Projekt:

Was will die Lebenskunst-Akademie?

Die Lebenskunst-Akademie sieht das Leben als eine Kunst an, die erlernt werden kann. Sie dient der Förderung dieser Kunst, denn sie kann das Leben für viele Menschen erheblich schöner machen. Die Lebenskunst-Akademie setzt dort an, wo Veränderungen am ehesten vollzogen werden können: beim einzelnen Menschen. Viele von uns fühlen sich so eingeengt, dass sie Kreativität, Entfaltung und Glück für das Vorrecht von Künstlern halten. Oft aber sind wir es selbst, die sich Grenzen setzen, lange bevor wir an die tatsächlichen gesellschaftlichen oder politischen stoßen. Wir leben dann so vorsichtig, dass wir irgendwann kaum noch wissen, wie wir eigentlich leben könnten. Die Lebenskunst-Akademie lädt Sie ein, unsere Grenzen zu erkunden und auszufüllen. Sie geht davon aus, dass jeder Mensch ein Künstler ist, ja, dass jeder Mensch selbst ein Kunstwerk ist, dann nämlich, wenn er ganz er selbst ist und seiner tiefsten inneren Bestimmung gemäß handelt. Diese Tatsachen geraten leicht in Vergessenheit über persönlichen, gesellschaftlichen und geistigen Problemen und über den Hindernissen, die dabei möglicherweise im Wege stehen.

Die Lebenskunst-Akademie ist sich bewusst, dass das Leben schwierige, schmerzhafte, entmutigende und angsterregende Situationen mit sich bringt. Grundprinzip ist dabei, dass all dies zu einem integrierten Lernprozess gehört – das bedeutet, dass wir lernen müssen, damit umzugehen, ohne die Freude am Leben zu verlieren.

Lernziele der Lebenskunst-Akademie

Oberstes Lernziel der Lebenskunst-Akademie ist, das Leben als ständigen Wechsel zu begreifen, in dem es gilt, wach zu bleiben, um die positiven Momente nicht zu verpassen. Das eigene Leben soll zu einem Kunstwerk werden, an dem man sich freuen kann. Dazu ist es hilfreich, im einzelnen die folgenden Lernziele zu verfolgen:

- Kreativität entdecken und pflegen

- sich ausdrücken (sei es im Malen, Schreiben, Musizieren, Tanzen, Theaterspielen oder anders)
- die eigene Sprache finden und sich trauen, sie auch zu sprechen – das heißt: sichtbar zu werden
- Hindernisse erkennen und herausfinden, was im Leben funktioniert und was nicht – und vor allem: wo wir uns selbst im Wege stehen und wie wir damit aufhören können
- Krisen kreativ verstehen und nutzen lernen
- Selbstvertrauen entwickeln
- das Leben würdigen, feiern und genießen, mit Humor, Liebe und auch mit Distanz zu den vielen kleinen und großen eigenen Dramen
- die Aufgabe finden, die wir im Leben erfüllen sollen, und sie anpacken

...

Was bietet die Lebenskunst-Akademie?

Die Lebenskunst-Akademie schafft einen Rahmen, in dem diese Lernziele erreicht werden können. Alexander und Tushita M. Jeanmaire, die bereits langjährige Erfahrung in dieser Kunst vorweisen können, empfehlen folgendes Kursangebot (eine Auswahl):

Mit Alexander Jeanmaire:
Coming-together
Regelmässige Meditationsabende,
jeweils 1 x pro Monat, 19.00 – ca.22.00 Uhr

Der Rahmen dieser Abende ist so angelegt, dass wir zuerst ca. 30 Minuten in Stille sitzen. Anschliessend sind alle Beteiligten eingeladen, Fragen zum Thema Meditation, Bewusstsein und Lebenskunst zu stellen oder sich einfach spontan zu diesen Themen zu äußern.

Coming together eignet sich als erste Kontaktaufnahme mit Alexander Jeanmaire. Oder als ein Wiedersehens- und Auffrischungstreff für ehemalige KursteilnehmerInnen vom Halbjahrestraining: „Kreativität und Lebenskunst" und anderen Gruppen von Alexander Jeanmaire.

Coming together ist eine Gelegenheit die Praxis der Meditation zu lernen und zu vertiefen und deren Sinn auch theoretisch zu verstehen. Eine Möglichkeit sich in einem feierlichen Rahmen der Stille und Andacht zu entspannen und aufzutanken. Um sich gegenseitig zu inspirieren, zu unterstützen, um mehr glückliche, authentische Momente für das eigene alltägliche Leben zu schaffen.

Lebenskunst-Werkstatt am Wochenende –
Urlaub für die Seele
Intensive Tage an einem schönen, erholsamen Ort in der Natur.
Das Wort „Urlaub" kommt von „erlauben". Oft erlauben wir uns erst am Wochenende eine Auszeit, um endlich das zu machen, was wir gerne tun. Ohne zu wissen, was das nun wirklich ist. Warum das Leben auf's Wochenende verschieben? Dazu ist es viel zu kurz. In dieser Lebenskunst-Werkstatt gehen wir dieser Frage nach.

Außer einer wunderbaren Erholungszeit in der Natur, werden Sie herausfinden, wer Sie wirklich sind, was Sie wirklich wollen und was Sie in Ihrem

Leben ändern könnten, um sich zu erlauben, in jedem Bereich Ihres Lebens ganz Sie selbst zu sein. Denn Kompromisse verhindern und reduzieren unser seelisch, körperliches Gleichgewicht, unsere Lust, unsere Kreativität und so unseren persönlichen und beruflichen Erfolg.

Folgende Methoden können zur Anwendung kommen:

Gruppen- und Einzelgespräche, Phantasiereisen, Visualisieren, Bewegungs- und Begegnungsübungen, Tanzen, Meditation und Stille, Umsetzen im Alltag, Humor und Spaß.

Dauer: 3 Tage

Charisma

Das Geheimnis der persönlichen Ausstrahlung

Charisma können wir fühlen – sogar mit geschlossenen Augen. Denn Charisma hat nur ganz am Rande mit der äußeren Erscheinung zu tun. Das Entscheidende kommt von innen – Kraft, Lebendigkeit und der Glaube an sich selbst. Charisma leuchtet durch alle Poren eines Menschen. Charisma ist die Eintrittskarte zu Anerkennung und Erfolg und ganz nebenbei wirkt es anziehend auf das andere Geschlecht.

Was hat es nun auf sich mit dem Charisma, diesem Cocktail aus Authentizität, Kraft, Präsenz und Sinnlichkeit? Was bringt die Persönlichkeit zum Leuchten? Authentisch sein, die eigene Persönlichkeit entdecken und wirklich leben – das ist das Geheimnis des persönlichen Charisma.

Dazu gibt es einfache Übungen die Sie in diesem Seminar kennen lernen können.

Kursdauer: 1 Wochenende

Training für Kreativität und Lebenskunst

Der Klassiker der Lebenskunst-Akademie seit 15 Jahren

Jeder hat irgendwo seine Ideen, Farben und Shows, Träume und Lieder, die darauf warten, gelebt und gesungen zu werden. Was hält uns zurück? Kreativität fordert den Mut, uns diese Freiheit im Denken, Fühlen und Sein wieder zurückzuerobern. Diese Schaffensfreude ist nicht im Zuschauerraum zu finden, wo wir eben nur konsumieren und imitieren, sondern im eigenen Innern, wo jeder ein Original – ein Schöpfer und Gestalter – ein Künstler ist.

Kursinhalte: 1.Wo stehe ich? 2.Was will ich? Meine Träume und Wünsche.

3.Was hindert mich daran? 4.Wie setze ich meine Erkenntnisse in die Tat um. 5.Ich trete in einer Talkshow auf, als die Person, die ich gerne sein möchte. Dauer: Ein halbes Jahr an 5 Wochenenden

Individuelle Klärungsgespräche, einzeln und für Paare
mit Tushita und/oder Alexander Jeanmaire
Termine nach telefonischer Vereinbarung

Die Kursleiter der Lebenskunst-Akademie verstehen sich dabei nicht als allwissende Lehrer, sondern sie inspirieren, provozieren, regen an, ermutigen, und natürlich zeigen sie Wege, auf denen sie bereits Erfahrungen gesammelt haben. Sie versuchen nicht, blinden Positivismus zu predigen, sondern sie laden dazu ein, alle Lebenssituationen als Lernprozesse innerhalb eines sinnvollen Ganzen zu begreifen.

Wenn Sie mehr über die Lebenskunst-Akademie erfahren möchten, wenden Sie sich bitte an folgende Adresse:

Lebenskunst-Akademie
Binzenstrasse 10
CH-8044 Zürich-Gockhausen.

Tel.: +41 (0)44/882 49 69
Mobil: +41 (0)79/246 45 45
E-Mail:alexander@jeanmaire.ch
www.alexander.jeanmaire.ch

Besuchen Sie unsere Webseite:
www.lebenskunst-akademie.ch

Weitere Hilfsmittel für die Lebenskunst-Werkstatt

»Tune-in!«

Dies ist eine Methode zur Ideenfindung, die ich für die KursteilnehmerInnen meiner Trainings entwickelt habe. Das Grundprinzip ist das Einbringen aller Sinne in die Ideenfindung. Oft »denken« wir nur über ein Problem, eine Aufgabenstellung, einen Wunsch oder ein Ziel nach. Wir fahren nur eine Antenne aus und beschränken so unsere Wahrnehmung ganz erheblich. Sie haben aber sehr viel mehr Ausrüstung an Bord. Sie können nicht nur über etwas nachdenken, sondern Sie können auch »nach-fühlen«, ja Sie können sogar mit dem Gegenstand Ihrer Betrachtung eins werden, indem Sie ihn sehen, riechen, hören, schmecken, spüren. »Tune-in!« heißt »sich einstimmen« mit allen Sinnen, mit Haut und Haaren in den Gegenstand Ihrer Betrachtung.

Schlüpfen Sie in den Gegenstand, den Sie zeichnen, gestalten wollen, den Menschen, den Wunsch, die Aufgabenstellung, das Thema, Problem oder Ziel körperlich hinein. Das klingt vielleicht ein bisschen abgehoben, doch es ist genau das, was ein guter Schauspieler tut, wenn er sich in eine Rolle hineinlebt – einstimmt. Wenn es Ihnen mit ein bisschen Übung gelingt, werden Sie die Haltung, die Form, die Gestalt nicht nur »sehen«, sondern selber »sein«. So wie es Anthony Hopkins formulierte, als er über die Dreharbeiten zu dem Film »Surviving Picasso« interviewt wurde: »... nach zehn Tagen war ich drin.« Wie er sagte, meinte er es auch wirklich körperlich, im Sinne von: In diesem Moment war er Picasso. In diesem Moment hatte er die »Idee«, die Haltung, Ausdruck und Mimik.

Fragen Sie sich: »Bin ich im Vorgang drin, oder bin ich draußen, der Betrachter? Denke ich nur über etwas nach, oder nehme ich mit all meinen Sinnen daran teil?«

Die sieben Schritte des Tune-in!

Machen Sie gleich jetzt oder das nächstemal, wenn Sie in irgendeinem Bereich, sei es privat oder beruflich, Inspiration suchen, den Gegenstand Ihrer Betrachtung oder Aufgabenstellung bewusst und konsequent zur Übung.

Legen oder setzen Sie sich entspannt hin. Schließen Sie, wenn möglich,

Ihre Augen und vergegenwärtigen Sie sich nun vor Ihrem inneren Auge das, worum es geht. Lassen Sie sich Zeit, so dass die Bilder und Eindrücke von selbst kommen. Fragen Sie sich jetzt:

1. Was sehe ich? Farbe, Form, Bewegung, Licht?
2. Was höre ich? Natürliche oder technische Geräusche, Musik, Stimmen, Instrumente?
3. Was rieche ich? Duft, Gestank?
4. Spüre ich etwas mit meinem Tastsinn? Greifen und berühren Sie den Gegenstand, wenn Sie können, mit den Händen und Fingerspitzen. Wenn es eine Vorstellung ist, berühren Sie sie im Geiste.
5. Was habe ich auf der Zunge für einen Geschmack?
6. Finden Sie Kombinationen von Sinneseindrücken, zum Beispiel:
   - Sehen Sie den Ton, Klang oder die Farbe eines Geruchs.
   - Riechen Sie die Farbe.
   - Spüren Sie die Musik an Ihrem Körper, auf Ihren Handflächen, wenn Sie die Arme in die Richtung halten, woher sie kommt.
   - Hören Sie den Klang der Form.
7. Auswertung der Sinneseindrücke in Bezug auf Ihr Thema.

Ein Übungsbeispiel aus einer Klasse für Gestaltung: Silvia, eine Kursteilnehmerin, möchte ein Bild malen zum Thema »Gewalt im Kinderzimmer«. Sie hat Mühe mit der Darstellung, weil Sie über das Thema »nachdenkt«, anstatt es zu »sein« – das Kind, das da im Zimmer sitzt und aus Angst vor seinem gewalttätigen Vater zittert.

Ich bitte Silvia, sich einmal so hinzusetzen, wie sich das kleine Mädchen in ihrer Vorstellung fühlt, wenn es von ihrem Vater bedroht wird. Nach einer Weile setzt sie sich auf den Boden, in eine Ecke, umfasst ihre beiden Knie und zittert. Wir haben auf diese Weise die Haltung des Mädchens gefunden und das Visuelle des Bildes. Wir fragen weiter: Was hört das Mädchen? »Laute Schritte«, sagt Silvia: Wir »sehen« so einen lauten schwarzen, übermächtigen Schuh und haben ein weiteres Bildelement. Als nächstes: »Was riechst du?« – »Pommes frites und Fleisch« – das gibt uns auf dem Bild den Einblick auf die Küche frei, und sie spürt unter sich einen kalten Boden, den wir als Steinboden interpretieren, und weil es kalt ist, hüllen wir das Kind in einen warmen dunklen Mantel ein. Was sie schmeckt, sind ihre Tränen auf der Zunge. Das ganze Bild entsteht mühelos vor Silvias innerem Auge. Und weil sie es sieht, kann sie es auch malen.

Das Tolle bei diesem »Einstimmen mit allen Sinnen« ist, dass Sie dies nicht nur in der Gestaltung als KünstlerIn, sondern in allen anderen Bereichen, sei es als Geschäftsfrau, als Handwerker oder als Lehrer, ebenfalls erfolgreich anwenden können. Gerade in den helfenden Berufen, wo es um Mitgefühl geht, ist eine sinnliche Sensibilität sehr wichtig. Da können Sie das Problem eines Menschen heraushören, sein Anliegen sehen, ihn oder sie spüren und spüren lassen. Sie riechen die Stimmung eines Menschen anhand seiner Ausdünstung. Daher ist es wichtig, dass wir uns auch körperlich berühren.

Sprachbegabte Menschen lernen oft über das Imitieren. Sie sind Augen- und Ohrenmenschen. Ich etwa hatte Spanisch und Französich sehr schnell gelernt, indem ich einfach die Leute nachahmte. Ich spach nicht nur so, sondern ich machte auch deren Gesten. Im Schreiben merken Sie es einem Text an, ob der Autor alle Sinne und Wahrnehmungsebenen berücksichtigt.

Hören Sie sich einmal die Unterschiede der folgenden Sätze an; zuerst nüchtern, sachlich und unsinnlich: »Um 8 Uhr 30 kamen wir in Montélimar an. Wir bestiegen den Bus, der uns in das nahe gelegene Dorf brachte, wo wir ein Hotel von Deutschland aus reserviert hatten. Die Zimmer waren ordentlich und das Essen gut ...«

Jetzt die Beschreibung nach dem Tune-in: »Montélimar, 8 Uhr 30. Auf noch etwas wackeligen Beinen verließen wir das Schlafwagenabteil 354 b. Die Luft roch verführerisch nach Blumen, die in dem sprichwörtlichen Licht der Provençe in voller Blüte standen. Kurz danach rutschten wir ungeduldig auf den spröden Ledersitzen eines alten Regionalbusses hin und her, weil wir den Moment nicht erwarten konnten, wieder in ›unserem‹ alten, abgelegenen Naturstein-Hotel anzukommen. Das französiche Chanson aus dem Lautsprecher des Busses, der Fahrer mit dem Bérét und die Saluts und Adieus der Fahrgäste, die ein- und ausstiegen, ließen uns zweifelsfrei erkennen: Wir sind in Frankreich.«

Angenommen, Sie suchen ein Firmensignet, einen Schriftzug für Ihr Büro, Atelier, Geschäft, Ihren Verein, für Ihre Boutique oder Firma, für eine Dienstleistung, die Sie anbieten, oder ein Markenzeichen für ein Produkt, das Sie herstellen. Mit der »Tune-in!«-Methode schlüpfen Sie in die Sache hinein. Sie werden zur Druckerei, zur Boutique, zur Dienstleistung und erhalten die Antworten, Sie sehen das Signet, weil Sie drin sind und auf einer inneren, tieferen Ebene direkt erfahren, was der Sinn, die Aufgabe und das Wesen der Sache ist.

Töne zu, wenn mir danach ist.

Nun, verlasse ich diesen Raum und kehre in den Korridor zurück zur nächsten Türe. Wo ist sie? Da! Ich stelle mich davor. Was steht nun auf diesem Schild? Jetzt kann ich es lesen. Auf dem Schild steht ...«

Fahren Sie an dieser Stelle mit der Phantasiereise fort und entdecken Sie weitere »Wesen«, Ängste und Bewusstseinsinhalte, die Sie in Ihrem Keller vor sich selbst und anderen verstecken und eingeschlossen halten. Stellen Sich sich Ihre eigenen »Keller-Anschriften« vor, zum Beispiel:

- »Mein Hass«
- »Meine Sexualität«
- »Meine Mutter«
- »Mein Vater«
- »Die Menschen, die ich hasse«

Verhaltensmuster ändern

- Lassen Sie sich zwischendurch immer wieder mit ganz unterschiedlichen Menschen ein. Sie erhalten Ergänzung, Anregung und Feedback von einer ganz anderen Seite her. Menschen sind wie Spiegel, in denen Sie sich sehen können. Sie kommen auf neue Ideen.
- Ziehen Sie sich einmal völlig unkonventionell an und laufen so in der Stadt herum. Verkleiden Sie sich. Machen Sie aus Ihrer nächsten Party ein Kostümfest, das Thema können Sie nach Ihrem Wunsch auf der Einladung angeben.
- Gehen Sie Ihren Routine-Weg zur Arbeit oder nach Hause einmal völlig anders herum. Bauen Sie beispielsweise Umwege ein.
- Leben Sie einmal fernsehfrei. Schalten Sie an einem Tag pro Woche die Glotze überhaupt nicht ein. Studieren Sie vorher ruhig die Programmzeitschrift und suchen Sie sich den Abend aus. Schalten Sie dann das Gerät nicht ein, auch nicht für drei Minuten.
- Ändern Sie Ihre Sexspiele, oder erfinden Sie neue.
- Sprechen Sie eine Ihnen fremde, sympatische Person in der Öffentlichkeit an.
- Sie fahren im Zug oder der Straßenbahn und wissen, dass Ihre Fahrt lange dauert. Für diese Übung brauchen Sie etwas Zeit. Angenommen, Sie fahren von Zürich nach Wien, wie ich, als ich aus lauter Langeweile diese Übung erfand:

Ihnen sitzt ein attraktiver Mann oder eine schöne Frau gegenüber, oder Sie setzen sich bewusst ihr oder ihm gegenüber, um das Spiel in Szene zu setzen. Sie nehmen einen Zettel und schreiben darauf: »Hätten Sie Lust, mit mir ein Frage-und-Antwort-Spiel zu machen? Ja oder nein.« Sie machen unter diese Frage zwei kleine Quadrate und schreiben dazu: »Kreuzen Sie Zutreffendes an.« Spielregel: Es darf kein Wort gewechselt werden! Viel Spaß auf Ihrer nächsten Reise!

Selbstbefragung

»So würde ein Tag aussehen, wenn ...«
Beschreiben Sie auf einem Blatt Papier oder in Ihrem Tagebuch, wie ein Tag in Ihrem Leben aussehen würde, wenn Sie so kreativ wären, wie Sie es sich wünschen.

»Es ist Morgen, ich liege noch in meinem Bett...« Beschreiben Sie alles genau, bis zum Abend und in die Nacht hinein, wie in einem Drehbuch, in der Gegenwartsform. Wo und wie leben Sie? Wie sind Sie gekleidet? Mit wem leben Sie zusammen? Welchen Beruf haben Sie?...

Nur noch ein Jahr zu leben

Ich erinnere mich an eine Gruppe, an der ich als als Sannyasin (Schüler von Bhagwan) in Poona mitgemacht habe, sie hieß »The Art of Dying« (Die Kunst zu sterben) und war eine der eindrücklichsten Selbsterfahrungen, die ich gemacht habe. In dieser Gruppe sagte man dir am Montag, dass du nur noch eine Woche leben würdest, und am Sonntag wäre deine Beerdigung. Solange die Gruppe dauerte, lebten wir also noch. Die Wirkung war beeindrukkend. Man durfte uns nicht ansprechen, und wir sollten die ganze Woche auch nicht reden. Zu diesem Zweck trugen wir draußen einen Anhänger mit uns herum, auf dem stand: »In silence!« Wir waren den ganzen Tag in einem Raum ohne Fenster unter dem Boden eingepfercht, mit Dutzenden von Menschen aller Nationen und Rassen. Gesprochen wurden etwa zehn Sprachen, aber uns verband ein Thema, der Tod.

Was geschieht mit mir, wenn ich weiß, dass ich nur noch eine Woche zu leben habe? Ich erfuhr, dass die Kunst zu sterben mich die Kunst zu leben lehrte. Je näher ich meiner eigenen Beerdigung kam, meinem eigenen Tod, wurde ich nicht immer verzweifelter, was man hätte annehmen können, sondern meine ganze Wahrnehmung wurde immer intensiver und achtsamer – ganz auf den jetzigen Moment, das einzige, was mir noch blieb – konzentriert. Meine Sinne wurden sensibler, und das Erstaunlichste war: Angesichts des nahen Todes kam ich dem Leben nahe. Ich erfuhr, dass, wenn der Tod vor der Türe steht, alles kostbar wird. Ganz alltägliche Dinge werden etwas Besonderes. Der Tod lehrt uns, dass alles vergeht, und schärft unser Bewusstsein für das Wirkliche, das, was wirklich wichtig ist für uns, das, was in allem wirkt auch über den Tod hinaus.

Hierzu eine Übung

Richten Sie es sich gemütlich ein, so dass Sie auf keinen Fall gestört werden können. Setzen Sie sich auf einen bequemen Sessel oder legen Sie sich hin. Wenn Sie mögen, können Sie sich Musik aussuchen, die zum Thema passt, eine Musik mit Tiefe, und eine Kerze anzünden. Atmen und entspannen Sie sich oder machen Sie zuvor eine Entspannungsübung.

Stellen Sie sich nun vor, dass Sie nur noch kurze Zeit, ein halbes Jahr ein paar Monate, Wochen oder Tage, zu leben haben. Konzentrieren Sie sich ganz auf diese Situation, Sie haben jetzt keine Zeit mehr, etwas aufzuschieben. Blicken Sie nun zurück auf Ihr Leben. Schließen Sie die Augen und lassen Sie die folgenden Fragen tief in Ihr Inneres eindringen. Lassen Sie sich Zeit und schreiben Sie dann alles auf.

- Welche Wünsche habe ich in meiner Jugend begraben?
- Was wollte ich immer tun und habe es aber immer wieder aufgeschoben?
- Gibt es jemanden, dem ich noch etwas sagen möchte?
- Wen habe ich verletzt, wem möchte ich etwas vergeben?
- Wem möchte ich schreiben und meine Zuneigung zeigen?
- Gab es ein Instrument, das ich einmal lernen wollte?
- Gibt es ein Land, das ich immer mal gerne besucht hätte?
- Gibt es negative Menschen, mit denen ich nicht mehr zusammensein will?
- Wann bin ich zum letztenmal zur See gefahren, nur für mich alleine, ohne jeden Sinn?
- Wann habe ich wieder einmal nach den Sternen gegriffen?
- Was möchte ich wirklich tun, erschaffen, erhalten? Was liegt mir wirklich am Herzen?
- Was hindert mich daran, dies zu tun, zu wünschen, zu sagen, oder zu verwirklichen?
- Was kann ich konkret tun, um meinen Wunsch, meinen Traum, meine

Absicht in die Tat umzusetzen?
- Was möchte ich beenden, loslassen?
- Was hindert mich daran, dies loszulassen?
- Was kann ich konkret tun, um es loszulassen?

Rendezvous mit sich selbst

Treffen Sie sich immer mal wieder mit sich selbst, ganz offiziell. Stimmen Sie sich auf sich selbst ein. Nehmen Sie sich die Zeit dazu. Tragen Sie den Termin in Ihrem Kalender ein, wie wenn Sie sich mit einer wichtigen Geschäftspartnerin oder einem Geliebten treffen würden. Wenn etwas dazwischenkommt, sagen Sie, dass Sie schon einen wichtigen Termin hätten – sorry!

An diesem Punkt der Übung taucht auch schon die unangenehme Frage auf: Liebe ich mich eigentlich selbst so wie mein bester Freund oder meine beste Feundin? Wenn Sie merken, dass Ihr Verhältnis mit Ihnen selbst einer kleinen Auffrischung bedarf, spielen Sie einmal dieses »Rendezvous mit sich selbst«:

Denken Sie sich was Schönes für sich selbst aus. Duschen Sie. Ziehen Sie sich schön an. Laden Sie sich zum Essen, ins Kino, ins Museum oder zu einer Veranstaltung ein. Gehen Sie zuerst spazieren, atmen Sie frische Luft, fahren Sie mit dem Schiff oder kaufen Sie sich einen Schal, der sie wärmt, Blumen, irgend etwas, das Ihnen Freude macht. Auch hier gilt mein Lieblingsspruch: »Wer, wenn nicht ich? Wo, wenn nicht hier? Wann, wenn nicht jetzt?«

Führen Sie Tagebuch und schreiben Sie auf, wie es mit Ihnen zusammen war. Das Schöne an einer Beziehung mit sich selbst ist: Sie brauchen auf niemanden zu warten. Sie können gleich damit beginnen. Sie sind frei!

Abfallkunst

Abfall sollte nicht abfällig betrachtet werden. Wer die reizvollen und inspirierenden Plastiken von Tinguely, dem bekannten Schweizer Plastiker, kennt, weiß, was man aus rostigen Rädern, Eisenteilen, Autotüren und Schrott alles machen kann.

Die Abfallkunst veranschaulicht unser Wertesystem. Was den kreativen Geist, die kreative Grundhaltung jedoch kennzeichnet, ist das vorurteilsfreie Wahrnehmen seiner Umwelt. Der Wert eines Gegenstandes hängt nicht vom Gegenstand selber, sondern vom Filter in der Kamera seines Betrachter ab.

Wer ist es denn, der Brauchbares in Unbrauchbares trennt? Wir sehen, was wir denken, und unser Denken ist immer wieder tief geprägt von dem, was das Kollektiv, unsere Leistungsgesellschaft uns vorschreibt zu denken. Für den (Lebens-)Künstler hat altes, verbrauchtes Material eine Seele, seine Augen lesen in den Spuren, Furchen, Verletzungen und Wunden, die Geschichte einer Biographie, seine Ohren hören das Lied von Leben und Tod.

Die Patina des Alters und des Todes gibt dem Material eine gewisse Tiefe, eine Geschichte. Altes Material unterscheidet sich vom Neuen durch seine »Reife«.

Denken Sie an die verwitterten Wände jahrhundertealter Villen, Gehöfte und Ruinen, die dem Wanderer und Entdecker jenseits vom Touristenrummel begegnen. Diese Mauern sind für das wache, vorurteilsfreie Auge wahre Kunstwerke. So ist das Alte, Zerfallene für mich – und sicher für viele Maler und Bildhauer, Töpfer und Plastiker – eine Inspirationsquelle für kreatives Schaffen.

Werden Sie zum Plastiker! Lassen Sie sich etwas einfallen mit altem Ramsch. Nehmen Sie dazu Gips, Schnüre, Draht, Leim, Kleister, Stoffe, Schweiß und Tränen. Binden oder kleben Sie alles irgendwie zusammen. Zerstören Sie es und beginnen Sie wieder von vorn. Bemalen Sie alles oder nur gewisse Stellen mit Farbe oder pfeifen Sie drauf, wenn Sie's anders sehen!

Wenn sich tatsächlich etwas Interessantes daraus ergibt, stellen Sie es auf einen weißen Sockel in Ihre Stube oder Ihr Schlafzimmer. Machen Sie eine Vernissage, halten Sie eine Ansprache über den tieferen Sinn Ihrer Kunst und nennen Sie die Preise.

Tipps und Anregungen

Kreativ-Küche

Ob Geschäftsmann, Hausfrau, Handwerker, Verkäuferin, Sekretärin, Lehrer, Wissenschaftler oder was immer Sie für einen Beruf haben, richten Sie sich eine »Kreativ-Küche« ein. Einen Raum, in dem Sie »anders leben«, wo die Dinge Ihre Phantasie anregen: eine Kerze mit einem guten Spruch (zum Beispiel aus der Sprüchesammlung in diesem Buch), das Bild eines kreativen Menschen, der Sie anregt, unterstützt und inspiriert, eine Künstlerin oder ein spiritueller Lehrer. Fotos, farbige Stoffe, Modelle, Skultpturen, Skurriles, Makaberes, Obzönes, Gesponnenes, Spielzeug und so weiter.

Sammeln Sie Gestaltungsmaterialien wie Kartons, weiße, schwarze und farbige Papiere, kleine Holzstücke, Stoffe, Ton und ähnliches. Legen Sie eine große Illustrierten-Sammlung an (geeignet für Collagen, Anregungen für Geist und Phantasie durch Bild, Text, Schrift, Farbe und Form).

Tun Sie das, auch wenn Sie noch glauben, dass Sie kein »Künstler« sind. Wer weiß ...?

Tagebuch, Skizzenbuch

Der (Lebens-)Künstler, die (Lebens-)Künstlerin in Ihnen braucht ein Tagebuch, ein Skizzenbuch. Schreiben Sie Ihre Gedanken auf. Machen Sie kleine Zeichnungen, Skizzen, Pläne, Entwürfe, Gedichte. Beschreiben Sie, was Sie erleben, fühlen und denken. Drücken Sie Ihre Ideen und Geistesblitze aus. Nehmen Sie es überall mit hin! Sie können viel über sich selbst erfahren, weil

- die Zeit und der Verstand viel von dem, was Sie erleben, verwischen und verfälschen;
- Sie sich an vieles nicht mehr erinnern;
- das, was ausgedrückt wird, Sie weniger bedrückt.
  Es wir sichtbar, greifbar, verstehbar;
- Sie das, was Sie aufschreiben, beschreiben müssen. Um es zu beschreiben, müssen Sie es begreifen. Um es zu begreifen, müssen Sie es spüren. Um es zu spüren, müssen Sie sich Zeit nehmen, um nach innen zu spüren, zu schauen – um zu sehen und um zu verstehen.

Kurzhilfen zur Entspannung

Die folgenden Übungen können Sie immer wieder zwischendurch machen, wenn Sie sich müde, gestresst oder deprimiert fühlen.

Einmal im Tag muss der Mensch stark und kräftig atmen, beim Treppensteigen, beim Fahrradfahren, beim Sport oder einfach bei der Verrichtung alltäglicher Dinge wie Putzen, Autowaschen, Aufräumen, Zimmern und so weiter.

Sie können beim Ausatmen auch Geräusche machen, wie Seufzen.

1. Übung: Am besten, wenn Sie ungestört sind. Im Auto oder im Wald. Mit einem vertrauten Partner kann das auch beim Sex Spaß machen! Atmen Sie kräftig ein und aus. Jetzt fluchen, fauchen, jauchzen, schnurren und knurren Sie drauflos. Wenn Sie im Wald sind, bewegen Sie sich dazu: Stampfen, humpeln, hopsen, kriechen, pirschen Sie!

2. Übung: Im Stehen. Schultern entspannen. Knie leicht beugen. Durch die Nase tief einatmen und dabei Schultern hinaufziehen bis zu den Ohren. Verweilen Sie in dieser Position. Atem anhalten. Dann plötzlich und ruckartig Schultern fallen lassen und dabei ausatmen, zehnmal wiederholen.

3. Übung: Knie leicht beugen, ohne dass das Becken nach vorne kippt. Stellen Sie sich vor, Ihr Kopf hänge an einer Schnur, die an der Decke angemacht ist. Arme hängen lassen. Suchen Sie einen Fixpunkt im Raum. Ein paar Atemzüge durch die Nase oder Einatmen durch Nase und Ausatmen durch den Mund. Beschreiben Sie mit beiden Augen nun fünfmal langsam einen Kreis nach links und dann fünfmal nach rechts. Dabei tief ein- und ausatmen. Augen schließen und noch eine Weile tief ein- und ausatmen.

4. Übung – aus dem Hata-Yoga: Im Stehen Knie leicht beugen, so dass Energie fließt. Im Sitzen Beine auseinander, Fußsohlen auf dem Boden.

- Ausgangsposition der rechten Hand: Daumen schließt rechtes Nasenloch, dabei kleiner Finger ausgestreckt. Zeige-, Mittel- und Ringfinger zur Faust gefaltet.
- Durch das offene linke Nasenloch tief einatmen. Atem kurz anhalten.
- Kleiner ausgestreckter Finger der rechten Hand verschließt nun linkes Nasenloch. Langsam durch das rechte Nasenloch ausatmen.
- Durch das rechte Nasenloch tief einatmen. Atem kurz anhalten.
- Daumen verschließt das rechte Nasenloch. Ausatmen durch das linke Nasenloch.
- Durch linkes Nasenloch erneut einatmen.
- Zehnmal wiederholen.
- Zum Schluss: Im Stehen Hände hängen lassen oder im Sitzen auf Oberschenkel legen.

5. Übung: Im Liegen und im Sitzen gleich: Machen Sie ein paar tiefe Atemzüge und lassen Sie alle Anspannung, Sorgen und Gedanken mit jedem Ausatmen los. Legen Sie Ihre linke Hand offen wie ein Löffel an Ihren Hinterkopf und die rechte auf Ihre Stirn. Warten und atmen Sie entspannt. Jetzt wechseln Sie die Hände. Also: rechte Hand an Hinterkopf, linke auf die Stirn. Dauer: mindestens zehn Minuten.

6. Übung: Kopfkreisen. Im Liegen und im Stehen: Lassen Sie Ihren Kopf entspannt nach vorne hängen, bis das Kinn die Brust berührt. Kreisen Sie jetzt langsam mit Ihrem Kopf nach links, lassen Sie ihn oben nach hinten fallen und schließen Sie nach rechts den Kreis, bis der Kopf wieder nach unten hängt. Jetzt wechseln Sie die Richtung und kreisen rechts herum. Mehrere Male wiederholen.

7. Übung: »Wohin mit meiner Wut?« Nicht vergessen: Unterdrückte Wut ist unterdrückte Schöpferkraft. Nutzen Sie dieses Potential konstruktiv und aggressiv-aktiv in einem positiven Sinne. Wut stärkt Ihre Durchschlagskraft, den Mut zum Protest, was wiederum Ihre Gelassenheit und Ihr Selbstwertgefühl steigert. Tun Sie etwas mit dieser Wut: putzen, aufräumen, telefonieren, Auto waschen, Kisten in die Garage tragen, eine Person, die Ihnen zu weit geht, zurechtweisen. Reden Sie mit jemandem über Ihre Wut. Fragen Sie sich: »Wo hindert mich etwas an der Verwirklichung meiner Wünsche?« Wut ist oft ein Anzeichen, dass wir irgend etwas nicht erhalten oder dass uns etwas oder jemand hindert, dies zu erreichen. Irgendwie sind wir vom Weg abgekommen. Unter der Wut liegt eine Botschaft vergraben. Die Wut zeigt Ihnen vielleicht das Hindernis: »Wer in mir ist wütend, verletzt, ärgerlich? Welcher Wesensanteil?«

Spirituelle Menschen unterdrücken oft Wut und Aggression unbewusst mit einer falsch verstandenen Moral der Liebe und Sanftmut. Sie reden von Liebe und hassen dabei einen Teil von sich.

Mögliche Ventile:

- Schlagen Sie wie verrückt mit einem Tennisschläger auf ein Bett oder einen Polsterstuhl ein (wenn Sie dabei husten, wissen Sie dass Sie das Zimmer wieder einmal putzen sollten).
  Varianten: Sie können auch auf ein Foto der Person schlagen, auf die Sie gerade wütend sind. Wringen und würgen Sie ein Badetuch und schlagen Sie dann wieder zu. Stellen Sie sich dabei jemanden vor, der Sie wütend macht.
- Schreien Sie, fluchen Sie, was das Zeug hält, wenn Ihnen danach ist. Am besten, wenn Sie alleine im Auto sitzen oder in freier Natur.
- Machen Sie die »Dynamische Meditation«, die in diesem Buch beschrieben ist (Seite 158f.).
- Üben Sie sich im Schattenboxen oder besuchen Sie ein Karatekurs. Besonders für Frauen zu empfehlen, die Mühe mit Ihrer Durchschlagskraft und Abgrenzung haben.

Meditationen

Meditationen von Osho (Bhagwan Shree Rajneesh)

Rajneesh-Kundalini-Meditation

Die Kundalini-Meditation (als CD in allen Osho-Centern erhältlich, Adressen siehe Seite 219) ist die sanftere »Schwester« der Dynamischen Meditation (siehe Seite 158f.). In den Bhagwan-Centern der Welt und inzwischen auch schon in aufgeschlossenen Betrieben werden diese beiden wirkungsvollen

und bewährten Meditationen täglich von Tausenden von Menschen praktiziert. Die Dynamische Meditation findet am Morgen statt, die Kundalini-Meditation am Abend.
Die Kundalini-Meditation besteht aus vier Phasen von je 15 Minuten. Sie brauchen einen gut gelüfteten Raum, einen CD-Player, wenn möglich, eine Gymnastikmatte, ein Kissen und eine Decke. Spielen Sie die Musik. Wenn Sie mögen, ist es von Vorteil, eine Augenbinde zu verwenden, so dass Sie nicht abgelenkt werden können und sich ihre Aufmerksamkeit nach innen richtet.

1. Phase: Stehen Sie mit leicht gespreizten Beinen entspannt im Raum und lassen Sie die Musik, den Rhythmus vom Boden her die Fußsohlen, die Beine, Ihren ganzen Körper erfassen. Lassen Sie jetzt Ihren ganzen Körper so entspannt wie nur möglich schütteln. Entspannen Sie Kiefer, Schultern, Gesicht und Becken. Schütteln Sie sich von oben bis unten. Werden Sie zum Schütteln!
2. Phase: Tanzen Sie oder besser: Lassen Sie die Musik Ihren Körper bewegen! Vermeiden Sie routinemäßge Tanzschritte. Lassen Sie den Körper sich bewegen, wie er will. Es kann sein, dass Sie von ganz neuen und fremden Bewegungen überrascht werden. Feiern Sie die freigesetzte Energie!
3. Phase: Seien Sie jetzt bewegungslos still. Entweder im Stehen oder im Schneidersitz oder im Lotussitz. Sie können sich auf ein Meditationskissen oder auch auf einen hölzernen Meditationsschemel setzen. Achten Sie darauf, dass Ihre Wirbelsäule gerade ist und Sie keinen Buckel machen. Diese Phase können Sie jeder Zeit und überall auch als in sich geschlossene Meditation praktizieren, indem Sie einfach nur sitzen und beobachten: das Einatmen, das Ausatmen, die Gedanken, die vorbeiziehen, die Gefühle und was Sie im Körper erfahren. Sie, der neutrale unpersönliche Beobachter, sehen einfach das, was vor sich geht, das, was ist, ohne Urteil, ohne etwas zu manipulieren, zu befürworten oder abzulehnen. Wenn Ihnen das gelingt, erleben Sie große schöpferische Freiheit, weil dann die Gedanken und Gefühle, wenn auch nur für kurz, keine Macht mehr über Sie haben.
4. Phase: Legen Sie sich entspannt hin. Decken Sie sich mit der Decke zu, entspannen Sie sich vollkommen, lassen Sie los. Lassen Sie den Atem in Ihren Körper herein- und wieder hinausatmen. Zum Schluss ertönt ein Gong!

Brabbel-Meditation
Diese Meditation macht »tierisch« Spaß. Sie drückt das ununterbrochene Ge-

plapper und Gegrüble, das Irrenhaus in unserem Kopf aus. Wir brabbeln einfach drauflos. Es muss nicht in unserer Spache sein; es kann ein »Kauderwelsch«, ein Gemisch von Japanisch und Bayrisch oder gar Schweizerdeutsch und Polnisch sein. Brabbeln Sie wie verrückt drauflos. Einen Stumpfsinn nach dem andern ohne Unterlass. Atmen Sie dabei kräftig. Sie können das Brabbeln unterstützen, indem Sie den Oberkörper hin und her, nach vorne und nach hinten bewegen – so wie es Geisteskranke in den Irrenhäusern zu tun pflegen.

Verrückt ist diese Meditation auch in der Gruppe: Da hört man dann, was in unseren Köpfen so vor sich geht. Sie ist manchmal zum Totlachen oder zum Weinen; man kann da kaum mehr die Grenze erkennen.

Sie können diese Übung tagelang, eine oder eine halbe Stunde lang machen. Sinn und Zweck dieser »Meditation« ist es, unseren Kopf von allem Müll zu befreien, die Gedanken nicht zu unterdrücken, sondern sie im Gegenteil zu nutzen und auszudrücken. Im Ausdruck können sie uns nicht mehr bedrücken. Wir befreien uns von dem Druck dieses nie endenden Geplappers in unserer westlich kultivierten Bildungs- und Denkzentrale. Viel Spaß – und machen Sie die Fenster zu!

Meditationen von Michael Barnett

Michael Barnett (geb.1930) war, bevor er selbst ein spiritueller Lehrer wurde, einer der »Startherapeuten« im engsten Kreis um den berüchtigten und leider auch verkannten indischen Mystiker Osho, der sich früher Bhagwan nannte. Seit 1982 arbeitete Michael unabhängig von der Sannyasin-Bewegung und gründete die »Wild Goose Company«. Heute wohnt er mit vielen seiner Schülern in einem großen Zentrum in Frankreich, der »Energy University«. Er bezeichnet sich selbst als »Energiemeister« und sieht seine Arbeit darin, den Menschen zu helfen, mit der kosmischen Energie in Kontakt zu treten. Sein Hauptanliegen ist: Follow your energy – Folge deiner Energie! Erfahre dich als Energiephänomen und identifiziere dich nicht mit deinem Ego (deinen Gedanken, Gefühlen und deinem Körper).

Tao-Walk

In all diesen Übungen geht es letztlich immer darum, das »Machen« durch ein spontanes Geschehenlassen zu ersetzen. Das zielfixierte Kontrollieren und Manipulieren weicht der Bereitschaft, sich einer umfassenderen Energie zu öffnen und sich von dieser erfassen und bewegen zu lassen. In den beiden folgenden Meditationen von Michael Barnett können wir diese Durchlässigkeit auf einfache Weise erfahren und entwickeln.

Wie es der Name sagt, lassen Sie das »Tao« Ihren Körper im Gehen bewegen. Das Wort »Tao« stammt aus der chiniesischen Philosophie, dem Taoismus, und bezeichnet ebenso die Quelle und die Ursachen wie den Weg und das Ziel, das Absolute und das Namenlose.

Stellen Sie sich in einem Raum oder in freier Natur alleine oder mit einer Gruppe hin. Schließen Sie vielleicht für einen Moment die Augen und atmen Sie entspannt aus. Warten Sie jetzt darauf, wohin es Sie zieht, wohin »ES« geht. Gehen Sie auf diese Weise eine halbe Stunde. Sie werden den Unterschied zwischen dem Gehen mit einem Ziel und dem Gehen ohne Ziel herausfinden. Nichts kann beglückender sein als die Erfahrung, EINS mit dem Ganzen zu sein, ohne planen und entscheiden zu müssen, dann, wenn jeder Schritt, jede Bewegung aus der für Sie im Moment tiefstmöglichen Wahrheit kommt.

Body-Flow

Der Name dieser Meditation erklärt sich ebenfalls von selbst. Sie ist die »Altbekannte« von Michael Barnett und wird täglich in seiner Kommune durchgeführt. Das Prinzip, die innere Haltung, ist das gleiche wie beim Tao-Walk. Wenn Sie die Meditation alleine machen, brauchen Sie ein Band, auf dem Sie nach 20 Minuten ein laut gesprochenes »Stop« und nach den darauf folgenden 10 Minuten Stille entspannende Musik zum Tanzen aufgenommen haben. Ohne Band können Sie sich die Phasen auch ganz einfach vorstellen. In der Gruppe geht es am einfachsten. Da schaut jemand auf die Uhr und sagt nach 20 Minuten »Stop«, danach kann diese Person auch die Musik auflegen.

1. Phase, 20 Minuten: Sie stehen im Raum, leicht gebeugte Knie, Augen verbunden oder geschlossen. Sie werden still und warten, entspannt atmend. Stellen Sie sich vor, dass Sie in einem Ozean von Energie schwimmen, wie ein Fisch im Wasser, und sich langsam die Grenzen zwischen innen und außen auflösen. »Machen« Sie nichts, bis »ein Ganzes« Sie erfasst und Sie bewegt werden.
   Es kann auch sein, dass nichts geschieht, auch das ist dann die Wahrheit des Augenblicks und völlig in Ordnung. Folgen Sie den Bewegungsimpulsen vertrauensvoll, wohin auch immer. Es kann sein, dass sie Sie in die Höhe oder zu Boden führen. Plötzlich werden Sie vielleicht beobachten, dass Sie für Ihren Verstand vielleicht völlig idiotische Gesten

und Kapriolen machen wie ein Geistesgestörter. Lassen Sie den Verstand beiseite – machen Sie weiter.

2. Phase, 10 Minuten: Genau auf das »Stop«-Zeichen gefrieren Sie auf der Stelle ein und machen dann während 10 Minuten keine einzige Bewegung mehr, komme, was wolle.
3. Phase, 10 bis 20 Minuten tanzen zur Musik.

   Wenn Sie mögen, legen Sie sich dann entspannt auf den Boden.

Sprüchesammlung

Sprüche, Zitate oder Bonmots wirken wie das tägliche Begießen der Zimmerpflanzen. Auch Ihre Seele, Ihr Geist, Ihr Unterbewusstes ist ein zartes Pflänzchen, das Zuwendung und Pflege braucht. Diese Sprüche eignen sich für die Arbeit an sich selbst, um immer wieder Ihren Geist und Ihr Bewusstsein von Schmutz zu befreien und in eine positive, schöpferische Richtung zu führen. Sie können die Zitate mit dem Computer oder von Hand auf Kärtchen schreiben und diese auf Ihren »Hausaltar«, vielleicht zusammen mit Ihren Affirmationen, stellen.

»Die Intuition ist ein göttliches Geschenk, der denkende Verstand ein treuer Diener. Es ist paradox, dass wir heutzutage angefangen haben, den Diener zu verehren und die göttliche Gabe zu entweihen.«
Albert Einstein

»Die größte Entscheidung deines Lebens liegt darin,
dass du dein Leben ändern kannst, indem du deine Geisteshaltung änderst.«
Albert Schweizer

»Was immer du tun kannst oder dir vorstellen kannst, es zu tun, beginn es.
Kühnheit trägt Genie, Kraft und Magie in sich.«
Johann Wolfgang von Goethe

»Einsamkeit, die selbstgewollte, ist typisch für viele Künstler, auch für die meisten Menschen, deren Ziel es ist, etwas zu schaffen oder zu entdecken.«
Marlene Dietrich

»Es gibt keine dummen Fragen, es gibt nur dumme Antworten.«
Unbekannt

»Mein Leben war voller schrecklicher Missgeschicke,
von denen die meisten nie eintraten.«
Michel de Montaingne

»Meinen kreativen Möglichkeiten sind keine Grenzen gesetzt –
außer jenen, an die ich glaube!«
Unbekannt

»Es ist besser, eine Kerze anzuzünden,
als über die Dunkelheit zu klagen!«
Chinesisches Sprichwort

»Ein glücklicher Zufall oder freudige Entdeckung findet nur statt,
wenn man tatsächlich etwas sucht.«
M. O. Edwards

»Enthusiasmus ist der wichigste Einzelfaktor,
der dazu beiträgt, dass ein Mensch kreativ wird.«
Robert E. Mueller

»Eine akzeptierte Idee verwandelt sich in Arbeit,
deshalb zögern so viele mit der Annahme.«
Unbekannt

»Unser Kopf ist rund, damit das Denken
die Richtung wechseln kann.«
Francis Picabia

»Ein Mensch, der nie einen Fehler macht, hat nie etwas ausprobiert.«
Unbekannt

»Jeder gesunde und kreative Mensch widersteht der
Umarmung durch Gebräuche und starre Gewohnheiten.«
Herbert Bonner

»Ändere deine Gedanken, und du veränderst die Welt.«
Unbekannt

»Herauszufinden, wozu man sich eignet, und eine Gelegenheit zu finden,
das zu tun, ist der Schlüssel zum Gücklichsein.«
John Dewey

»Ich habe immer geglaubt, wer etwas Verrücktes tut, sei verrückt. Ich habe plötzlich erkannt, dass verrückte Menschen überhaupt nicht verrückt sind und dass die Leute, die sagten, diese seien verrückt, verrückt sind.«
Paul McCartney

»Fähigkeiten schreien danach, genutzt zu werden,
und stellen ihr Lärmen erst ein, wenn sie genutzt werden.«
A. H. Maslow

»Unsere Kreativität ist nur durch unsere Anschauungen begrenzt.«
Willis Harmon

»Das Staunen der Kindheit wiedergewinnen heißt,
eine Antriebskraft für erwachsene Gedanken zu sichern.«
Charles Sherrington

»Die Ordnung ist die Lust der Vernunft,
aber die Unordnung ist die Wonne der Phantasie.«
Paul Claudel

»Streiten Sie für Ihre Grenzen,
und sie sind mit Sicherheit Ihre.«
Richard Bach

»Leben heißt nicht lernen, sondern anwenden.«
Legouve

»Wenn sich Gegensätze ergänzen,
ist alles harmonisch.«
Lao-Tse

»Wenn man sich weigert, das Offensichtliche zu akzeptieren,
hat man den ersten Schritt zur Kreativität gemacht.«
Unbekannt

»Der Schöpfung geht immer das Chaos voraus.«
Holmes

»Jedes Wagnis beginnt in uns.«
Eudora Welty

»Es gibt nichts Gutes, außer man tut es!«
Volksmund

lich und erleichtert kletterte ich am andern Ende der Röhre wieder heraus. Petra sagte: »Die spinnen, die Männer!« Ich fragte nicht nach.

Wir verließen die Halle und traten in die helle Mittagssonne. Vor uns stand ein Turm mit zwei großen Rädern, wie auf einem Bergwerk. Oben wurde plötzlich eine Tür aufgerissen. Eine vermummte Gestalt schlich mit einer Maschinenpistole über die Brüstung. Gehetzt blickte sie sich um. Unten auf der Straße kam ein zweiter Mann zum Vorschein, irgendwoher, ebenfalls bewaffnet. Er spähte herum und entdeckte den Mann auf dem Turm. Der schaute nach unten, dann fiel ein Schuss. Aus zehn Metern Höhe fiel der Mann vom Turm in die Tiefe, auf ein Wellblechdach. Mir blieb die Luft weg, ich merkte auf einmal, dass Petra und ich unsere Arme fest gepackt hielten. Wir waren offenbar mitten in eine Stuntshow geraten.

Mit quietschenden Reifen kam nun ein altertümlicher Citroën um die Ecke, schlingerte, hielt an vor dem Wellblechdach, und schon sprangen drei Schlägertypen heraus. Sie erwischten den, der geschossen hatte, und prügelten auf ihn ein. Unter ihren Schlägen ging er zu Boden, sie traten ihn, und ich wusste nicht, ob ich jetzt nicht die Polizei holen müsste. Aber ich hatte Angst, denn sie sahen wirklich gefährlich aus. Ich hörte weitere Schüsse, gegenüber dem Geschehen. Einschusslöcher auf der Fassade, aber ich konnte niemanden sehen, der schoss. Das Fenster ging auf, und ein paar Techniker winkten lachend heraus. Mit einem Schlag hörte das Getümmel auf, die Beteiligten schlugen sich auf die Schultern und kugelten sich vor Vergnügen. Natürlich, wir sind ja in der Filmstadt. Ich lachte auch, ein wenig beschämt, wie ernst ich dieses Spiel genommen hatte. Aber ich empfand auch Bewunderung für diese Virtuosität, mit der sie unsere Wahrnehmung überlisten. Es war so echt, so überraschend, dass mir die Luft weggeblieben war.

Petra und ich schauten uns an. »Soviel zur Realität«, sagte Petra und lächelte mich an. »Nun bist du die Philosophin«, erwiderte ich und lächelte zurück. Ich beschloss, selber ein Drehbuch zu schreiben, aber ein ganz anderes. Mich interessierte die Quelle, aus der diese ganzen vielen, verschiedenen, verrückten, überraschenden Ideen kamen, nicht nur beim Film.

»Ich schreibe ein Drehbuch« sagte ich zu Petra. »Natürlich, und bestimmt drehst du den Film in Hollywood.« »Nein, es ist ein ganz anderes Drehbuch.« Petra wurde neugierig: »Was für eines? Ist das wieder eine von deinen verrückten Ideen?« »Natürlich. Ohne versponnene Ideen wäre ich längst vertrocknet. Träume sind die Sprache unserer Seele. Darüber möchte ich ein Buch schreiben.« »Oje«, sagte Petra sarkastisch, »und was machst du nachmittags?« Verständnislos schaute ich sie an. »Das ist doch eine riesige Arbeit, und du hast noch nie ein Buch geschrieben.« ergänzte sie, auf meinen fragenden Blick hin. »Ja«, sagte ich – und hoffte, dass es vielleicht doch zu bewältigen war. Aber sicher war ich mir keineswegs. »Also gut, fangen wir an!« meinte Petra.

Auf dem guten alten Oskar fuhr ich hinter ihr her, durch die Sonne, die Parks und über die Brücken. Ich schaute nach oben und fuhr immer schneller. Das helle Licht, tausendfach gebrochen durch die dichten Blätter der Laubbäume, schien auf einmal ganz anders in mein Gesicht als vorher. Es war, als sähe ich die tausend ungeborenen Ideen funkeln, lauter Möglichkeiten, die darauf warteten, zur Welt zu kommen. In ihnen wohnte eine Kraft, die nicht aufzuhalten war, auch wenn mein Buch vollständig danebenging. Aber darauf kommt es gar nicht an – diese Kraft ist viel größer als einzelne Ideen. Es ist die Kraft, aus der sie alle zu stammen scheinen. Das gab mir Mut.

»Hej!« rief Petra. Ich schaute wieder nach vorn und konnte gerade noch rechtzeitig bremsen, sonst wäre ich in den Kanal gefahren.

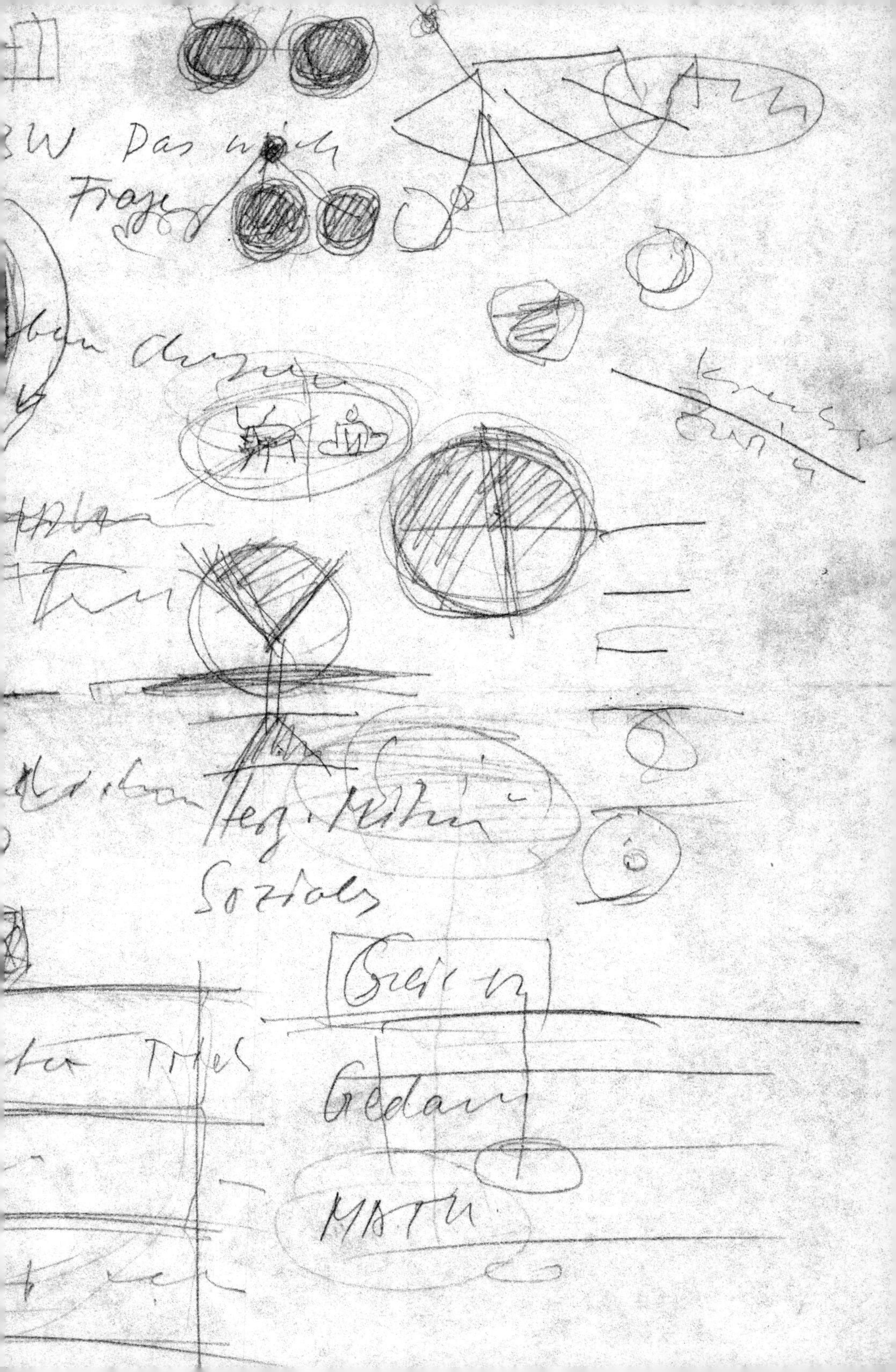
Das
MATH